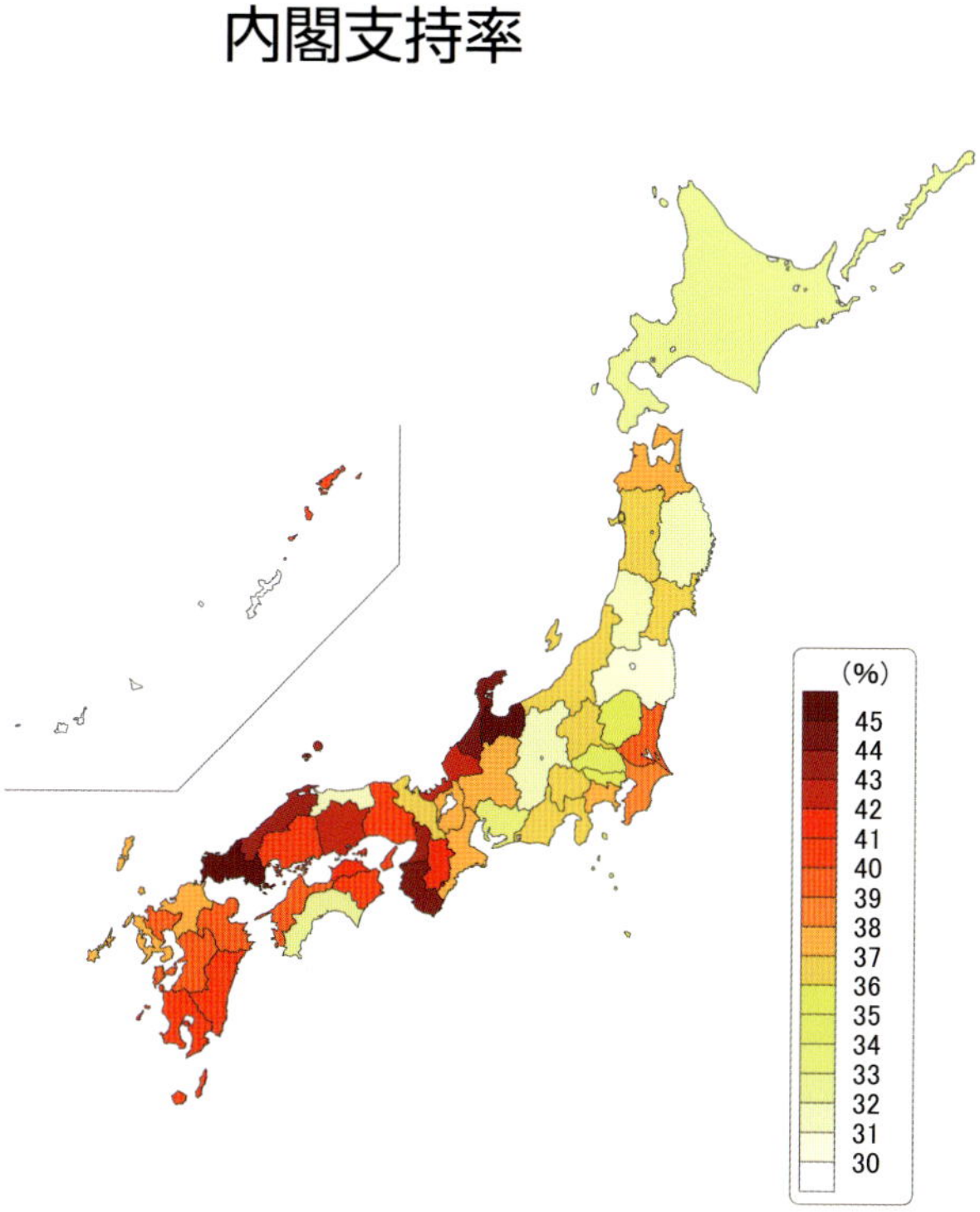

口絵1　内閣支持率の全国分布

内閣支持率には大きな地域差があり、西日本では高く、東日本では低い。調査は48回衆院選の直前にあたる2017年10月10日と11日に日経新聞によって行われた。

与党列島

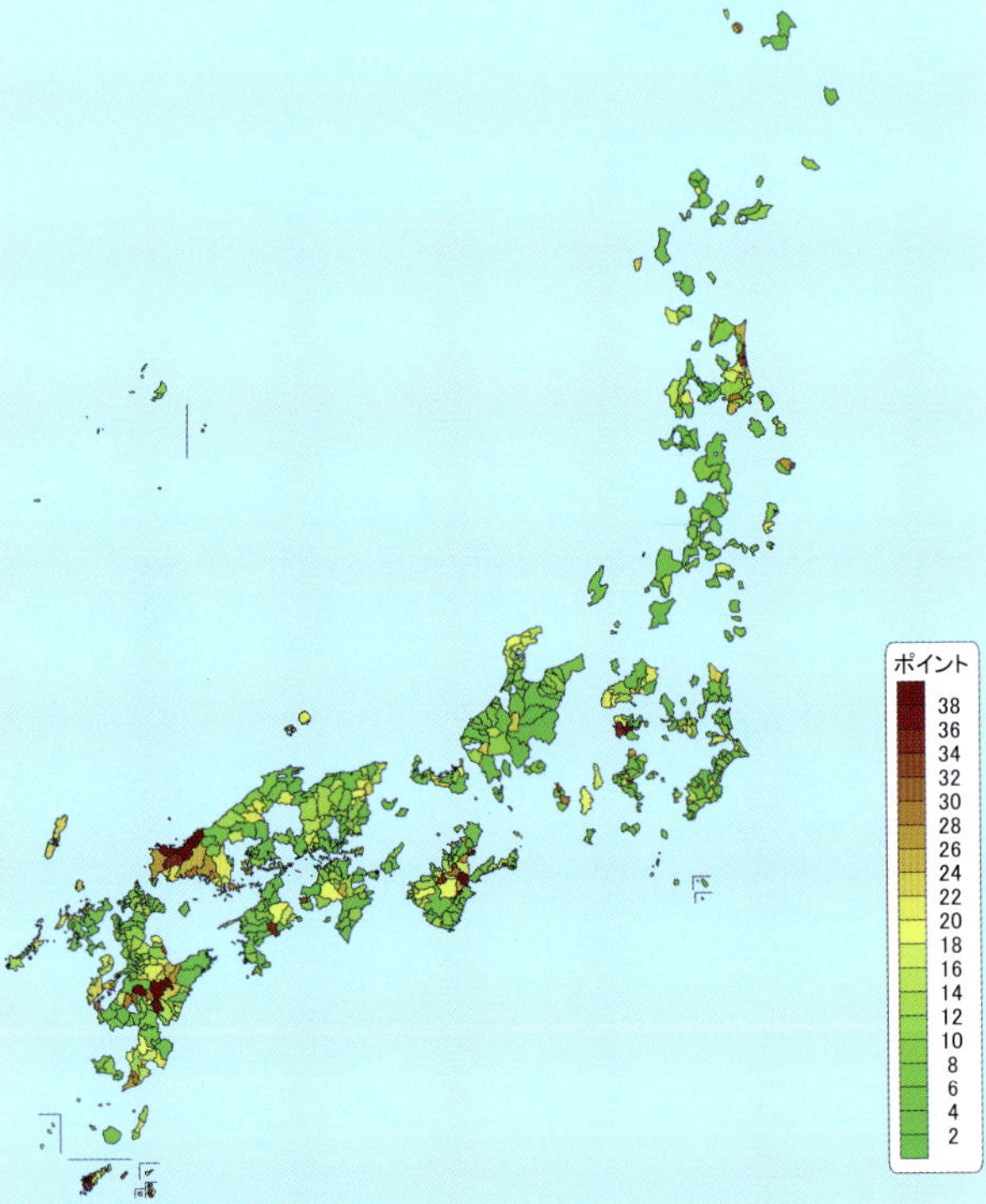

口絵２　与党得票率のリード（第48回衆院選比例代表）

与党と野党の得票率を市町村ごとに合計し、与党が上回った自治体だけを陸地とした。標高地形図の凡例にならって、与党のリードが広がるにつれて緑色から茶色の配色にしている。

野党列島

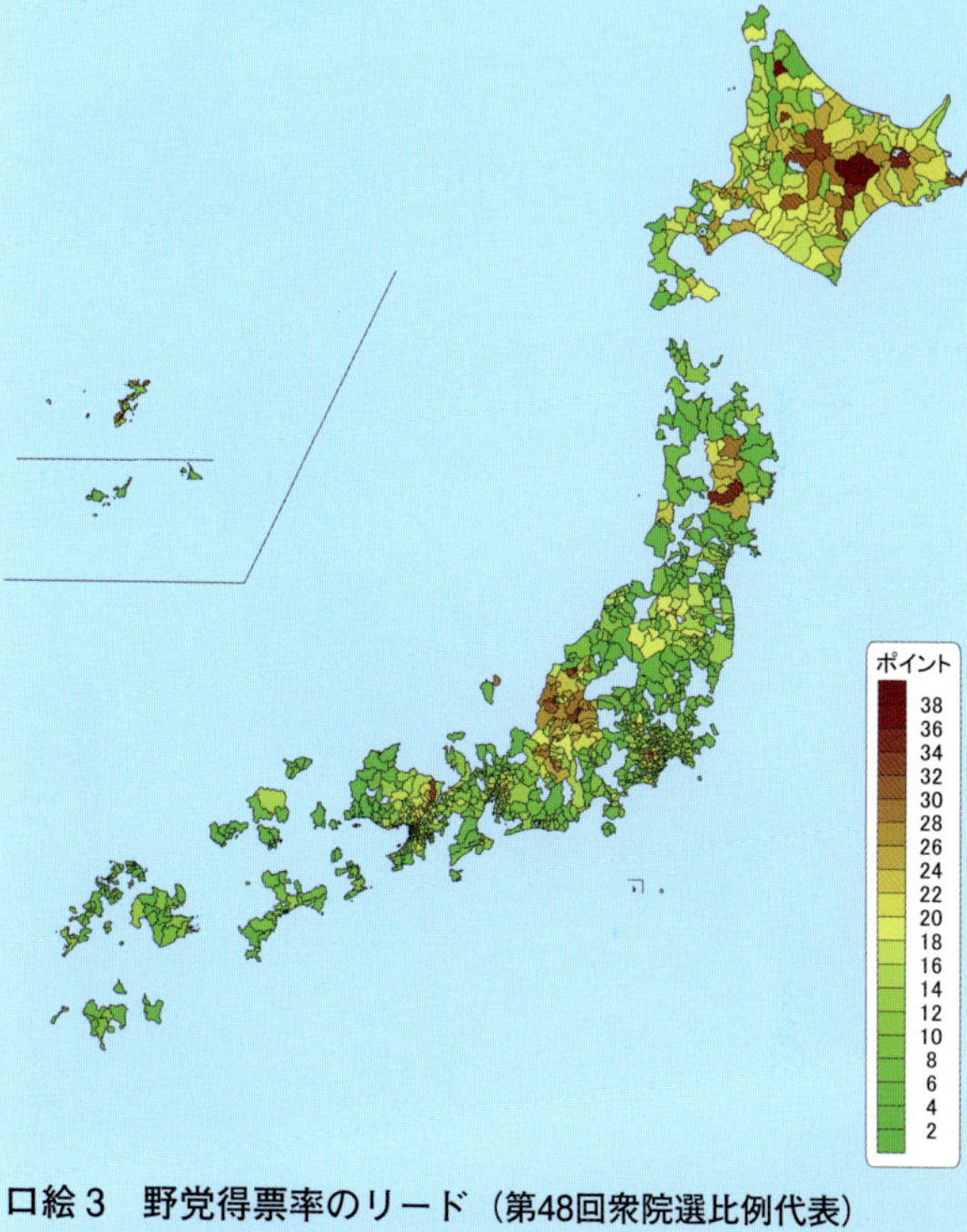

口絵３　野党得票率のリード（第48回衆院選比例代表）

この地図では野党が上回った自治体だけを陸地とした。東日本は陸続きの地域が多いが、西日本は多くの島々に分かれている。このように、与党は西日本で強く、野党は東日本で強い傾向を持っている。

自民党 得票率

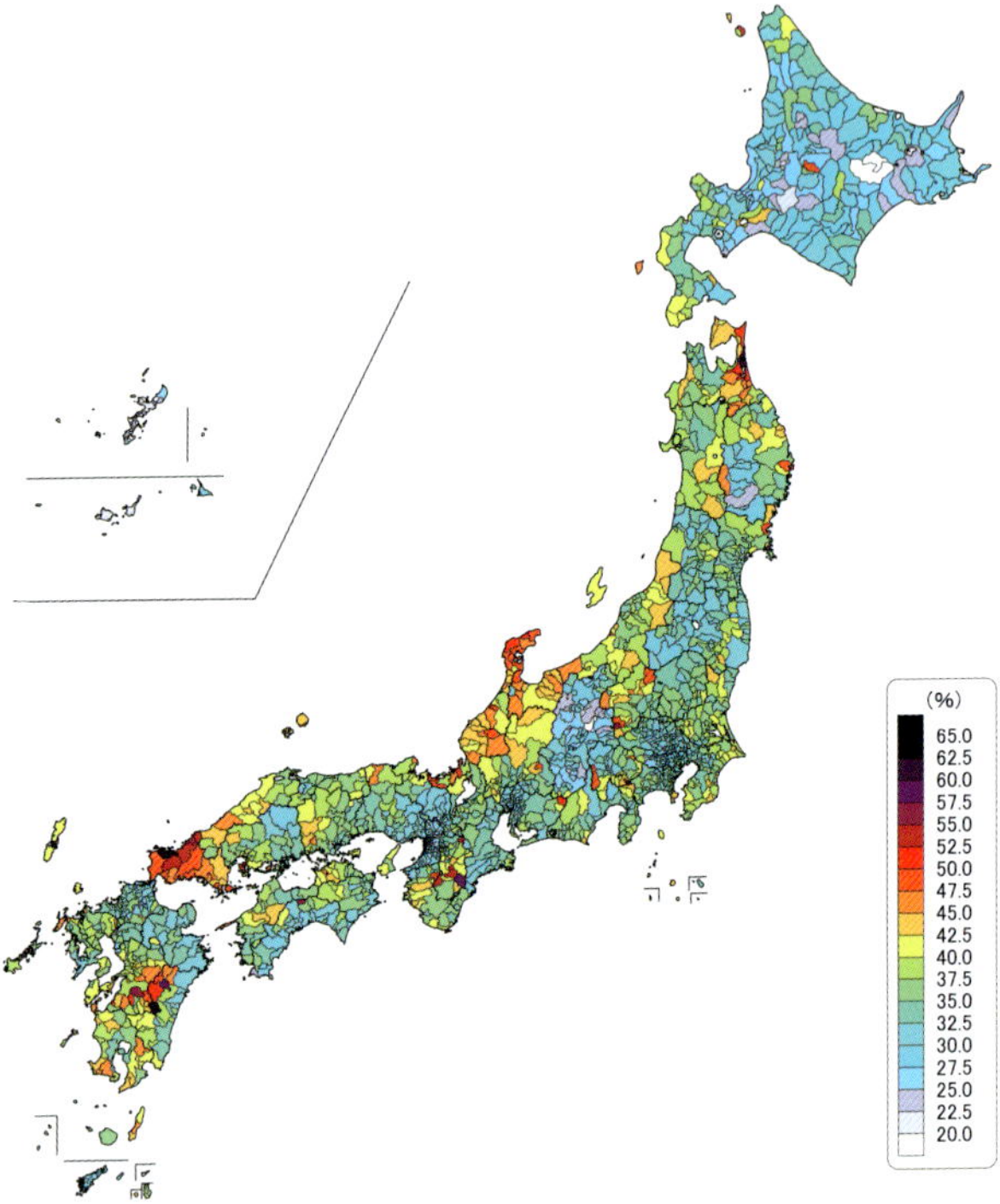

口絵4　自由民主党得票率（第48回衆院選比例代表）

自民党は都市よりも地方で、太平洋側よりも日本海側で強い。なお自民党の得票率は他の政党と比べひときわ高いため、異なるスケールで塗り分けている。

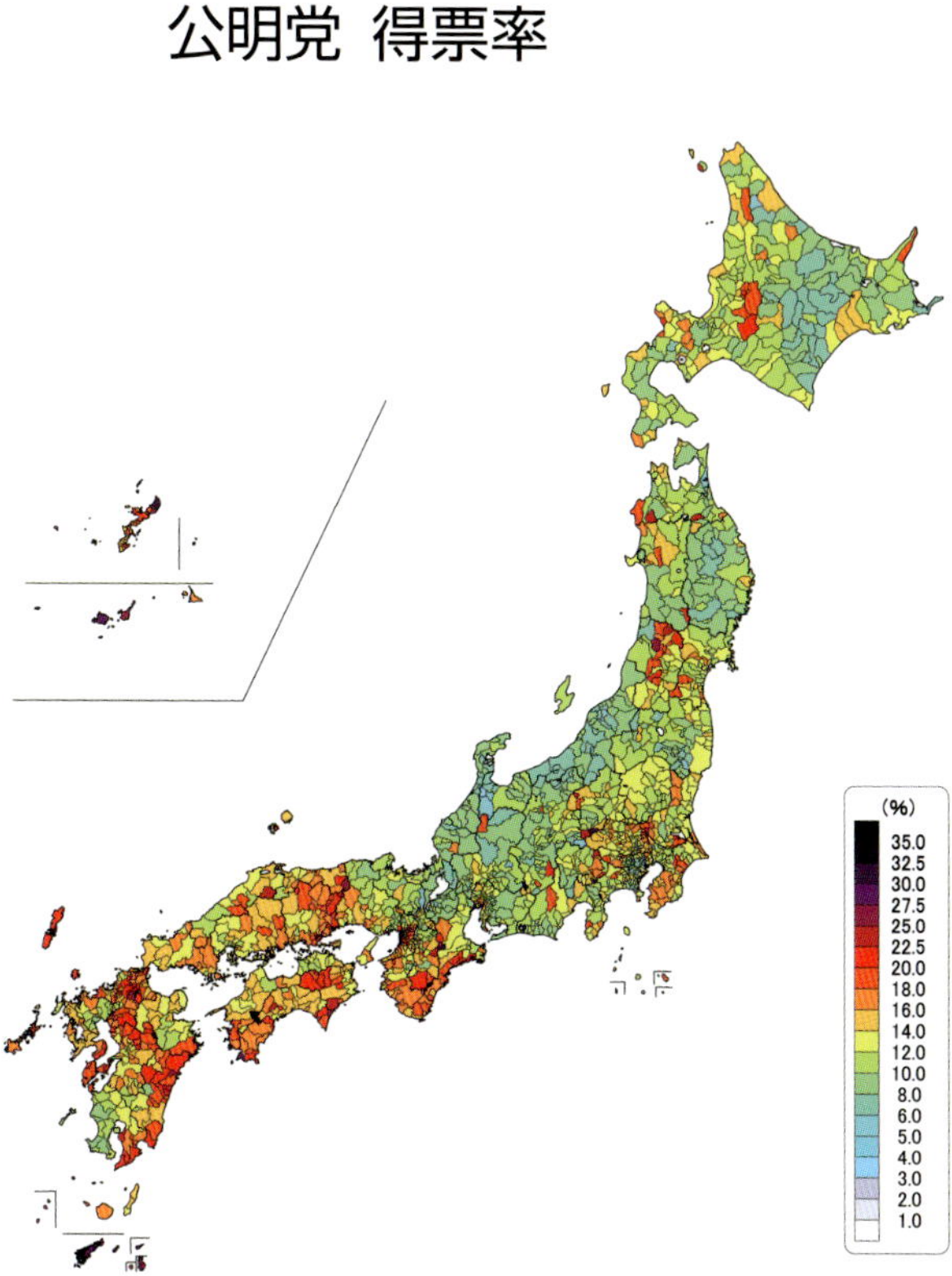

口絵 5　公明党得票率（第48回衆院選比例代表）

公明党の得票率は西日本で高い傾向がみられる。口絵 12 の宗教信仰率との対応が興味深い。なお、自民党以外の政党は同じスケールで塗り分けた。

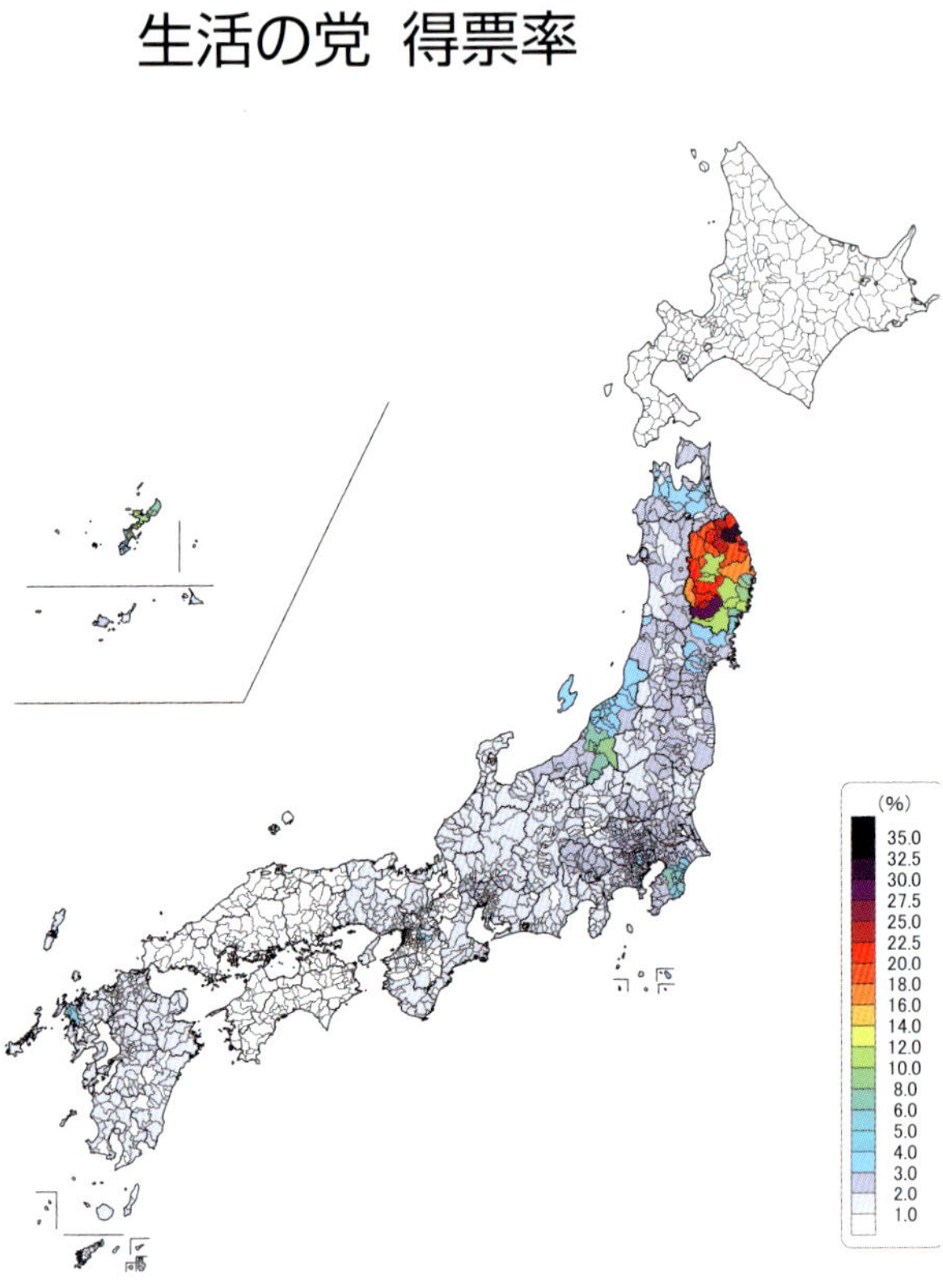

口絵6　生活の党得票率（第47回衆院選比例代表）

生活の党は岩手県と沖縄県で強い。なお自由党は第48回衆院選に公認候補を擁立しなかったため比例票の分布がわからず、ここでは前身政党にあたる生活の党を掲載した。

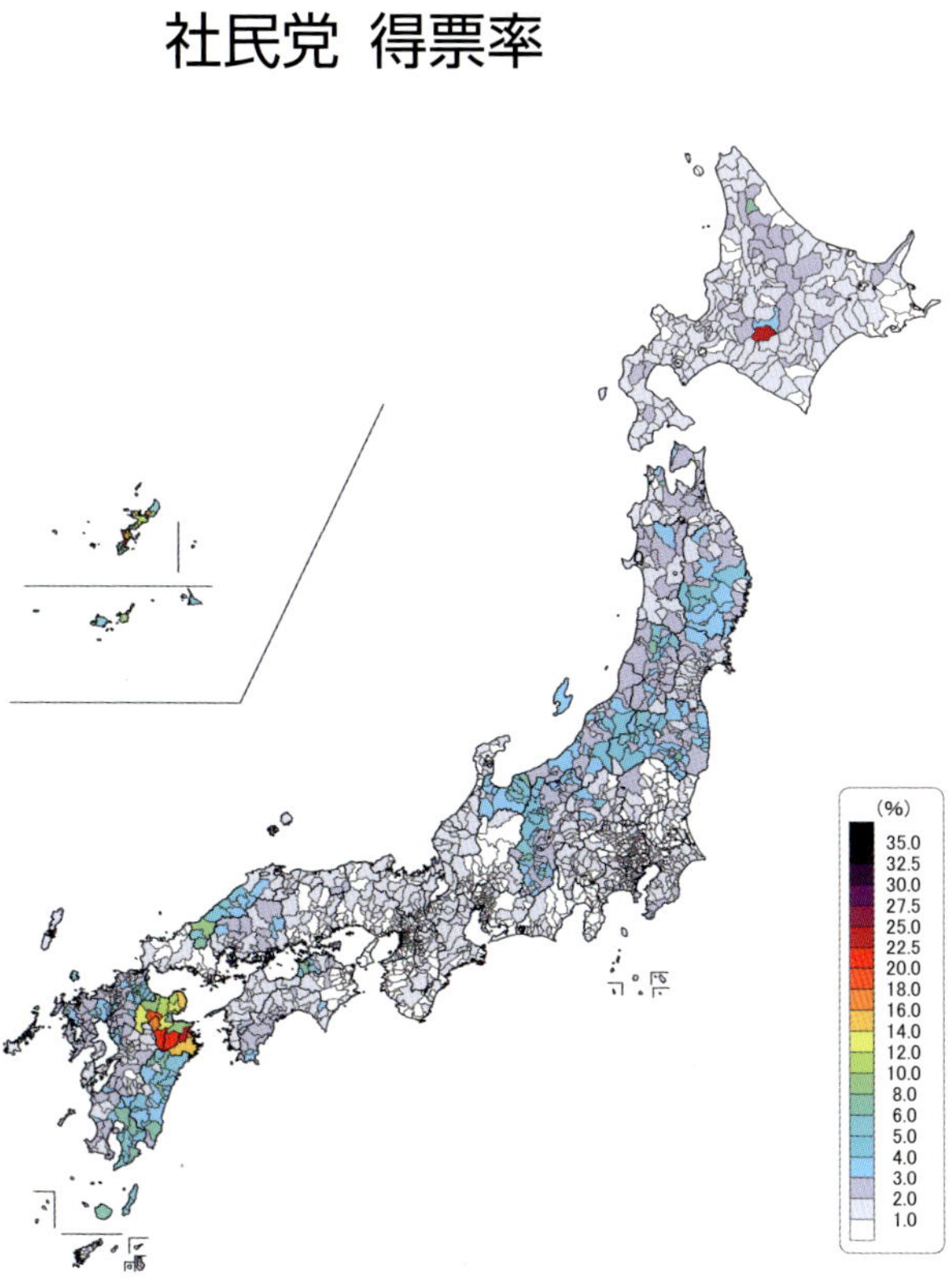

口絵７　社会民主党得票率（第48回衆院選比例代表）

社会党時代に村山富市元首相を輩出した大分県や、小選挙区で当選者を輩出している沖縄県で強い。北海道で飛びぬけて得票率が高いのは占冠村で、新社会党の地盤となっている。

日本維新の会 得票率

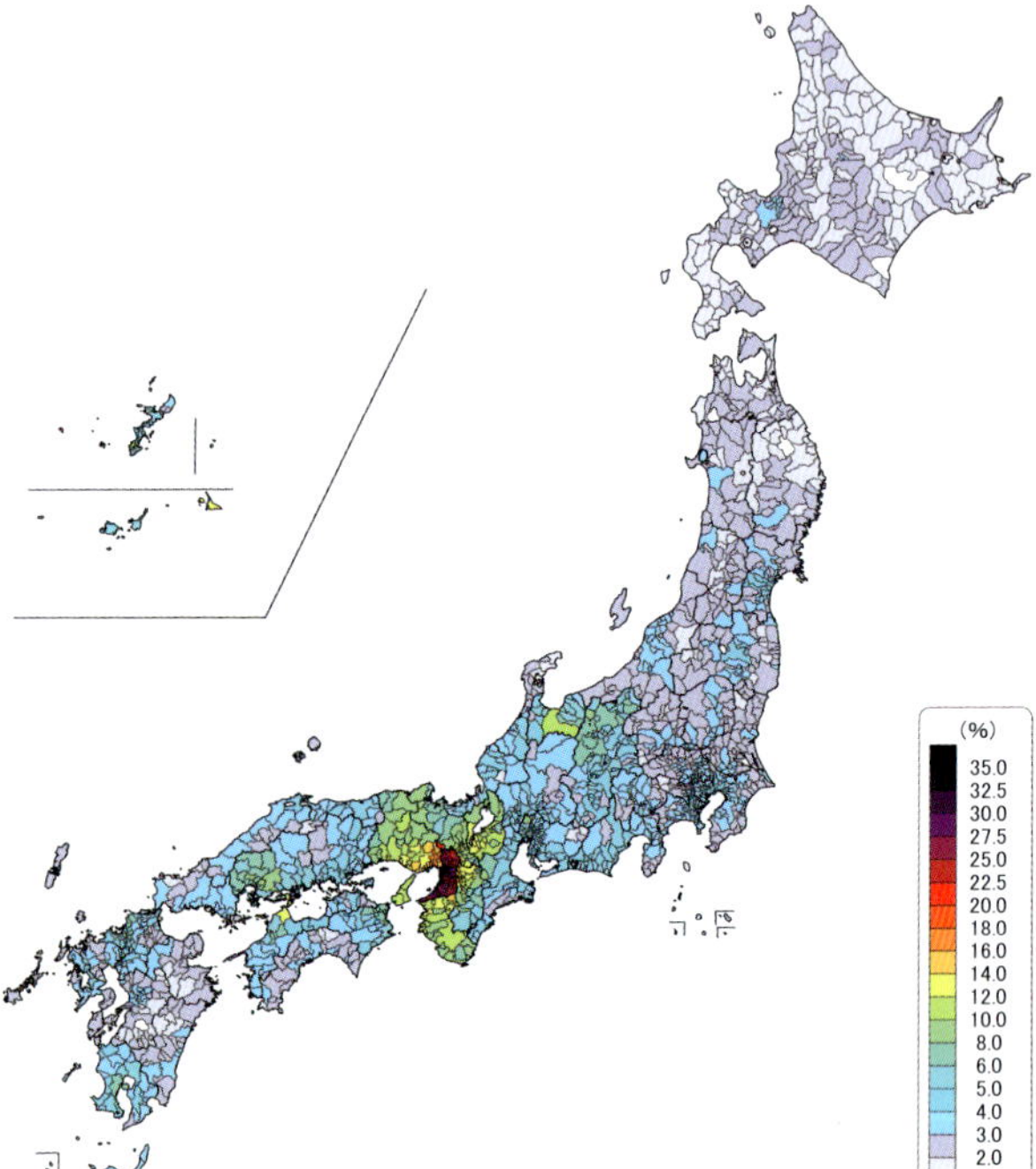

口絵8　日本維新の会得票率（第48回衆院選比例代表）

日本維新の会は最大の地盤である大阪を中心として、近畿地方で高い得票率を持つ。

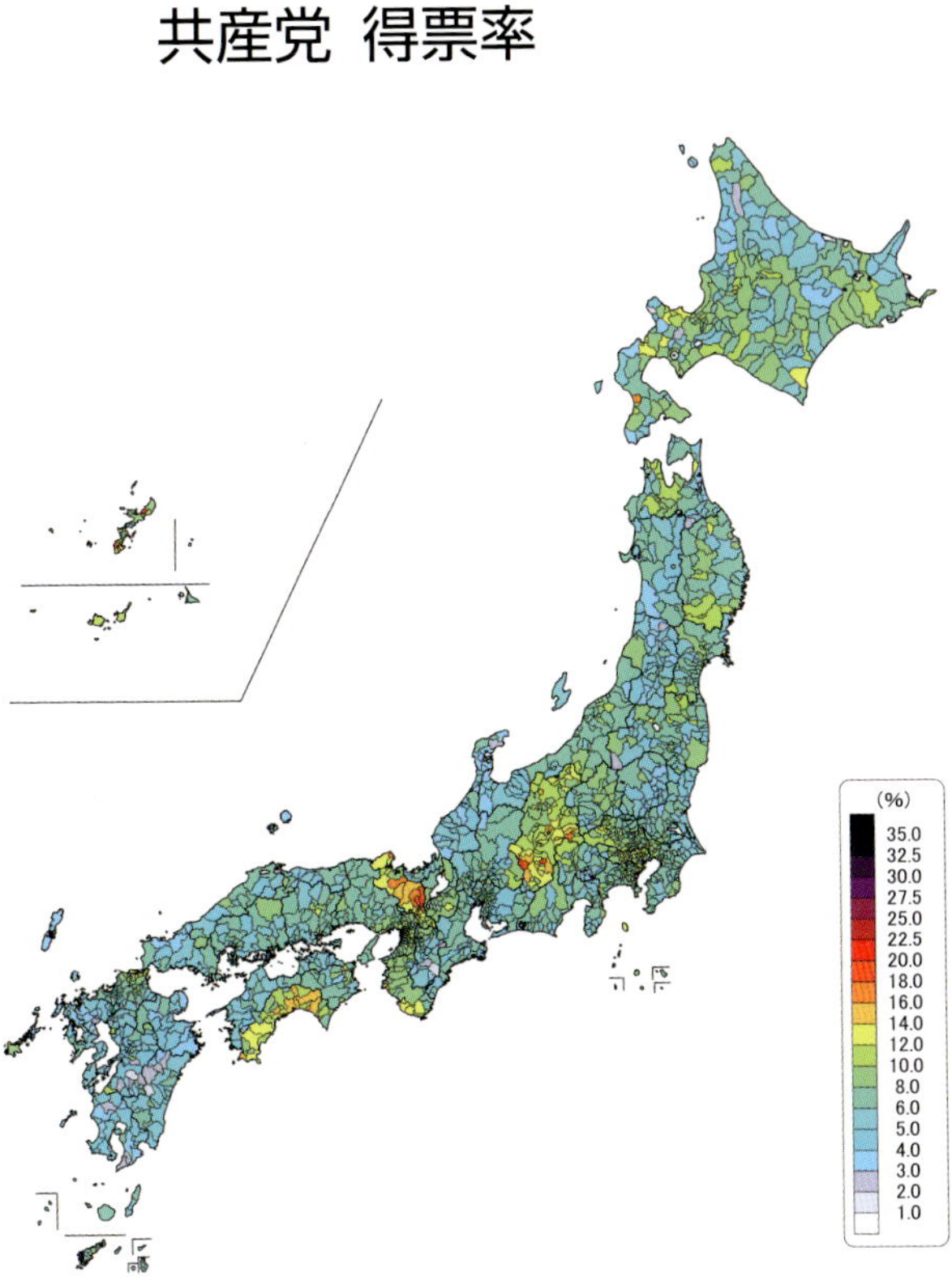

口絵 9　日本共産党得票率（第48回衆院選比例代表）

共産党は長い歴史がある政党で、全国的に組織を持ち、
広く票を得ている。なかでも高知県、京都府、沖縄県で
得票率が高い。

立憲民主党 得票率

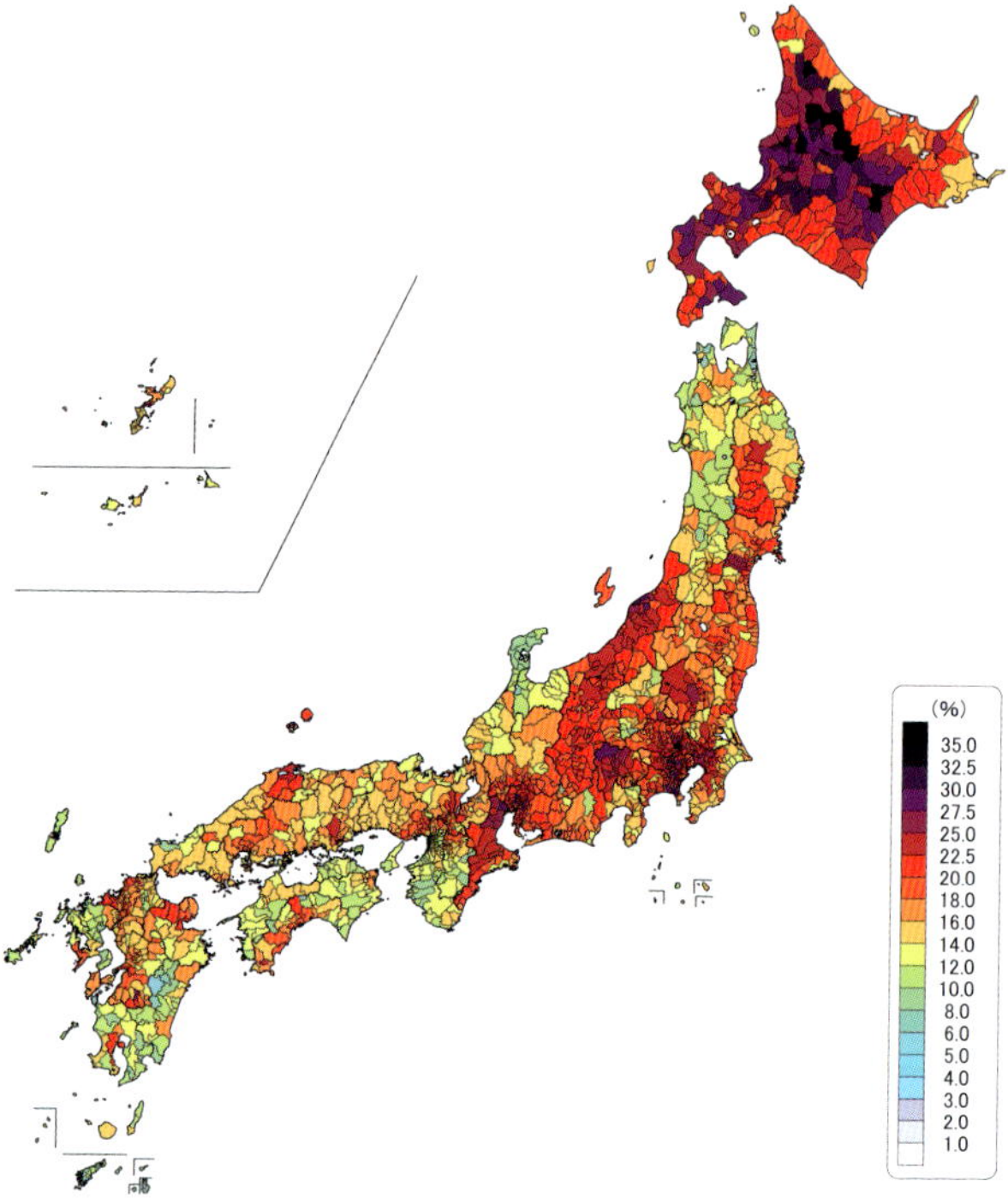

口絵 10　立憲民主党得票率（第48回衆院選比例代表）

立憲民主党は北海道に加え、関東地方一帯や新潟市、仙台市、名古屋市などの都市部で得票率が高い。都市部の小選挙区に候補者を擁立したことが、比例票を引き上げたとみられる。

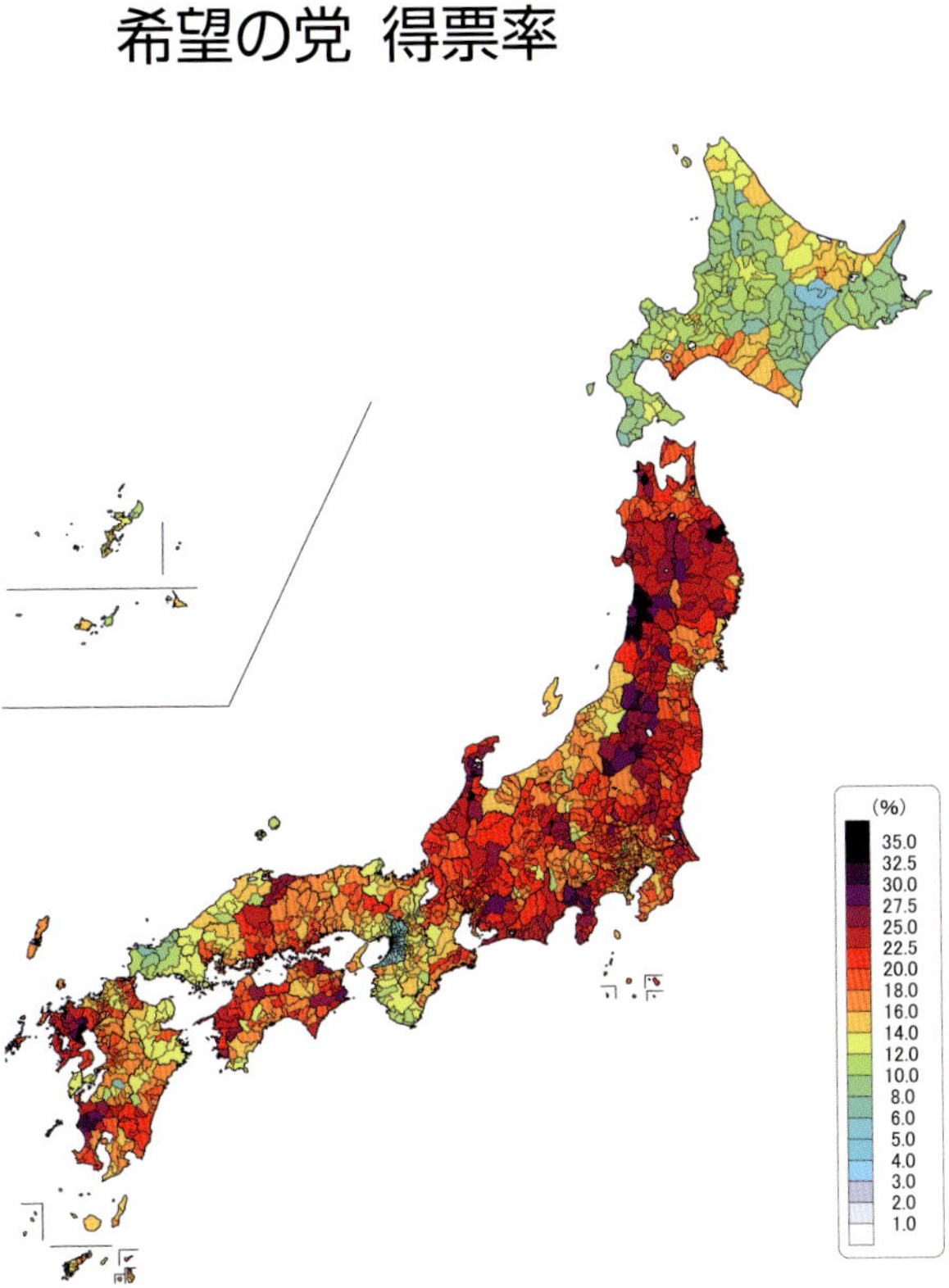

口絵 11　希望の党得票率（第48回衆院選比例代表）

希望の党は都市よりも地方で高い得票率となった。小選挙区で維新と住み分けた大阪府では得票率の陥没が見られる。希望の党は選挙後に支持率が急落しており、これだけの票が宙に浮いた状態になっているといえる。

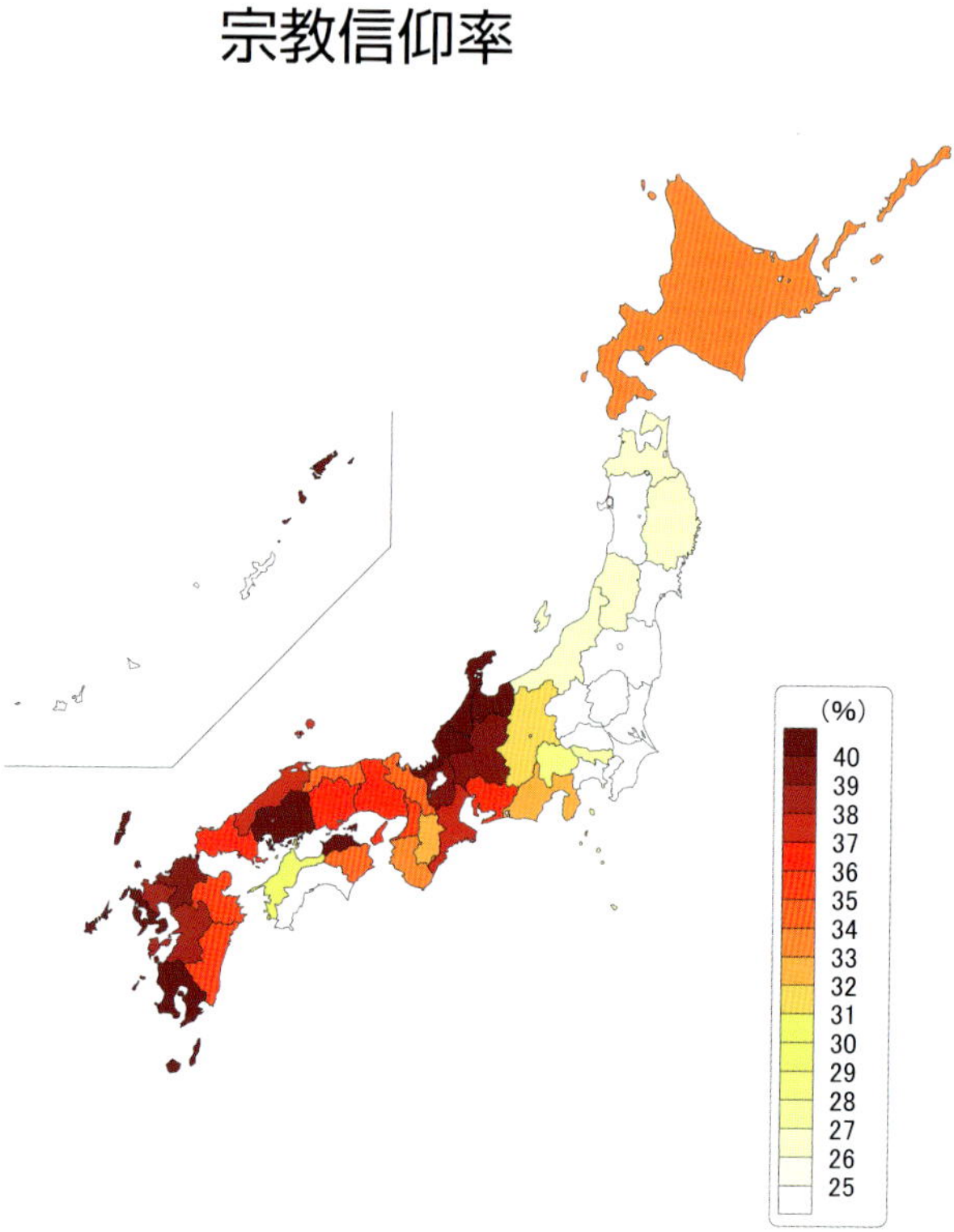

口絵 12　宗教信仰率

宗教を信仰する人の割合は、西日本で高く、東日本で低い。宗教は人の生活や共同体のあり方ともかかわっており、政治や選挙ともつながっている。
1996 年 NHK 全国県民意識調査による。

人口増減率

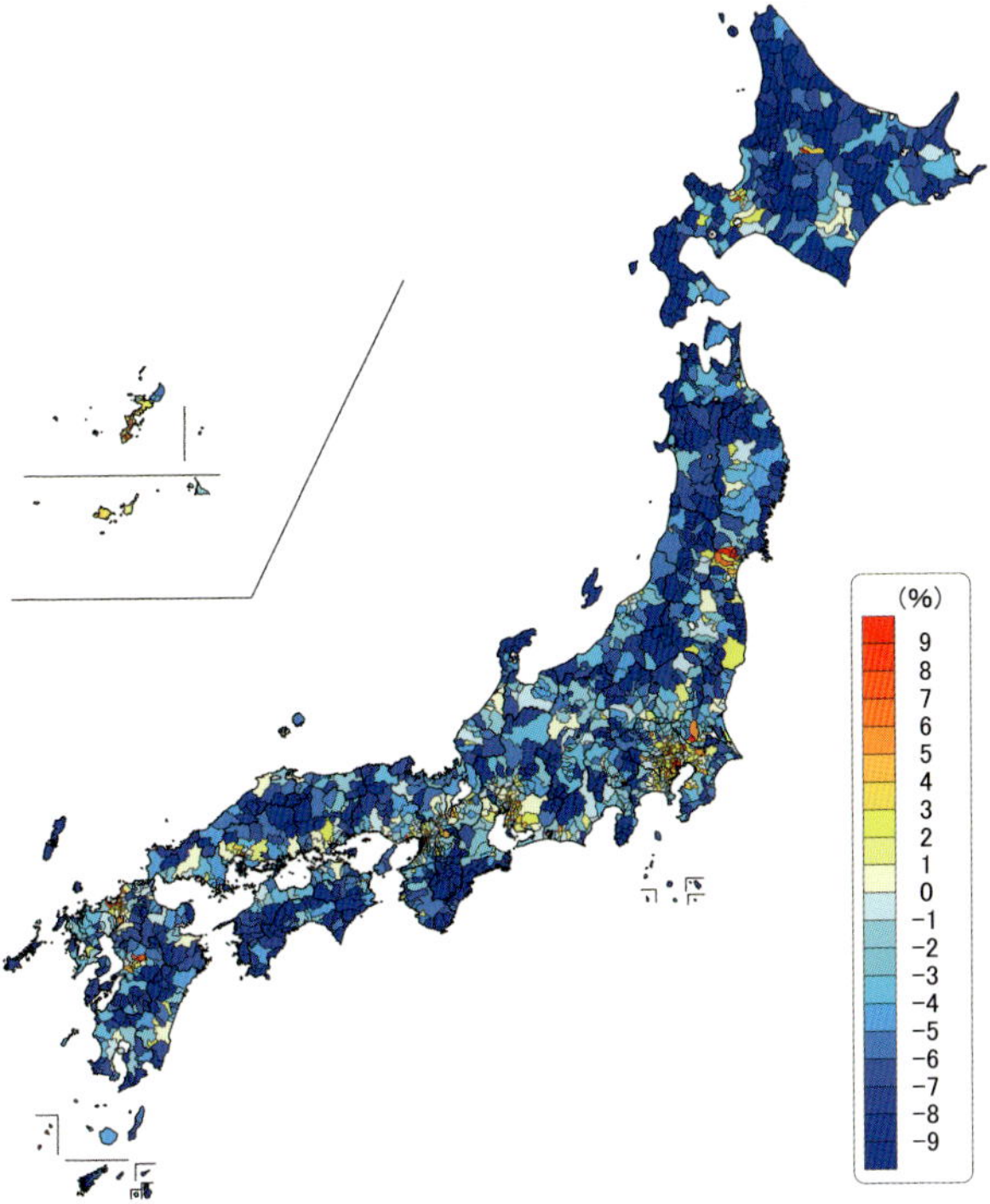

口絵 13　人口増減率——2010 年から 2015 年の変化

都市部を除くほとんどの自治体の人口が減少している。

地方の選挙は、人口の減少のなかでいかにして暮らしを守るかということを巡って闘われるようになっていく。

2010 年と 2015 年の国勢調査による。

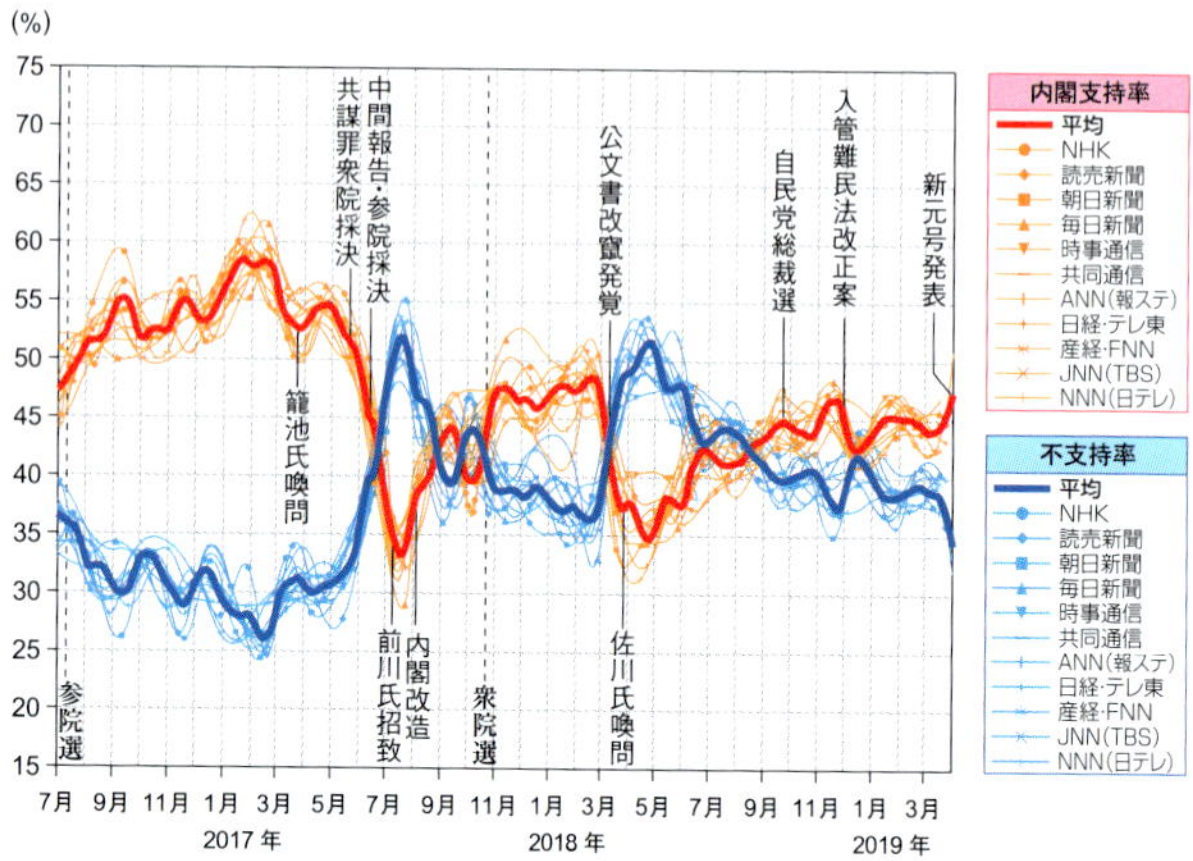

2013年1月から2018年4月上旬までに実施された全ての世論調査をもとにして描き出した。安保法の衆参の採決で内閣支持率が2度の低下を見せたことなど、世論の敏感な動きがうかがえる。

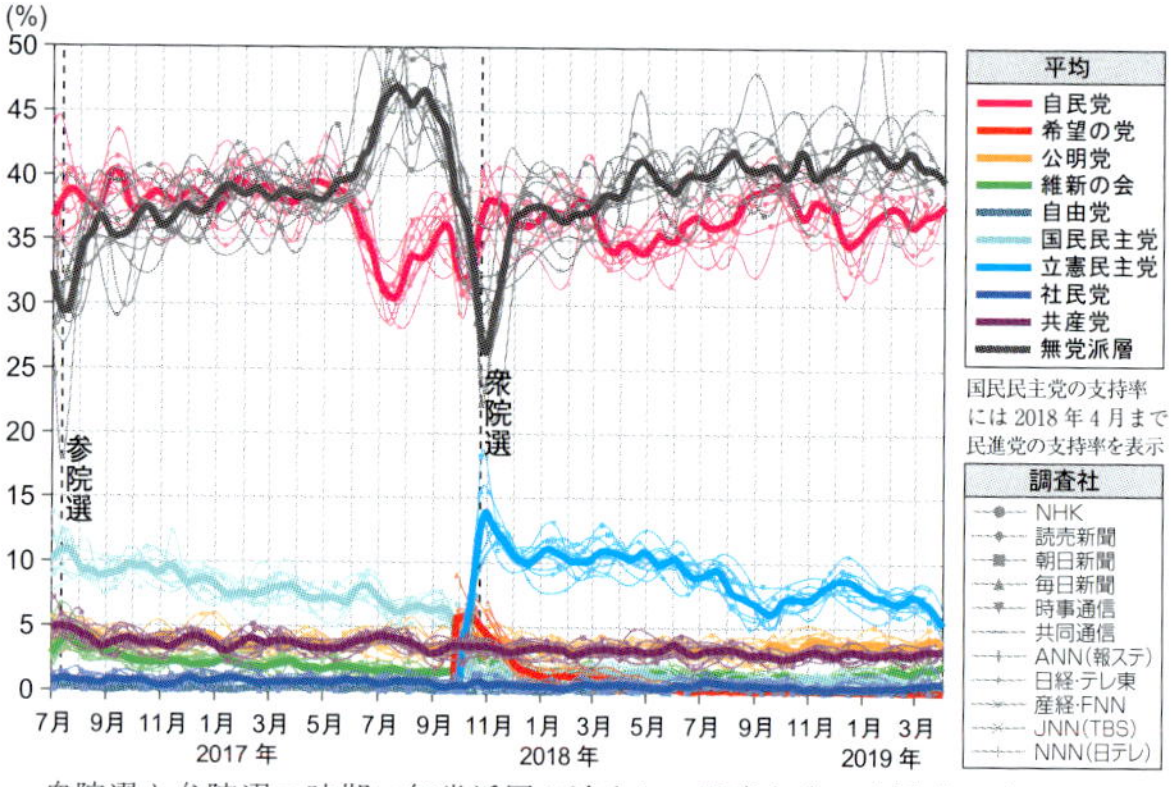

衆院選と参院選の時期に無党派層が減少し、野党各党の支持率が上がる現象を本書では「選挙ブースト」と呼ぶ。選挙時に上昇した支持率はすぐに低下して元に戻る場合と、選挙後も段差となって残る場合がある。

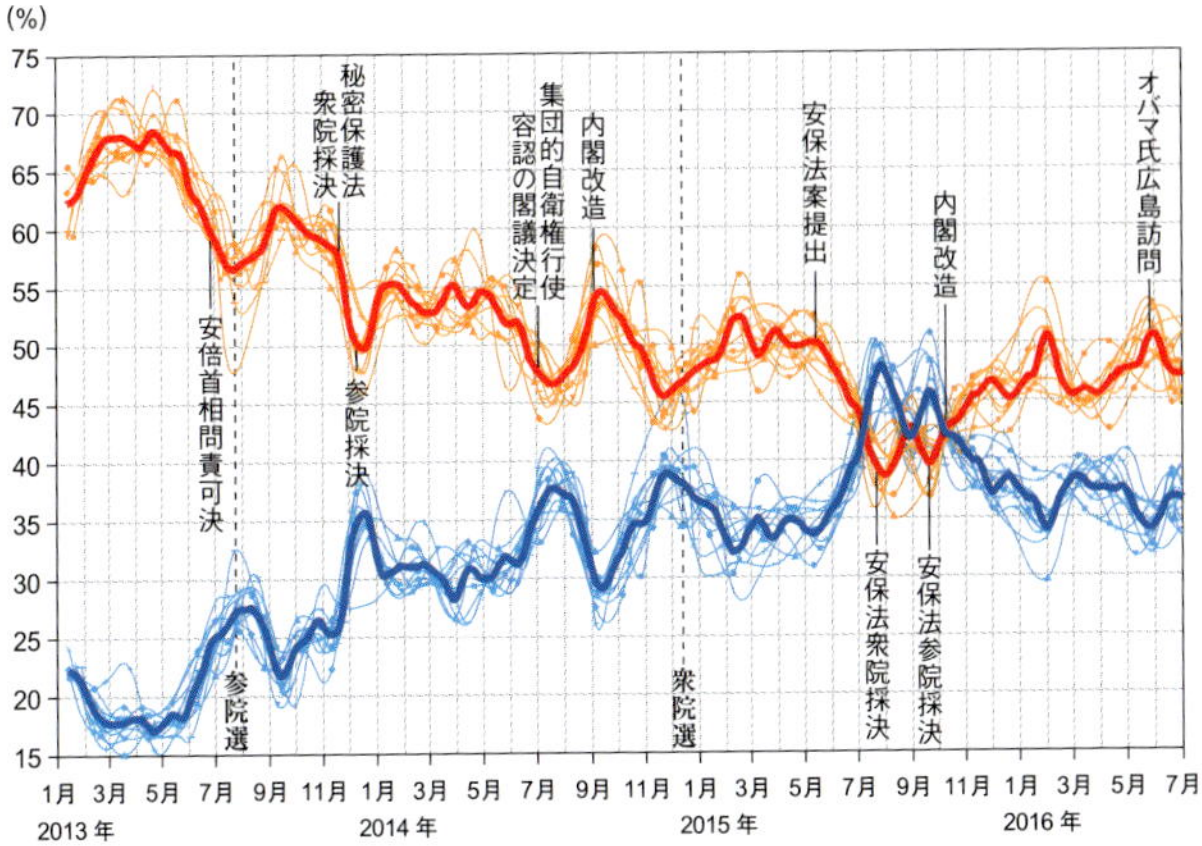

口絵 14　補正を行い、平均をかけた内閣支持率・不支持率

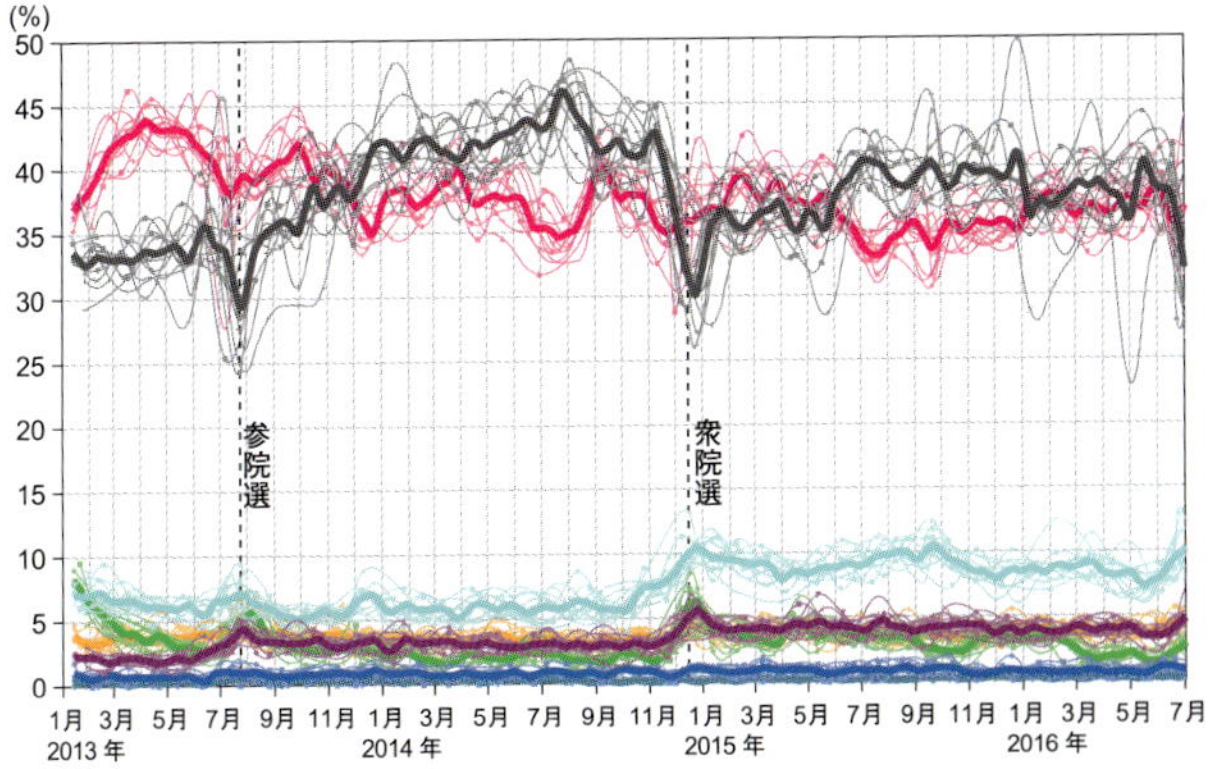

口絵 15　補正を行い、平均をかけた政党支持率

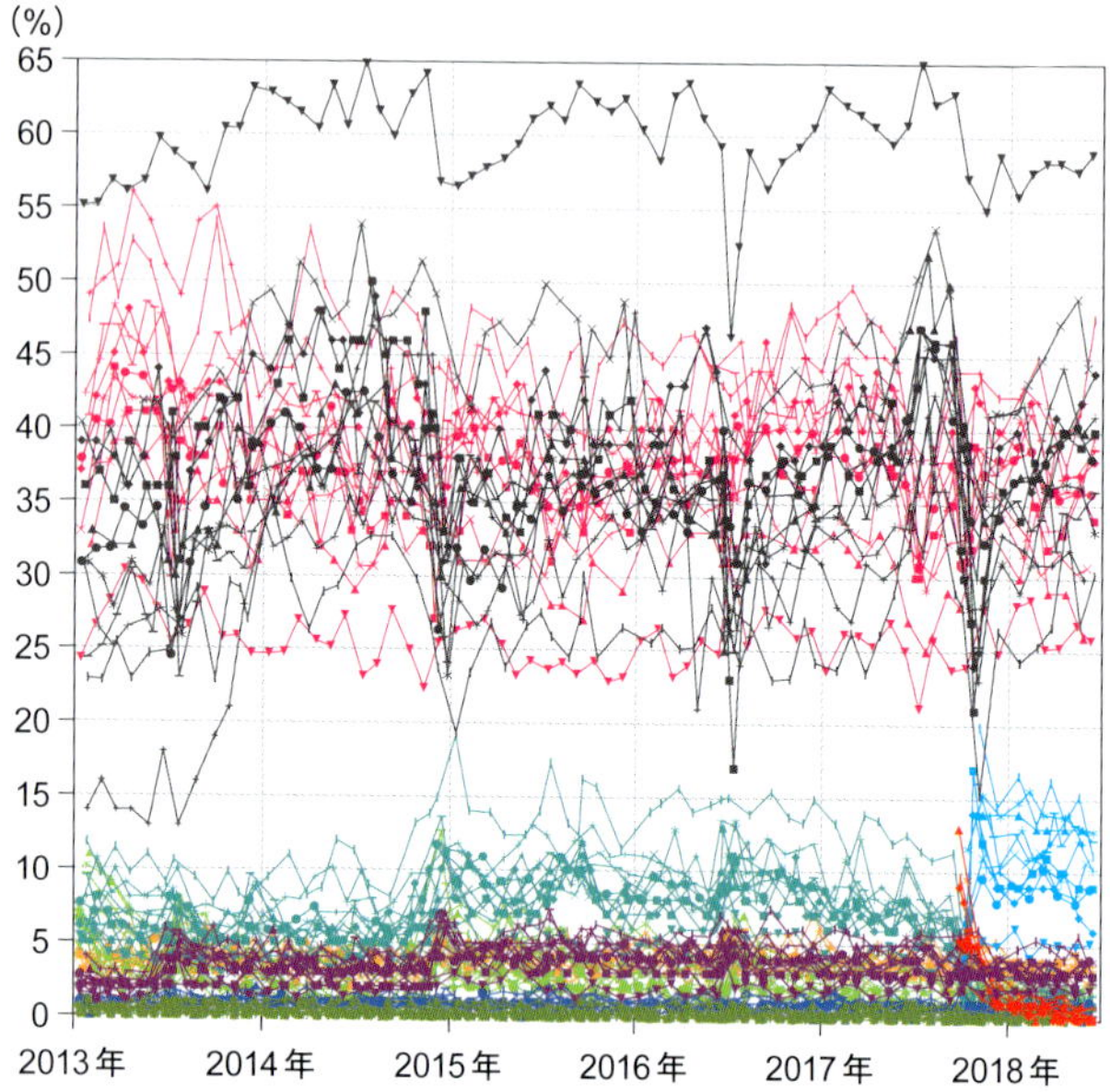

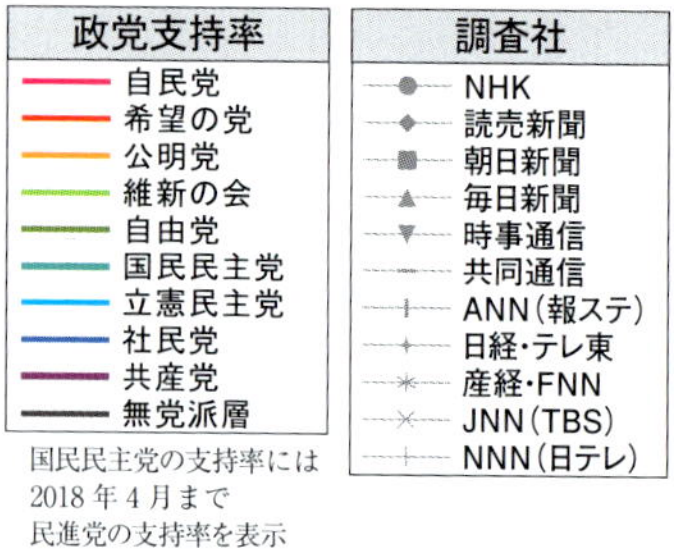

各社が発表した政党支持率にはばらつきがあり、個別に見ていても情勢の動きを捉えることは難しい。だからこそ、全ての調査を適切に用いて正確な支持率の推移を追跡する方法が必要となる。

口絵16　各社が発表した政党支持率

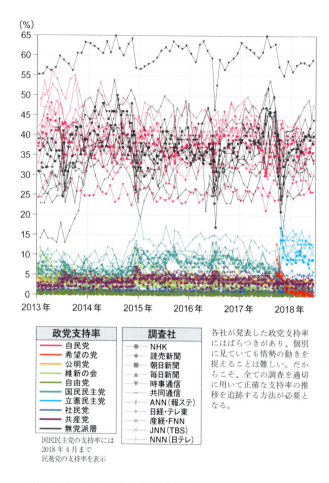

ちくま新書

武器としての世論調査

——社会をとらえ、未来を変える

三春充希
Miharu Mitsuki

1414

武器としての世論調査――社会をとらえ、未来を変える【目次】

II データでとらえる日本の姿 085

第五章 地域が持つ特色 086

第六章 時代に生きる人々 136

＊引用の出典は（著者名、発表年）という形で略記し、詳細は巻末の参考文献に記載した。
＊政党名は以下のように略記した。
自由民主党／自民党、日本維新の会／維新、社会民主党／社民党、日本共産党／共産党
＊特に断り書きがない限り、選挙結果のデータはすべて総務省の選挙関連資料を使用している。

まえがき

現代の社会はどのような姿をしているのでしょうか?

限られた視野しか持たない私たちには、社会のすべてを見ることはかないません。だから私たちはそれぞれが生きる限られた場所の内側から、見たものや聞いたこと、感じたことをもとにして、社会に対する認識を組み立てます。

けれど私たちはお互いに生活している環境も、経験してきた出来事も異なります。そのため、組み立てられた一人ひとりの認識は互いにずれていて、自分や自分の周りはこうであるのに、他の多くの人たちはそうではないという違和感が生まれたり、なぜ社会がこのように動いていくのかがわからなくなりがちです。

これは地上にいる人が、自らの立つ場所の地形を知るということと似ているかもしれません。地上からの視界だけでは、自分を取りまく広い国や世界の姿を知ることは容易ではないわけです。

しかし私たちはデータを分析することによって、空から地上を俯瞰するような視界を持つことができます。

例えば口絵2の**与党列島**を見てください。これは48回衆院選の比例代表について与党と野党の票をそれぞれ合計し、与党の得票が上回った自治体だけを陸地とした地図です。対して口絵3の**野党列島**は、野党が上回った自治体だけを陸地としたものです。こうしてみると、西日本と東日本では大きく状況が異なることが浮かび上がります。

もちろんこれは、社会を選挙という特殊な面から見たものです。しかし1億人を超える多くの人たちが意思表示をする場面で、一人ひとりの一票が、そして一人ひとりの棄権がこれを描き出したということには、何か注目に値する背景があるはずです。


私はもともと自然科学の研究をしていましたが、原発事故以降の政治状況に問題を感じ、社会のあり方を模索するようになりました。そして自然科学における洞察やデータ処理の方法を活かして、世論調査や選挙結果のデータから社会の姿を描き出し、提示するということに取り組んできました。

世論調査や選挙結果は、社会に生きる私たちのあり方を知るための武器となるもので、それ自体がとても面白いものです。データが描く様々な景色を紹介し、その面白さを伝えることが本書の狙いの一つとなっています。

しかしもう一歩踏み込むなら、社会の姿を捉えようとするのは単純な興味からだけではなく、社会を良い方向に変えていくにはどうしたらいいかを考えるからです。

もちろん何が「良い」ことなのかは判断が分かれる面もあるでしょう。けれど社会の姿をきちんと捉えられなければ、どのような判断も土台を失います。だから本来、正確に社会の姿を捉えるというのは政治的な立場を問わず重要であるはずです。

この社会には様々な歪みがあり、解決すべき事柄は山積みです。けれど今の私たちは、歪みを見えないようにしたり、歪みを押し付けあったりしているようで、協力してそうした直面する課題と向き合い、解決を図っているとはいいがたい状況です。

なぜ今の社会はこうなのでしょうか？　それはこのままでいいのでしょうか？　本当にこうでしかありえないのでしょうか？

こうした疑問や違和感を共有する人たちがいるはずです。それは政治に対する問題意識があるけれども、展望が開けない人たちかもしれません。あるいは支持政党を持たない無党派層の人たちかもしれません。政治や選挙に失望している人かもしれません。

それは決して少なくないはずなのです。

そうした人たちとともに、社会を見てみたい。そしてできれば、何か手ごたえのある変化を作り出すことができたら。こうしたことが本書のもう一つの狙いとなっています。

本書は大きく三部からなります。第Ⅰ部では全国で実施された全ての世論調査を総合することによって、内閣支持率と政党支持率の推移を最高の解像度で描き出し、その解釈を考えます。世論調査がどのように行われているのか、それは本当に妥当なのかということから話をはじめますが、そうした内容が煩雑に思われる方は、基本的なことはある程度とばしていただいても構いません。

第Ⅱ部では、世論調査と選挙結果を併用し、様々な意見を持つ人たちが、どこに住んでいるどういう世代の人なのかということに考えを進めます。前半では各政党の地盤を精密に描き、それが形成された歴史的な経緯に触れ、東日本と西日本、都市と地方の違いを読み解きます。そして後半では世代ごとの政治的関心や年齢別の投票率の検討を経て、国政選挙の投票率が急落した理由に切り込んでいきます。

第Ⅲ部では、世論を政治に反映させる手段として、選挙は世論を適切に反映するのかというところまで立ち返って議論します。また、世論調査を利用して選挙の情勢を把握する方法と、その情報を利用して個々人の力を発揮させることを考えていきます。

Ⅰ　世論調査

第一章　世論調査の勘違い

1　世論調査の結果は捏造されている？

みなさんは世論調査に対してどのような印象を持っているでしょうか。世論調査は様々な政治的な意図のもとで利用されるため、あたかも一つの結果が世論そのものであるかのように過剰な宣伝がされることもあれば、世論を誘導するために意図的な不正が仕組まれているのではないかと言われることもあります。

実際、世論の分析をやっていると、公表した結果に対して様々な反応を受け取ります。世論調査が自宅の電話にかかってきたものの、「内閣を支持しない」と回答したら向こうから切られてしまったというようなエピソードを引用して、捏造された世論調査を分析しても意味がないと批判されることも少なくありません。

けれどももし、こうした疑いをお持ちの方がいたら少し考えてみてください。そもそも本気で不正をするのなら、一軒一軒に電話をかけるというコストをかけた上で、相手が聞いているのに電話を切るというような、自ら不正を露見させるような方法を誰がとるでしょうか？

このような話が広まってしまうのは、世論調査の結果に一喜一憂するような受け身の姿勢が多いせいなのかもしれません。

世論調査の不正に対する懸念は、多くの場合、世論を誘導する目的で偽りの調査結果が報じられるのではないかというものです。これは例えば、意図的に高い内閣支持率を報じることで、それを受け取る人たちが政権批判を控えるようになったり、内閣にとって好意的な方向へ引っ張られていくのではないかというような心配です。

しかし、世論調査を通じて社会の姿を知ろうとする立場に立つのなら、問題は世論調査がどう報じられ、どう受け取られたかではありません。私たち自身が世論調査のデータを検討することで、何を得ることができるかが問題となります。報じられた調査の結果をただ報じられたように受け取るのではなく、実際の政治における出来事との連関に注意し、研ぎ澄まされた社会観のなかで読み込んでいくならば、能動的に調査結果を利用したり、調査の妥当性を評価したりすることもできるでしょう。

そのためにこの第Ⅰ部では、まず世論調査とはなんなのか、どのように行われているのかということを、よく見られる誤解を解きながら概観していきます。さらに、各紙が発表している世論調査の結果を読み込み、利用する方法について紹介していきます。

世論調査とは、マーケティングの一種だと考えられるかもしれません。商品を作るときには、どんな商品なら多くの人に売れるのか、多くの人がお金を払ってくれるのかを知ることが必要です。これはいわば、調査をもとに一つの「民意」を探っているわけです。

政治にもこれと似た面があります。政治家は、どんな政策を掲げれば多くの人に支持してもらえるのか、選挙のときに多くの人が票を入れてくれるのかを調査して民意を知ろうとします。政府の立場であれば、批判の強い法案を採決する際には政権に対するダメージを予測したり、採決後に支持を回復できるよう、取り組むべき政策を見定めたりもします。

ですから世論調査はただ単に読む人を一喜一憂させるだけのものではなく、実際に効力を持つものです。「この支持率では選挙を戦えない」ということで、一つの調査が政権を震え上がらせたりするのもその例といえるでしょう。

これは政治家に限ったことではありません。

多くの人にとって世論調査とは、新聞やテレビで見たときは感想を持ったり人に話したりするけれど、翌日になったらほとんど忘れているようなものなのかもしれません。けれども今の社会に違和感や窮屈さを感じ、それを変えていけたらいいと思うのであれば、私たちが向き合う社会がどのようなものなのかを知る必要があります。そして、社会に働きかけるのです。世論調査はそのための武器になるでしょう。

2 調査の方法と特徴

世論を調べる確実な方法は全員に聞くことに違いありませんが、日本の有権者は1億人を超えます。これほど多くの人たちの民意を知るにはどうしたらいいでしょうか？

ここでは、味噌汁の味見を例に考えてみましょう。味噌汁の味を知るときに、鍋の中身を全て飲み干す人はいませんよね。誰でも一さじ掬《すく》って舐めているはずです。世論調査でもこれと同じように、一部を対象にすることで全体をとらえようとします。

では、どのような方法で「味見」をしているのでしょうか。

日本では毎月1回の世論調査を11の新聞社、通信社、テレビ局が個別に行っており、新聞やテレビで報じられる内閣支持率や政策への賛否は、ほとんどがこの定例世論調査によるものです。世論調査の方法には電話形式、個別面接形式、郵送形式などがありますが、この定例世論調査では11社のうち10社が電話形式で、時事通信のみが個別面接形式となっ

	郵送形式	個別面接形式	電話形式
定例世論調査の実施	なし	時事通信	読売、朝日、毎日、日経、共同通信、産経（FNN）、ANN、JNN、NNN、NHK
回収に要する日数	1カ月程度	4日	1～3日
集計・分析に要する日数	数日～数週間	4日	0～1日
利点	費用が安い 資料の添付が可能	複雑な質問が可能 意図の誤解が少ない	素早く結果がわかる 集計しやすい 比較しやすい
欠点	結果がわかるのが遅い	費用が高い 建前の回答がある	複雑な質問ができない 多くの選択肢を示せない 図表を見せられない

表1-1　世論調査の種類

ています。

それぞれの調査方法の概要を表1－1にまとめました。

まず**郵送形式**ですが、これは調査の対象者に調査票を郵便で送付し、回答後に返送してもらう方法で、費用が最も安く済む特長があります。回収が遅いのが欠点ですが、紙に記入してもらうためよく考えて回答してもらえる利点があり、憲法記念日など特定のテーマに関心が集まる時期に各社が行います。

その一例として読売新聞が2018年の憲法記念日に向けて行った調査を挙げてみると、調査票が郵送されたのが3月13日、返送を受け付けたのが4月18日で、記事になったのは4月30日でした。結果がわかるのに1カ月以上かかってしまうことから、毎月の世論を知る目的の定例世論調査には適しません。

個別面接形式は調査員が調査対象者のもとに出向いて質問し、回答を得るものです。戦後早くから行われてきていて、精度が高いとの定評もあります。対面での調査のため複雑な質問が可能な上、意図を誤解されることが少なく、図や表を見せることができるのも長所です。しかしその反面、実際に調査対象者を訪問するため1件の回答を得るのにかかるコストが高く、人手や時間もかかる方法といえます。時事通信の定例世論調査にはこの方法が採用されていて、金曜から月曜までの4日間で調査し、次の金曜日に発表されることになっています。

電話形式ではオペレーターが電話をかけて回答を求めます。現在では最も一般的な調査方法で、NHK、読売新聞、朝日新聞、毎日新聞、共同通信、ANN（テレビ朝日／報道ステーション）、日経新聞（テレビ東京と合同）、産経新聞（FNNと合同）、JNN（TBS）、NNN（日本テレビ）と、あわせて10種類の定例世論調査がこの方法で行われてきました。1990年代前半に普及した調査方法で、初期の頃は電話帳や住民基本台帳をもとに電話をしていましたが、2000年以降にはランダムな数字を組み合わせて電話番号を作り、それが実際に使われているかを判定した後に電話をかけるRDD（Random Digit Dialing）

が採用されています。

電話調査の最大の特徴はその機動性で、企画から結果を得るまでが最も早いため、内閣改造や重要法案の採決があったときに緊急世論調査を行うことができます。ただし電話で伝えるという性質上、簡単な内容を短い質問文でしか聞けない上、多くの選択肢を示せないのが弱点です。

3 回答しているのは主婦と高齢者だけ？

世論調査は、国民全体の中から一部を「味見」することで、国民全体の意見を捉えようとしていると言いました。すると次は、どうやってその一部の人を選ぶのかが重要になります。

味噌汁の味見をするときに、かき混ぜないまま透明な上澄みを一さじ掬うのと、よくかき混ぜてから一さじ掬うのでは、どちらが正確な味見になるでしょうか？ 後者であることが明らかかです。この「よくかき混ぜる」ということが世論調査ではランダムに調査対象を選ぶことにあたり、これを**無作為抽出**と呼びます。

世論調査にまつわる大きな勘違いの一つが、この無作為抽出に関するものです。

電話世論調査に対して、「固定電話しか対象としない上、多くが平日の昼間に実施されている。これでは平日の昼間に家にいて電話に出ることができる主婦や高齢者の回答しか集まらない」という話が広まっているようです。これは一部は全くの間違いで、一部は2016年以降に事情が変化したことから現在では不適当というほかないのですが、評論家から政治家、大学教授に至るまで、事実を確認せずにこのような批判をする人が少なくありません。

携帯電話の普及が固定電話を追い越していくなか、それまで固定電話しか対象としてこなかった電話調査は見直しを迫られてきました。そこで2014年にNHK、朝日、読売、毎日、日経、共同は携帯電話を対象とした実験を行い、電話を受けた人の反応を見たり、固定電話のみを対象とした結果との比較を行って、携帯RDDの可能性を調べました。そして2016年4月に、まず読売新聞が携帯RDDの導入に踏み切り、それ以降、各社が固定RDDと携帯RDDを併用するようになっています。

読売新聞	2016年4月1〜3日
日経・テレ東	2016年4月29日〜5月1日
朝日新聞	2016年7月11〜12日
NHK	2016年12月9〜11日
共同通信	2017年4月22〜23日
毎日新聞	2017年9月2〜3日
ANN（報ステ）	2018年6月16〜17日
JNN（TBS）	2018年10月13〜14日

表1-2　携帯電話が調査対象に含められた時期

また、定例世論調査は各社とも土日をまたぐ日程で行われており、調査の時間帯も昼間だけではなく、夜9時半から10時ごろまでかけることがあります。携帯RDDは在宅しているかにかかわらず、出先で回答してもらうことが可能なのも有利な点といえます。

4 大勢に調査すれば正確な結果がわかる？

インターネットで行われた調査の結果をもとに、各メディアによる世論調査の内閣支持率を否定する人たちがいます。そうした人たちはよく、「インターネットの調査のほうが回答数が多いのだから、こちらのほうが正確だ」と言います。この「多くの人に聞けば正確な結果がわかる」というのもまた、世論調査にかかわる大きな勘違いです。

ネットで誰もが参加できるような形で行われる調査では、そのページに興味を持って集まってきた人たちが回答しているため、無作為抽出が成立していないのです。これではまるで味噌を入れた後、かき混ぜもせずに寸胴鍋を持ち上げてゴクゴク飲んでいるようなもので、いくら大量に飲んだところで正しい味見とはいいがたいものです。

それに対して世論調査は無作為抽出にこだわりぬいています。電話形式の調査でも、電話に出た人に回答を求めるわけではなく、世帯の有権者の人数を聞き、コンピュータでランダムに回答者を決めることになっています。家族がいても回答者が不在のときは夜10時になるまで6回程度を限度にかけ直しをするのには、こうした事情が背景にあります。

それでは、無作為抽出が実現できている場合、何人に聞けば正確な世論がわかるのでしょうか？

5　1000人に聞くだけで世論がわかる理由

ここからは、仮に有権者全員に調査することができたらわかる内閣支持率を**真の支持率**と呼ぶことにして、一部の人たちに聞くことでどこまで真の支持率に迫ることができるのかを考えていくことにしましょう。

仮に真の支持率が50％の場合を想定すると、有権者のうち半数が内閣を支持しているのですから、「どちらでもない」という回答を認めなければ、ランダムに選んだ人が「支持」と答えるか「不支持」と答えるかは五分五分です。これはコインを投げて表が出るか裏が出るかということと同じ確率です。

例えばコインを10回投げたとき、表が何回出るかを考えてみましょう。表が5回、裏が5回出る確率がいちばん高そうです。実際、コインを10回ずつ繰り返し投げてみて、表が出た回数を横軸に、その回数になった確率を縦軸にとったのが、図1－1です。グラフに打った点は5回の25％をピークに、左右対称の山のような形に広がります。図1－2はコインを100回ずつ投げた場合、図1－3は1000回ずつ投げた場合です。投げる回数を増やすにつれて、山は鋭く細くなっています。

横軸の「表が出た回数」を、図1－1では10倍し、図1－2はそのまま、図1－3は10分の1してみると、それぞれのグラフは「表が出た割合（％）」として読み替えることができます。

10回しか投げなかったときは、表が出た割合が20％（表2回・裏8回）となる場合も5％弱の確率でありえました。しかし100回投げたとき、表が20％（表20回・裏80回）となる確率はほぼゼロとなっています。1000回投げたときには表が40％（表400回・裏600回）となる確率さえゼロに近いですね。

ここまでコインを使って考えたことは、そのまま内閣支持率の理解に転用することができます。真の支持率が50％のとき、無作為抽出さえ保証されているのなら、より多くの人に聞き、回答数を増やすことで、調査で得られる内閣支持率は50％に近づいていくわけです。

真の支持率が50％のとき、回答数1000の世論調査が示す内閣支持率と、その結果が

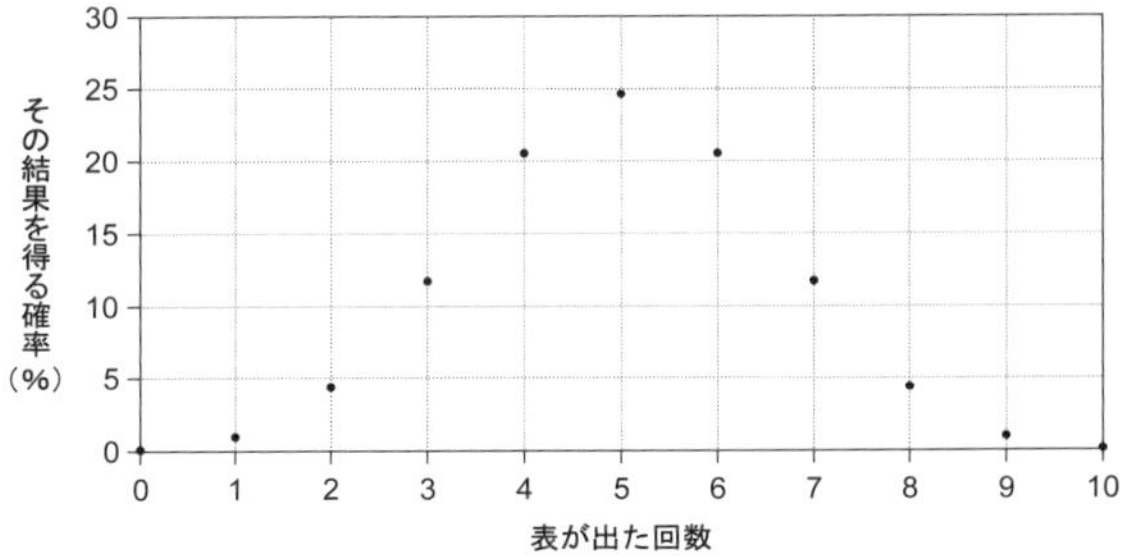

図 1-1　試行回数 10 の場合

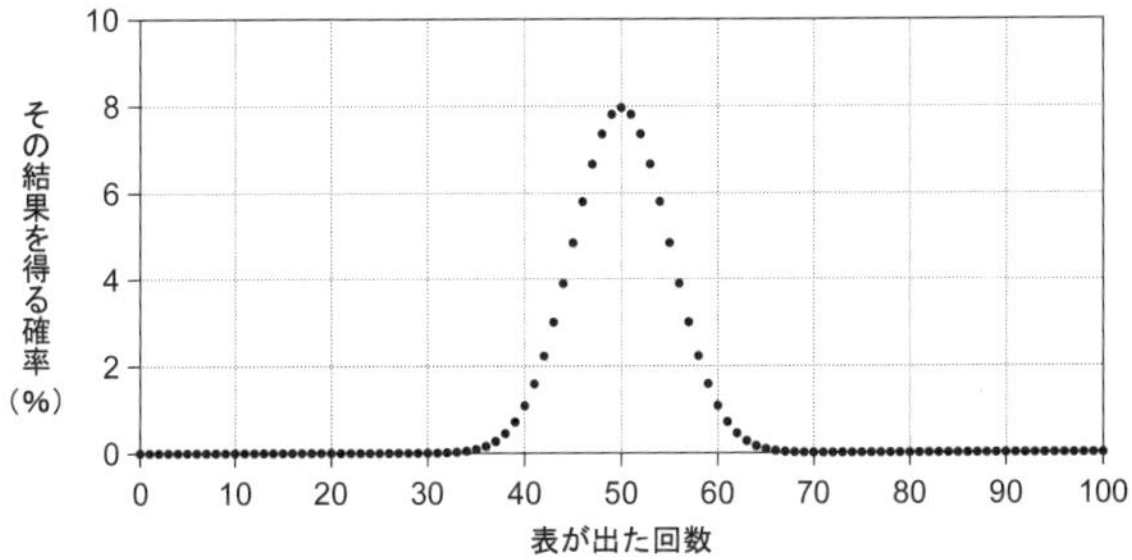

図 1-2　試行回数 100 の場合

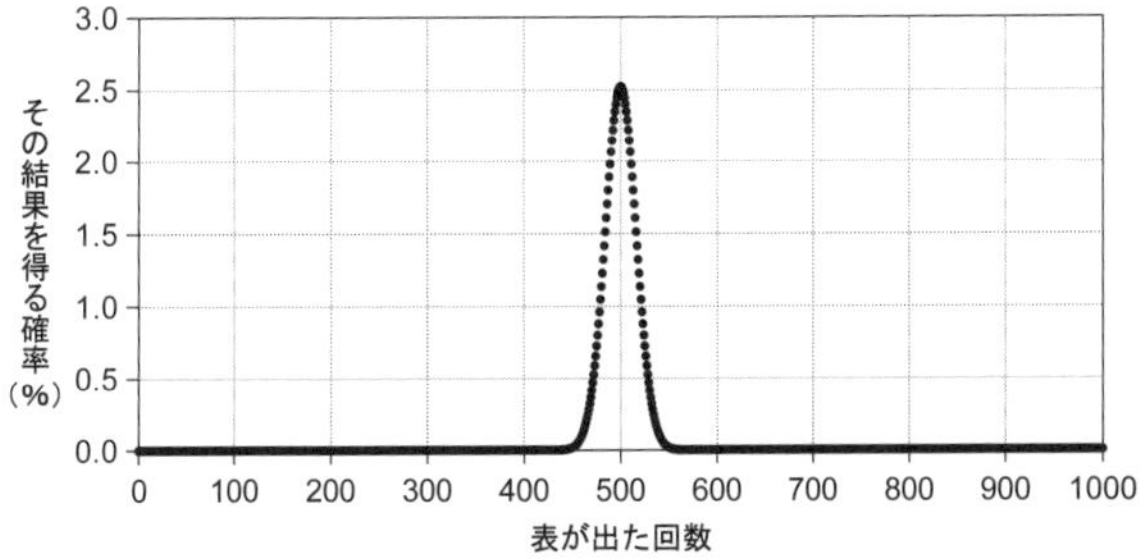

図 1-3　試行回数 1000 の場合

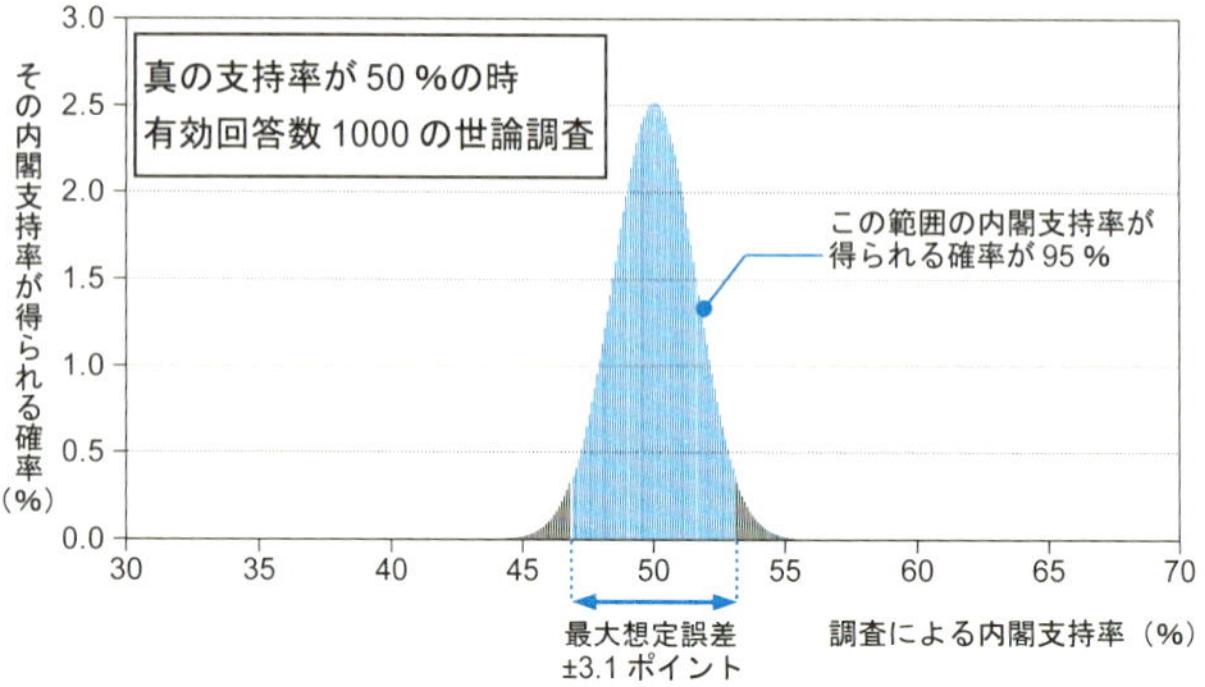

図 1-4　世論調査の最大想定誤差

得られる確率を図1－4に示しました。

調査で示される内閣支持率が真の支持率に完全に一致する確率はわずか2・5%ほどとなっています。1000人のうちちょうど500人が「支持」と答えなければならないわけですから、その低さもうなずけます。

しかしグラフはピークを中心とした広がりを持っています。つまり、「調査で49%から51%の範囲の内閣支持率が得られるのは……」と幅を持たせれば、1000人のうち490人が「支持」と答える場合から、510人が「支持」と答える場合までが含まれるわけですから、そこに含まれている確率は大きくなるわけです。このようにして幅を広げていくと、やがて調査でその範囲内の内閣支持率が得られる確率が95%に達するところが見つけられるはずです。

気象庁が「台風の中心が円の中に入る確率が70

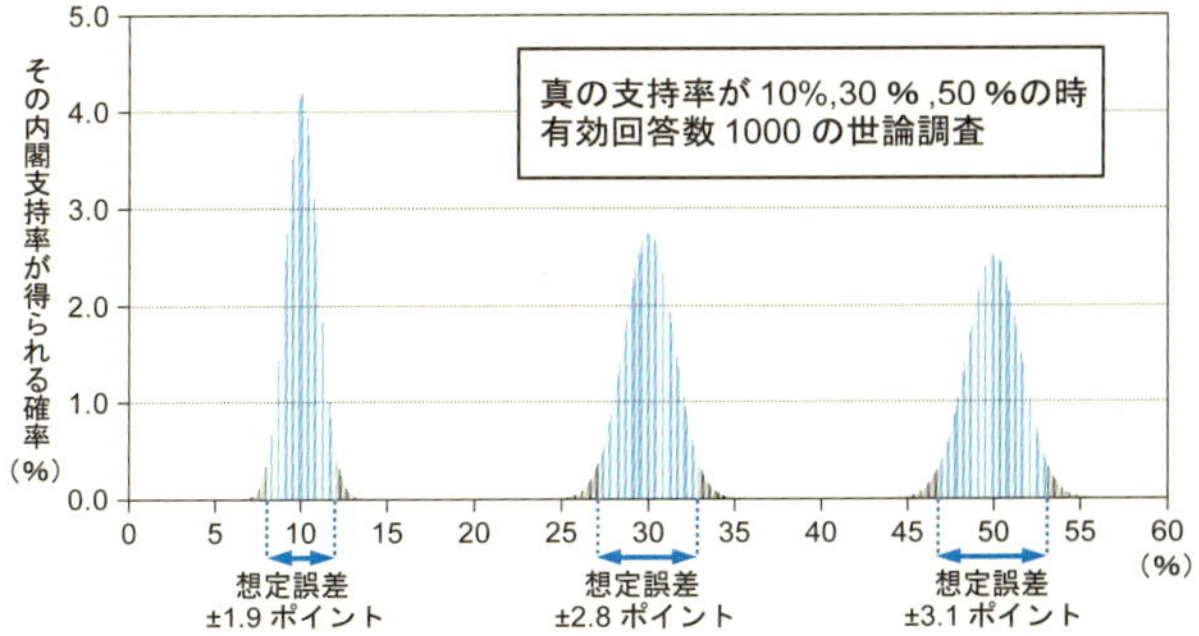

図 1-5　支持率と想定誤差

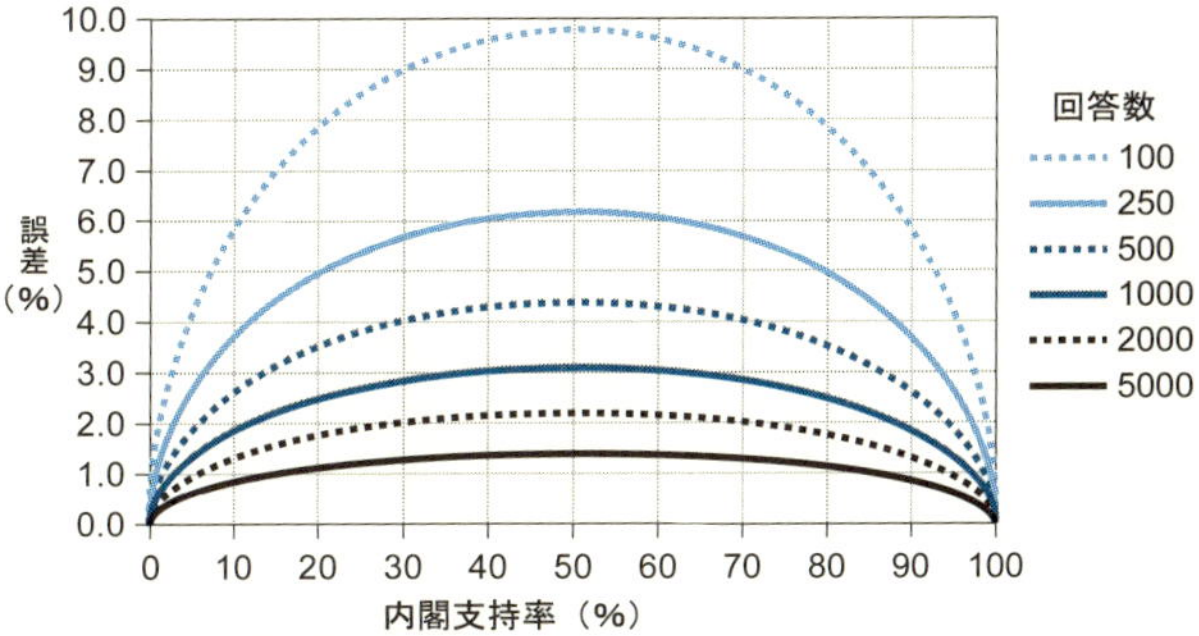

図 1-6　回答数と想定誤差

%」という基準で予報円を出しているように、日本で行われている世論調査でも「調査の結果得られる支持率がこの範囲に入る確率が95%」という基準を設けているわけです。これは**信頼水準95%**と言って、世論調査では一般的に採用されています。

このように基準を定めておくことで、世論調査で想定される誤差が決められます。回答数1000の場合、46・9%から53・1%の範囲の内閣支持率を得る確率を全て足し合わせると、95%を超えます。つまり、信頼水準95%での**最大想定誤差**は±3・1ポイントで、仮に同じ世論調査を100回実施したとき、そのうち95回が真の支持率から±3・1ポイントの範囲に入ることになります。ですからこの程度の誤差を許容するのであれば、相手が1億人以上の有権者であっても、内閣支持率を知るにあたって何十万人、何百万人からの回答を集める必要はありません。1000人でいいのです。

真の支持率が50%でないときはどうでしょうか。図1-5に、真の支持率を10%、30%、50%としたときの回答数1000の世論調査が示す内閣支持率と、その結果が得られる確率を示しました。真の支持率が低くなるにつれてグラフのピークが高くなっています。高い確率が狭い範囲に集中するわけですから、これは想定誤差が小さくなることを意味しています。

数字で見ると、真の支持率が50%のときに想定誤差は±3・1ポイントで最大となっていますが、10％のときは±1・9ポイントと小さくなっています。なお、真の支持率が90％のときも想定誤差は±1・9ポイントとなります。これはいま「どちらでもない」というような賛否を示さない回答がない場合を想定しているため、内閣を支持する割合が90％なら支持しない割合が10％というように、支持と不支持についての対称性があるからです。ですから50％のときを最大想定誤差として、それ以上やそれ以下の場合は小さい範囲に誤差が収まります。

次に、信頼水準を95％としたときの、それぞれの回答数に応じた想定誤差を図1－6に示しました。回答数を増やすほど誤差が小さくなることと、想定誤差が50％をピークとして左右対称な形をしていることが読み取れます。

なお、ここで横軸にとった内閣支持率は真の支持率のことですが、調査で得られた内閣支持率と見ても構いません。つまり、真の支持率が50％のとき、調査で得られた支持率が50±3・1ポイントになるというのは、真の支持率と調査で得られた支持率の差が3・1ポイント以内にあることを意味しているわけです。ですから逆に考えれば、調査で得られた支持率が50％のとき、真の支持率も50±3・1ポイントにあるとも言うことができます。

世論調査ではよく想定誤差の説明がされずに「前回調査から何ポイント上昇した」というような比較がなされますが、よく行われる対象者1000人程度の世論調査では±3・

1ポイントの誤差があり得ます。前回の調査から支持率が0・5ポイント上がったというようなことで、支持率上昇と読むのは間違いのもとなのです。

★「パーセントとポイント」

パーセント（％）が比率を表すのに対して、パーセントで表された数字をじかに加えたり引いたりするときにはポイントといいます。

例えば、「先月40％だった内閣支持率が10ポイント上昇した」という場合、今月の内閣支持率は40と10をじかに加えた50％です。それに対して、「40％だった内閣支持率が10％上昇した」という場合は、「40％のうちの10％」、つまり4ポイントが上昇したという意味になって、今月の支持率は44％となります。

第二章　世論調査を総合して見えてくるもの

1　偏りを補正し、精密な内閣支持率を知る

定例世論調査では各社ともおおむね1000程度かそれ以上の回答数を確保するようにしているため、想定誤差は±3・1ポイントほどにおさまっているはずです。しかし実際に発表されている各社の内閣支持率には、それを大きく超えたばらつきがあります。

安倍政権下で最も多くの世論調査が同一の日程で実施されたときの結果を表1－3（32頁）にまとめました。これは2015年9月19日に安保法（安全保障関連法）が強行採決されたことを受けて行われたものです。日程が同じで回答数も十分あるにもかかわらず、内閣支持率は最も低い朝日と毎日で35％、最も高いJNNで46・3％となっており、その差は実に10ポイントを超えています。想定誤差を大きく上回るこの違いはいったい何に起因するのでしょうか。

	調査日程	内閣支持率	不支持率	その他・無回答
読売新聞	9月19～20日	41	51	8
朝日新聞	9月19～20日	35	45	20
毎日新聞	9月19～20日	35	50	15
共同通信	9月19～20日	38.9	50.2	10.9
ANN（報ステ）	9月19～20日	37.1	45.4	17.5
日経・テレ東	9月19～20日	40	47	13
産経・FNN	9月19～20日	42.6	47.8	9.6
JNN（TBS）	9月19～20日	46.3	52.5	1.2

表1-3　安保法採決直後の内閣支持率と不支持率（%）

実は偏りが生まれる最大の原因は、各社の内閣支持率の定義に違いがあることなのです。

†なぜ誤差を超えた偏りが生まれるのか

各社の内閣支持率の定義に違いがあるとはどういうことでしょうか。

例えば朝日新聞は、世論調査の最初の質問で「あなたは安倍内閣を支持しますか。支持しませんか」と聞いています。それに答えて「支持する」を選んだ分が内閣支持率とされ、「支持しない」を選んだ分が不支持率とされます。

日経新聞でも、最初の質問で「あなたは安倍内閣を支持しますか、しませんか」と聞いて「支持する」「支持しない」の回答を集めます。しかし日経はそこでは終わりません。「いえない・わからない」とした人に対して、「お気持ちに近いのはどちらですか」と回答を促し、あらためて「支持する」か「支持しない」かを選んでもらうのです。このような質問の仕方を**重ね聞き**と言って、態度を表明しない層を減らす効果を持っています。

図1－7（34頁）にまとめて示しましたが、安保法採決直後の内閣支持率が日経の調査で40％というのは一度目に支持と答えた36ポイントと重ね聞きで支持と答えた4ポイントの合計です。朝日の支持率は35％ですから、日経の一度目との差は1ポイントで、十分に誤差の範囲といえるでしょう。

現在、定例世論調査の内閣支持率の聞き方には**重ね聞きなし**、**重ね聞きあり**と、JNNが採っている**4択方式**があります。内閣支持率を聞くときの選択肢は、重ね聞きの有無にかかわらず「支持する」「支持しない」が主流ですが、JNNは4択で聞き、「非常に支持できる」と「ある程度支持できる」の合計を内閣支持率に、「あまり支持できない」と「全く支持できない」の合計を不支持率とします。この方式だと態度を表明しない層が極めて少なくなるため、内閣支持率も不支持率も他社より高くなりがちです。

これは次のように言うこともできます。すなわち朝日の内閣支持率は、一度だけの質問で態度を表明する、より強固な支持層をとらえている。それに対して日経の内閣支持率は、「お気持ちに近いのは」と言われてはじめて態度を表明するゆ﹅る﹅い﹅支持層を含めた数字に

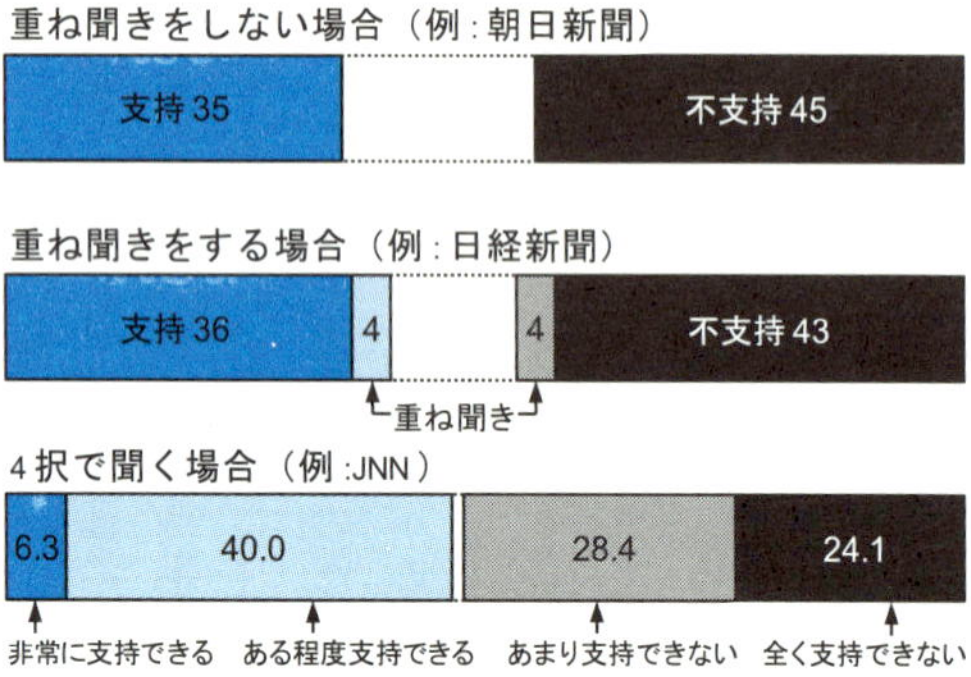

図 1-7　安保法採決直後の内閣支持率と不支持率
——調査方法による内訳

なる。定義が違うとはそのようなことです。

ですから、朝日が政権に批判的なスタンスをとるから低い内閣支持率を出すとは一概にいえません。同様に、読売や日経が政権に親和的だから内閣支持率を高く出すのだともいえません。両者の違いには内閣支持率の定義、すなわち「どのように聞き、何をもって支持率とするのか」ということの違いが反映されています。例えば表1-3を見ると、重ね聞きをする読売や日経では、政権にとって不利なはずの不支持率もまた、重ね聞きをしない朝日よりも高いのです。

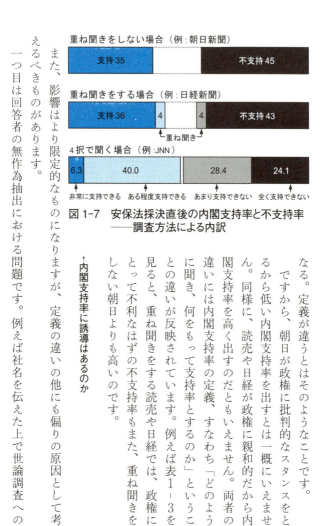

内閣支持率に誘導はあるのか

また、影響はより限定的なものになりますが、定義の違いの他にも偏りの原因として考えるべきものがあります。

一つ目は回答者の無作為抽出における問題です。例えば社名を伝えた上で世論調査への協力を求める場合、その社名を聞いて回答する人と拒否する人が分かれれば、そこに偏りがあらわれます。また、定例世論調査では時事通信だけが個別面接形式を採用しているため、電話で回答に応じる層との違いがあるはずです。

二つ目には質問文の違いが挙げられます。朝日新聞が「あなたは安倍内閣を支持しますか、支持しませんか」と聞くことと、日経新聞が「あなたは安倍内閣を支持しますか、しませんか」と聞くことはすでに見てきました。これに対して、例えば共同通信は「あなたは安倍内閣を支持しますか」と聞いています。「支持しませんか」の一言がないのは些細な違いかもしれませんが、原則として質問文に違いがある限り、それに対する回答は影響を受けます（なお質問文は2019年3月時点のものであり、今後変更される可能性があります）。

最後に、世論調査の質問文や質問順序、選択肢などによって回答が一定の方向に誘導されることがしばしば問題とされています。しかし、内閣支持率に限っては、そのような誘導をできるだけ排除するような質問がされます。これまでいくつか紹介してきたように質問文は非常にフェアで短いものですし、基本的に毎回同じ文章が用いられています。また、世論調査には「先にされた質問のために後の質問の回答が歪められる」という**キャリーオーバー効果**があり、政策への賛否などがいくつも聞かれるところで重要になりますが、内閣支持率の質問はそれを回避するために必ず第1問目に置かれることになっています。

ですから内閣支持率の偏りが誘導の結果であるという主張は全くの誤りです。「内閣支持率なんて質問文と選択肢でいくらでも変えることができる」ということをある国会議員が言っているのを耳にしたことがありますが、これは世論調査に対する無知からくる発言にほかなりません。

†補正することで最高の精度を出す

ここまで、安保法採決後の内閣支持率が朝日新聞では低めに偏っていたことと、JNNでは最も高く偏ってきたことを見てきました。両者には10ポイント以上の差があります。しかしそれは単なる誤差によるものではなく、重ね聞きをしないで求められた内閣支持率か、4択方式で求められた内閣支持率かという違いがあらわれているのでした。このことは、朝日とJNNの世論調査の結果は、毎回同じように偏っているのではないかということを想像させます。

そして、ここから一つの期待を持つことができます。定例世論調査は月に1回しか行われないため、各社の結果を個別に追っていては、1カ月ごとの支持率の動きを調査社ごとばらばらに知ることしかできませんでした。けれども各社の調査は実施される時期にずれがあるため、偏りを補正して全ての調査を統一的に比べられるようになれば、支持率の変化をより細かい日程でつかむことができます。さらに補正した各社の結果を平均すれば、扱う回答数が増えるため誤差も小さくなり、これまでにない精度で支持率の動きを知ることができるでしょう。

そこで、内閣支持率の補正について考えていきます。図1－8（38頁）には、朝日とJNNが発表した内閣支持率と不支持率を、2013年1月から2018年6月まで示しました。JNNの線は支持率も不支持率も常に朝日よりも上にありますが、偏り方が一定であるため、両者の増減には似た傾向があります。朝日のグラフを少し上げてJNNのグラフを少し下げれば、両者は重なりそうに見えてきます。

もちろん朝日にもJNNにもそれぞれの内閣支持率が出た根拠があるのですから、安易にグラフを上げたり下げたりするのは妥当とはいえません。補正にあたっては、各社の数値を適切にずらすにはどうしたらいいかを求める必要があります。

そこで表1－4（38頁）では、2013年1月から2018年12月までに実施された定例世論調査と緊急世論調査をもとにして、各社の偏りを評価してみました。内閣支持率、不支持率、内閣支持率－不支持率について、それぞれ各社ごとの平均と、全社の平均との差を一覧にしています。

例えば朝日新聞の場合は内閣支持率の平均が45・04％で、全社の平均よりも4・90

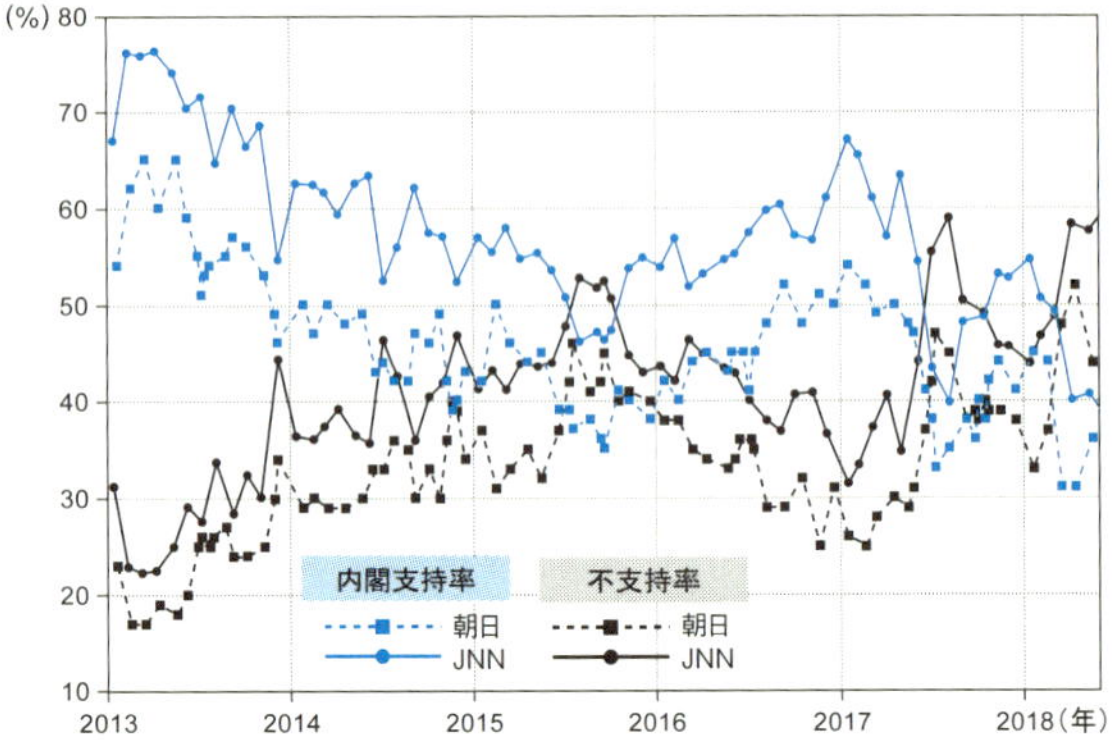

図 1-8　朝日と JNN がそれぞれ発表した内閣支持率・不支持率

	内閣支持率		不支持率		内閣支持率－不支持率	
	平均	全社平均との差	平均	全社平均との差	平均	全社平均との差
NHK	49.08	－0.87	33.78	－1.49	15.30	0.62
読売新聞	54.56	4.61	35.30	0.03	19.26	4.58
朝日新聞	45.04	－4.90	34.00	－1.27	11.04	－3.63
毎日新聞	46.21	－3.74	34.63	－0.64	11.58	－3.09
時事通信	46.94	－3.01	31.96	－3.32	14.98	0.30
共同通信	52.20	2.25	35.26	－0.01	16.94	2.26
ANN（報ステ）	46.78	－3.17	34.20	－1.08	12.58	－2.09
日経・テレ東	53.68	3.74	35.42	0.15	18.26	3.59
産経・FNN	51.45	1.50	36.49	1.21	14.97	0.29
JNN（TBS）	56.40	6.46	41.96	6.69	14.44	－0.23
NNN（日テレ）	47.08	－2.87	35.01	－0.26	12.07	－2.60
全社平均	49.95	0.00	35.27	0.00	14.67	0.00

表 1-4　各社の内閣支持率の偏り

ポイント低めの偏りを持っています。そこで朝日は4・90ポイントだけ上げてやればいいと考えます。このようにして各社の内閣支持率と不支持率のグラフをずらす補正をかけてやれば、各社の平均は一致するはずです。

また、参考に表記した「内閣支持率－不支持率」は、プラスに偏っているほど政権に対して肯定的な世論調査を出しているということで、見ていて面白い傾向があります。最もプラスに偏ったのは読売新聞の4・58ポイントで、日経新聞の3・59ポイントが続きました。最もマイナスに偏ったのは朝日新聞の－3・63ポイントです。

読売や日経は重ね聞きをするため、重ね聞きをしない朝日と比べて内閣支持率が高く偏る一方、不支持率もまた高めに出ることにはすでに触れてきました。しかし内閣支持率－不支持率を平均した結果は、政権に歩調を合わせがちな読売や日経が政権に肯定的な偏りを持ち、逆に批判的な朝日新聞では否定的な偏りを持っていることを示すのです。

重ね聞きの効果は態度を表明しない層が減るように作用するため、内閣支持率も不支持率もともに高くなるはずですから、内閣支持率－不支持率が偏る原因は他にあるはずです。それは先ほども触れたように、社名を聞いて回答をする層と拒否する層の違いや、微妙な質問の違いによるのかもしれません。

なおJNNは内閣支持率も不支持率も同じように高く偏っており、内閣支持率－不支持率は−0・23ポイントと、各社の中で最も平均に近い結果でした。これは純粋に4択方式の影響があらわれたように見えます。

もっとも全社の平均との差が小さいからといって、その世論調査が信頼できるということではありません。内閣支持率が平均と比べて高い場合も低い場合も、その偏りが毎回ほぼ一定に現れるのであれば、補正によってその偏りを打ち消すことができるでしょう。しかし、平均より高かったり低かったりと毎回の調査がばらつく場合、うまく偏りを評価することができず、補正で良い結果を得ることが困難です。

†先行研究との比較検証

さて、このようにして原始的な補正をすることが可能ですが、もう一歩進めれば改善すべき点が見つかります。例えば、各社の調査は回答数が同じではないため、誤差の大きさが異なります。複数の世論調査を取り扱うときに誤差の小さい調査と誤差の大きい調査が混在していたとしたら、誤差の小さい調査を重視するように配慮すべきでしょう。また、各社の支持率の偏り方が常に一定であるという保証もありません。内閣支持率が非常に低いときには重ね聞きの有無が与える影響が小さくなることが知られている上、そもそも過去にあった傾向が未来でも維持されるというのは柔軟性に欠けた考え方で、事態が変わったときに対応を誤ります。これらのことを考慮して、リアルタイムで変化に対応できるような補正の計算式を作らなければいけません。

新たな計算式を作るときは、論理的な正しさに注意するだけでなく、過去に行われてきた研究との整合性を確認すると安全です。しかしこの研究を始めた当時は内閣支持率や不支持率について補正や平均を行っている研究者が見当たらなかったため、代わりにトランプ大統領の支持率と不支持率を利用することにしました。トランプ氏の支持率と不支持率については、統計学者のネイト・シルバー氏らがWebメディアFiveThirtyEightにおいて各社世論調査の平均を出しています（ネイト・シルバー氏は、独自のデータ解析手法により2012年のアメリカ大統領選挙で全ての州の勝敗予想を的中させた人物です）。

2017年1月のトランプ氏就任から2018年4月までの間に各社が発表した世論調査について、新たに開発した計算式で補正と平均を行い、FiveThirtyEightの平均と一致するかの検証をしました。このときの結果を図1－9（42頁）に示します。なお、ここでグラフに表示した点は新たに開発した計算式で補正した結果で、誤差によるばらつきの範囲を可視化するために載せています。平均にあたっては、各社の世論調査の精度を評価した上で、独自のウェイトをかけた**加重移動平均**を用いました。

計算方法がやや違うものの、図1－9では結果に一定の整合性が見られることがわかり

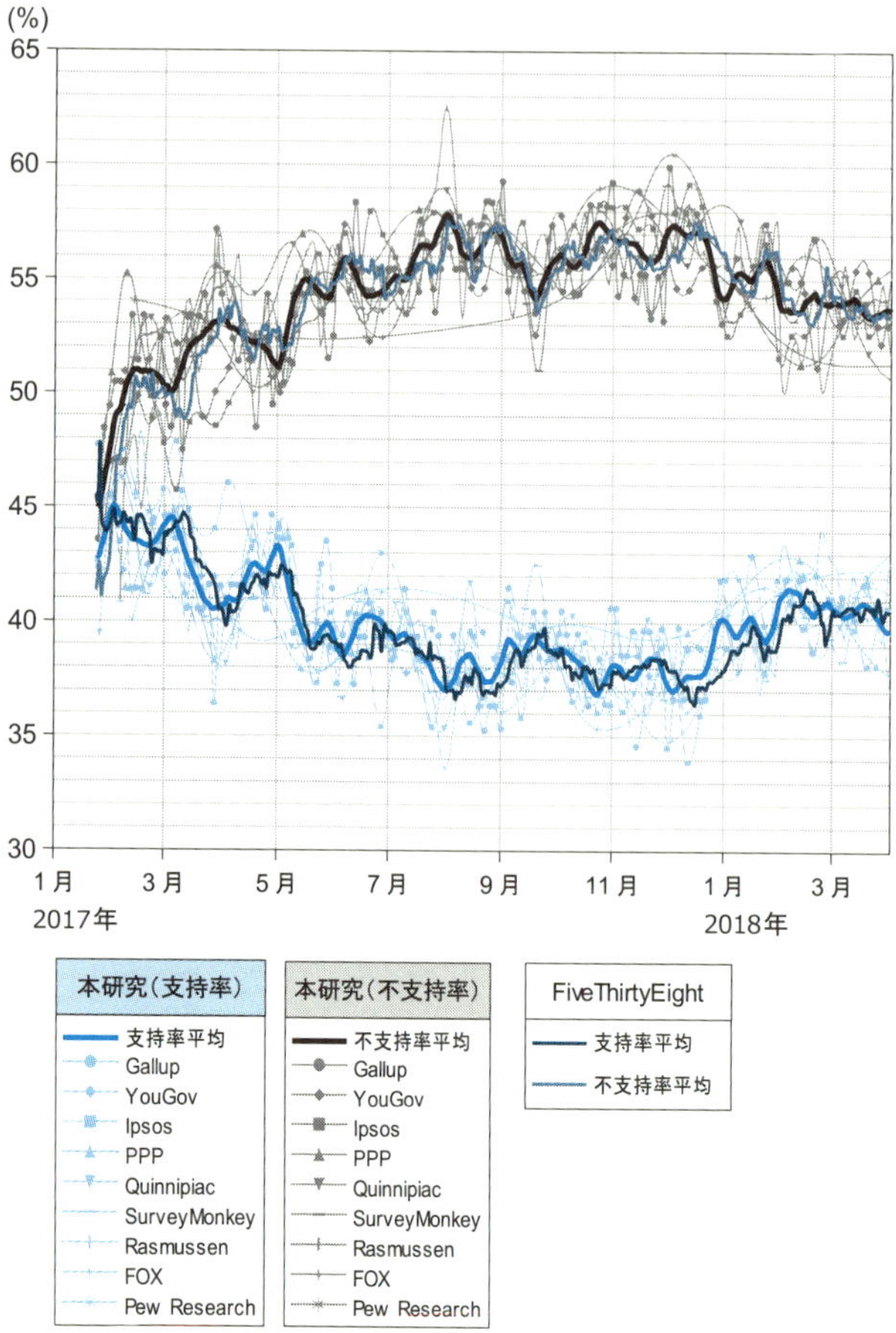

図 1-9　トランプ大統領の支持率（補正結果）
——本研究と FiveThirtyEight による平均の比較

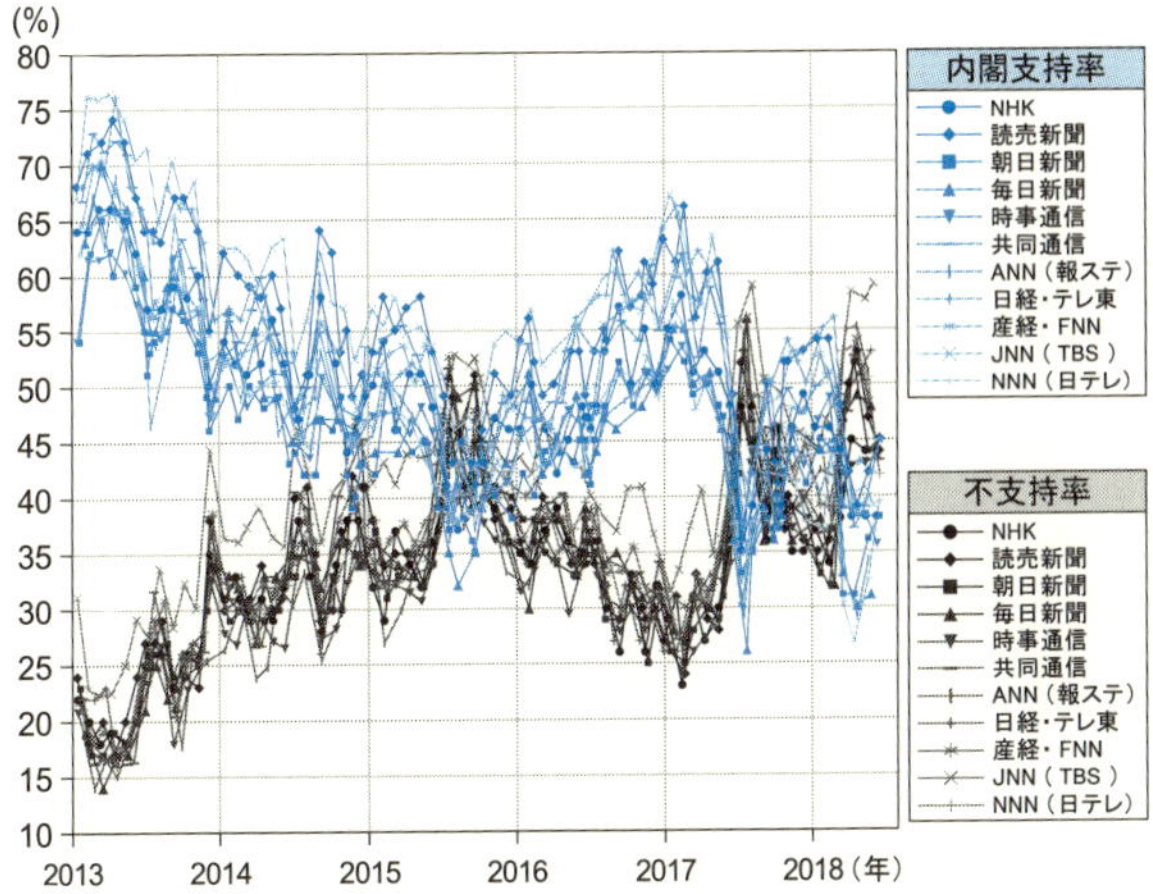

図 1-10　各社が発表した内閣支持率・不支持率

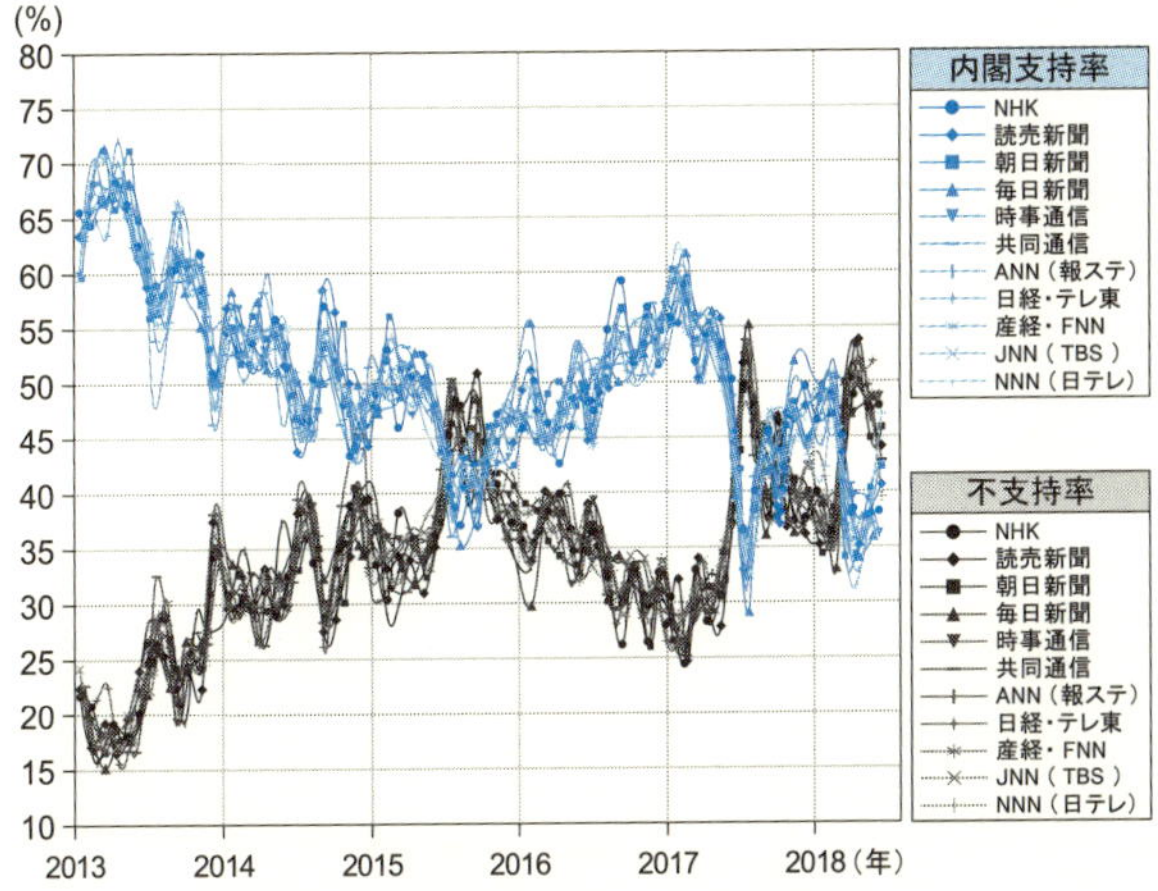

図 1-11　補正を行った内閣支持率・不支持率

ました。

そこで次はこの計算式を日本の世論調査に適用し、内閣支持率の動きの検討を行います。

★「加重平均」

各社の世論調査は集める回答数が異なるため、誤差の大きさに差があります。ですから同じ日に実施された調査について、A社が回答数1000で内閣支持率40％、B社が回答数3000で内閣支持率50％だった場合、単純に平均（相加平均）して45％とするのは正しくありません。A社で内閣を支持すると回答した人が400人、B社で内閣を支持すると回答したのが1500人なのに対し、A社とB社を合わせた回答数は4000ですから、(400＋1500)÷4000＝0.475で、47・5％とするのが正確です。

これは、A社の調査と比べ、B社の調査が3倍の回答数を持つことを考慮して平均したところ、47・5％となったということもできます。このように、それぞれの重要性を考慮して平均する方法を加重平均といいます。物体の重心を求める計算も加重平均です。

★「移動平均」

「今日から数えて過去1カ月間の支持率を平均する」というように、一定期間をずらしながら平均する方法を移動平均といいます。長い期間を考えればそれだけ多くの世論調査が実施されていますから、移動平均をとる期間を長くすれば回答数も増し、精度が上がるはずです。一方で、期間を長くするほど、重要な法案が採決される前後などの鋭敏な時間変化が捉えられなくなります。

★「加重移動平均」
加重移動平均は、それぞれの調査の重要性を考慮しつつ一定期間内の数値を平均する方法で、1週間前や2週間前の調査も考慮するため、誤差の影響を小さくすることができます。各社の内閣支持率を補正後に平均する際にはこの計算を用いました。

もともとは株価のトレンドを把握するためによく用いられる平均方法ですが、世論調査の分析に応用するにあたって、誤差を考慮できるように改良を加えています。

2　内閣支持率を変化させる要因

新たに開発した計算式を用いて内閣支持率を補正し、平均を求めた結果を口絵14に示しました。その時々の雰囲気が想像できるように政治的な出来事をいくつか書き込んでいますが、グラフの増減には様々な要因が関わっているため、必ずしもその出来事一つによって内閣支持率が動いたと読めるとは限りません。けれども大きく見て、内閣支持率の変化には国会審議と内閣改造、政権のスキャンダルという三つの要素が関わっていることがうかがえます。

国会審議の影響は2015年の安保法案にくっきりと見て取ることができます。2015年5月15日に安保法案が提出されると、それまで横ばいだった内閣支持率は低下傾向となり、6月4日の憲法審査会で全ての参考人が法案を違憲と断じるなか、批判的な世論の高まりとともに下落を続けました。グラフからは7月16日の強行採決の直後に内閣支持率が極小となっていることが読み取れます。8月に入ると戦後70年談話などに関心が集まり、内閣支持率は一時的に回復を見せますが、9月19日に参議院で強行採決が行われたことを受けて再び急落となっています。

安倍晋三首相はこの急落の後、会見で2020年までに名目GDPを600兆円にする目標を掲げ、安保から経済政策へ国民の関心の転換を図りました。そして10月7日に行われた内閣改造を経て、内閣支持率は回復に転じていくのです。

これと似た推移は他にも見ることができます。2017年の5月から7月の間、森友学園問題と加計《かけ》学園問題が報じられるなか、共謀罪（組織犯罪処罰法改正案）の採決や稲田朋美大臣のPKO日報問題、東京都議会選挙の応援演説での稲田大臣や安倍首相の失言など複合的な要因によって、内閣支持率はこれまでにない急落を示しました。このときも安倍首相は10月3日に内閣改造を行い、支持率を立て直していることが読み取れます。

調査が月に1回程度しか行われないこと、実施される時期が各社で異なること、誤差があることなどから各社をばらばらに見ていてはわかりませんが、まとめて平均してみれば、内閣支持率や不支持率は政治的な出来事を反映して敏感に変化していることがわかります。また政権は支持率の変化を気にしており、そのつど対策を講じてきたのです。

3　政党支持率の偏りの傾向

内閣支持率以上に各社の偏りが大きいのが政党支持率です。口絵16に各社が発表した政党支持率を補正せずにそのまま示しましたが、一目では増減が読み取れないほどのばらつきがうかがえます。

実際、表1－5（48頁）のように、2013年から2018年までに発表された各社の政党支持率を平均してみると、例えば自民党は最も高いANNで平均45・38％のところ、最も低い時事通信では25・68％と、およそ20ポイントの差があります。また、支持政党を持たない無党派層は、最も高い時事通信で59・64％のところ、最も少ないANNでは

	無党派	自民	立民	旧民進	公明	共産	維新	希望	国民	社民	自由
NHK	36.61	37.44	7.46	6.93	3.84	3.37	1.72	1.37	0.90	0.69	0.22
読売新聞	39.85	39.78	7.89	6.39	3.41	3.08	1.97	1.74	0.78	0.48	0.15
朝日新聞	38.39	35.66	8.59	6.01	3.29	2.99	1.76	1.33	1.00	0.57	0.01
毎日新聞	37.34	32.11	11.92	6.41	4.17	3.83	4.01	1.92	0.71	0.84	0.62
時事通信	59.64	25.68	4.75	4.32	3.62	1.91	1.46	0.53	0.55	0.49	0.15
共同通信	34.38	40.14	11.45	7.27	3.94	3.97	4.06	1.36	1.30	1.00	0.52
ANN（報ステ）	27.32	45.38	12.87	11.33	3.85	4.81	2.73	1.37	1.43	1.14	0.42
日経・テレ東	32.08	42.53	10.50	7.46	3.68	4.12	2.79	0.63	0.89	0.84	0.08
産経・FNN	34.17	38.52	12.45	7.46	4.20	4.05	4.63	1.65	0.86	0.95	0.66
JNN（TBS）	44.79	34.09	8.45	6.52	3.38	3.33	2.08	0.97	0.80	0.70	0.24
NNN（日テレ）	32.99	40.58	11.22	8.76	3.79	3.91	2.59	1.40	0.45	1.01	0.31
全社平均	37.96	37.45	9.78	7.17	3.74	3.58	2.71	1.30	0.88	0.79	0.31

表 1-5　各社の政党支持率の偏り

27・32%と、その差は実に30ポイントを超えています。

これほど数値の異なる結果をかわるがわるテレビや新聞で報じられていては、何が本当の数字なのかわからなくなってしまいますし、世論調査があてにならないと言われるのもうなずけます。各社の政党支持率はなぜこれほどまでに違ってしまうのでしょうか。

その大きな原因は、内閣支持率にも影響した重ね聞きの有無だけでなく、政党名の読み上げの有無にあります。

内閣支持率の場合は、回答は基本的に支持か不支持に集約される

	時事通信	時事以外10社		
	個別面接形式	電話形式	個別－電話	個別/電話
無党派	59.64	35.79	23.84	1.67
自民	25.68	38.62	－12.95	0.66
公明	3.62	3.76	－0.13	0.96
立憲民主	4.75	10.28	－5.53	0.46
（旧）民進	4.32	7.46	－3.14	0.58
共産	1.91	3.75	－1.84	0.51
維新	1.46	2.83	－1.37	0.52
国民民主	0.55	0.91	－0.36	0.60
希望	0.53	1.37	－0.85	0.38
社民	0.49	0.82	－0.34	0.59
自由	0.15	0.32	－0.17	0.48

表1-6　個別面接形式と電話形式の政党支持率

わけですから、回答者にとって意思の表明が容易でした。しかし政党は数多くあるため、回答者はその中から一つを選び取る必要があります。そこで、「どの政党を支持しますか」と聞いた後で選択肢を列挙した上で回答を求めるのか、列挙せずに回答を求めるのかという違いが生じるのです。

政党支持率では、調査方法の影響も内閣支持率より強く表れます。表1－5に示した各社ごとの政党支持率の平均からは、個別面接形式を採用している時事通信の政党支持率が非常に低く出ることが読み取れます。そのことを明瞭にするため、電話形式を採用している10社との比較を表1－6にまとめました。

電話形式の10社と比べ、個別面接形式の

時事通信では無党派層が1・67倍となっています。無党派層は支持政党を持たない人たちのことですから、これは裏を返せば政党支持率が低く出るということにほかなりません。そこで政党支持率を見ていくと、時事通信では野党の支持率が総じて電話形式の半分程度となっています。野党ほどではないですが、自民党もまた0・66倍と低くなっています。その中で固い基盤を持つ公明党だけが個別面接形式でも電話形式でもほぼ同じ水準になることは興味深いですね。

個別面接形式では調査員と対面して回答することになるため、顔が見えない電話形式と比べて意思の表明をためらう人が多くなるとみられますが、公明党に限っては支持者にそのような違いがないわけです。

4 見えてきた「選挙ブースト」——政党支持率はいつ上がるのか

前節で、政党支持率には大きなばらつきがあることを見てきました。つまり、ここでこそ、世論調査の補正と平均の計算が威力を発揮するわけです。そこで、内閣支持率と不支持率を補正し、平均するために開発した計算式を政党支持率に適用し、その結果を口絵15に示しました。

この図で目を引くのは衆院選や参院選のタイミングで無党派層が一時的な激減をみせているのは野党の支持率です。それに対して同時期の自民党の支持率の上げ幅は小さいため、伸びているのは野党の支持率です。これは野党の政党支持率や比例代表の得票率を考える上で重要な事実なので、政党支持率の**選挙ブースト**という言い方を提案することにします。もう少し正確には、「国政選挙の公示から投開票に前後して政党支持率が急上昇する現象」を選挙ブーストと呼ぶことにしましょう。

この現象に関係して、吉田貴文氏の『世論調査と政治――数字はどこまで信用できるのか』には次のような記述がされています。

「政党支持率には、「平時」モードと「選挙時」モードがあるのではないか。

これは政党に2つの顔があることを思い出せば得心できる。政党がいっそう目立つのは選挙のときだが、なにも政党は選挙のためにだけあるのではない。有権者の利害や得失、意向や要求を集約して政策を作ったり、有権者に政治に関する情報を提供したり、国会での審議を通じて法律を作ったり、といった大切な仕事がある。そうした日々の活動を見て、有権者が政党にエールを送ることもあるだろう。これが「平時」の支持である。

一方、選挙が近づくと、その政党に勝たせたいとか、総選挙であれば、どの政党に政権をとらせたいかということで、いずれかの政党を応援する度合いが強まるのではないか。これが「選挙時（戦時）」の支持である」（吉田、２００８年）

これは、平時と選挙時で世論調査の質問のかけ方を変えてはどうか、という文脈で書かれているものですが、平時と選挙時の支持率が違うという興味深い指摘となっています。

この選挙ブーストの原因は何でしょうか。一つは、選挙運動や公示後の報道を通じて支持層が引き締められたり、無党派層が新たな支持層として獲得されたりすることがあるのでしょう。また第二には、無党派層が選挙での投票先を意識して、政党名を回答するようになることもありそうです。

選挙ブーストの様子を細かく見るために、図1‐12（54頁）に野党第一党の支持率を示しました。凡例の「民主党・民進党」は、法規上の同一政党にあたるため、２０１６年３月27日までは民主党、２０１８年５月７日までは民進党、それ以降は国民民主党の支持率を連続して描いています。

民主党は23回参院選（２０１３年７月）で支持率にわずかな上昇が見られますが、上昇は一時的なもので選挙後に低下し、元に戻っています。しかし47回衆院選（２０１４年12月）では選挙の際に上昇した支持率が段差になって残りました。このように選挙ブーストは一時的な関心の高まりによるものと、支持層の拡大によって段差をなす場合があるようです。

また図からは、2015年に安保法案の審議に伴う一時的な上昇が見られますが、それでもなお支持率の上昇が顕著なのは選挙のときであることがわかります。これまでの推移を見る限り、国会審議など普段の活動で支持率が上がるというふうにはそもそもなっておらず、政党が支持を拡大するのはあくまで選挙のときであるわけです。

5　選挙結果にみる世論調査の信頼性

世論調査によって意味のある数字が得られているかどうかは、選挙のときに確認することができます。

もっとも、選挙の結果は様々な過程を媒介されて決まるものなので、念頭に置くべき事柄もあります。政党支持率は必ずしもそのまま、比例代表における各政党の得票率には対応しないのです。これは、世論調査では無党派層が大きな割合を占めるのに対して、選挙に「無党派層」という投票先はなく、投票するときはどこかの政党を選ぶ必要があるからです。このため、世論調査では無党派層が多くなるほど政党支持率の合計が減るものの、

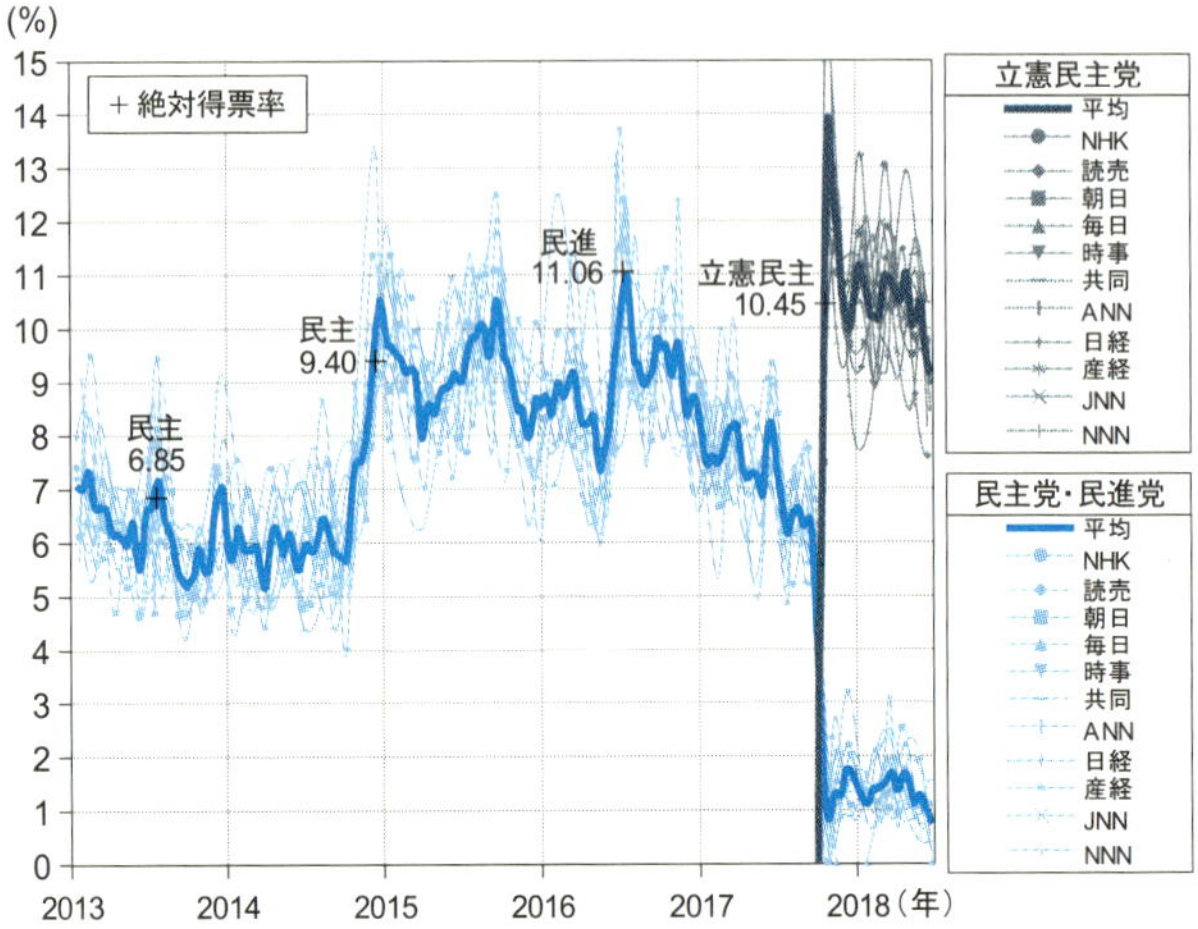

図 1-12　野党第一党の支持率と絶対得票率

選挙では無党派層の存在にかかわらず、各政党の得票率の合計は常に100％になります。そこで、選挙を棄権する層も考慮して、支持率と得票率の対応関係を考えてみましょう。

普通、単に「得票率」というときは、投じられた票全体のうち、その政党や候補者が獲得した票の割合を指しています（このことを明確にするために「相対得票率」という言い方がされることもあります）。これに対して、棄権した人も含めた全有権者のなかでその政党や候補者が獲得した票の割合を「絶対得票率」と言います。

図1−12には、23回参院選（2013年）、47回衆院選（2014年）、24回参院選（2016年）、48回衆院選（201

7年）について、絶対得票率も「＋」のマークで書き込んで示しました。立憲民主党だけは結党から選挙までが短くグラフの変化が急激すぎるものの、民主党や民進党では政党支持率のグラフとの整合性が明瞭です。

２０１８年末に政府統計の信頼性が揺らぎ、２０１９年1月には総務省が不適切な処理があったことを明らかにしました。このことを受けて、内閣支持率や政党支持率にもまた不信の目が向けられつつあります。「政府統計ですらこんな状態なのに、マスコミの世論調査が信用できるのか」と。

しかし日本には毎月実施される定例世論調査が11もあるので、他社から逸脱した数値が続けば容易に検出することができるでしょう。仮に疑われないように改竄するのであれば、11社すべての結果に介入することが必要です。その上、そうしたことをなしえたとしても、最後には選挙結果による検証が待っているのです。

6 政党支持率の「第一党効果」――選挙における実力との対応

野党第一党の支持率と絶対得票率がほぼ対応することを見てきましたが、実は他の政党は絶対得票率が支持率より高かったり低かったりする固有の傾向を持っています。

表1‐7には加重移動平均によって求めた各政党の選挙当日の支持率と、比例代表の絶対得票率の関係を示しました。自民党の絶対得票率が支持率の半分以下であることや、公明、共産、維新の絶対得票率が支持率を超えることが読み取れます。逆に言えば、自民党の支持率は選挙結果と比べて過剰に高く出ているということにほかなりません。

これは実は、自民党だから支持率が過剰に高く出ているわけではなく、民主党政権時代は民主党の支持率でも同じような傾向が見られました。つまり選挙で勝って政権を担当している政党に、選挙の実力以上の支持が乗るわけです。この現象を**第一党効果**（与党第一党効果）と呼ぶことにしましょう。第一党効果が働くため、与野党の支持率は選挙において同等の意味を持つわけではなく、直接の比較をするのは誤りのもとなのです。

選挙における実力を評価するためには、支持率と絶対得票率の関係を用いてさらなる補正を行う必要があります。表1‐7で求めた「絶対得票率／支持率」の平均値を各党の支持率にかけて、絶対得票率の推定を行った結果を示しましょう（図1‐13〜16）。

与党第一党である自民党の支持率は内閣支持率と連動しており、国会の審議や採決の影響を受けます。選挙ブーストは確認されないことが多く、むしろ選挙に向かって下落するような場合も少なくありません。また、公明党の支持率は安定して推移するなかで、弱い選挙ブーストがあります。

自民党			
選挙と日程	当日の支持率	絶対得票率(比例)	絶対得票率/支持率
48 回衆院選(2017 年 10 月 22 日)	36.17	17.49	0.484
24 回参院選(2016 年 7 月 10 日)	38.00	18.94	0.498
47 回衆院選(2014 年 12 月 14 日)	35.82	16.99	0.474
23 回参院選(2013 年 7 月 21 日)	38.90	17.72	0.456
平均	37.22	17.79	0.478

(旧)民主党・(旧)民進党・立憲民主党			
選挙と日程	当日の支持率	絶対得票率(比例)	絶対得票率/支持率
48 回衆院選(2017 年 10 月 22 日)	11.77	10.45	0.888
24 回参院選(2016 年 7 月 10 日)	10.71	11.06	1.033
47 回衆院選(2014 年 12 月 14 日)	9.96	9.40	0.944
23 回参院選(2013 年 7 月 21 日)	7.09	6.85	0.966
平均	9.88	9.44	0.955

公明党			
選挙と日程	当日の支持率	絶対得票率(比例)	絶対得票率/支持率
48 回衆院選(2017 年 10 月 22 日)	4.23	6.58	1.555
24 回参院選(2016 年 7 月 10 日)	4.50	7.13	1.585
47 回衆院選(2014 年 12 月 14 日)	4.45	7.04	1.581
23 回参院選(2013 年 7 月 21 日)	5.12	7.27	1.419
平均	4.58	7.00	1.531

共産党			
選挙と日程	当日の支持率	絶対得票率(比例)	絶対得票率/支持率
48 回衆院選(2017 年 10 月 22 日)	3.49	4.15	1.189
24 回参院選(2016 年 7 月 10 日)	4.89	5.66	1.158
47 回衆院選(2014 年 12 月 14 日)	5.00	5.83	1.166
23 回参院選(2013 年 7 月 21 日)	4.12	4.95	1.201
平均	4.38	5.15	1.177

(旧)維新の党・(旧)おおさか維新の会・日本維新の会			
選挙と日程	当日の支持率	絶対得票率(比例)	絶対得票率/支持率
48 回衆院選(2017 年 10 月 22 日)	2.62	3.19	1.219
24 回参院選(2016 年 7 月 10 日)	3.65	4.85	1.329
47 回衆院選(2014 年 12 月 14 日)	5.78	8.06	1.395
23 回参院選(2013 年 7 月 21 日)	4.83	6.10	1.263
平均	4.22	5.55	1.316

表 1-7　選挙当日の政党支持率と比例代表の絶対得票率

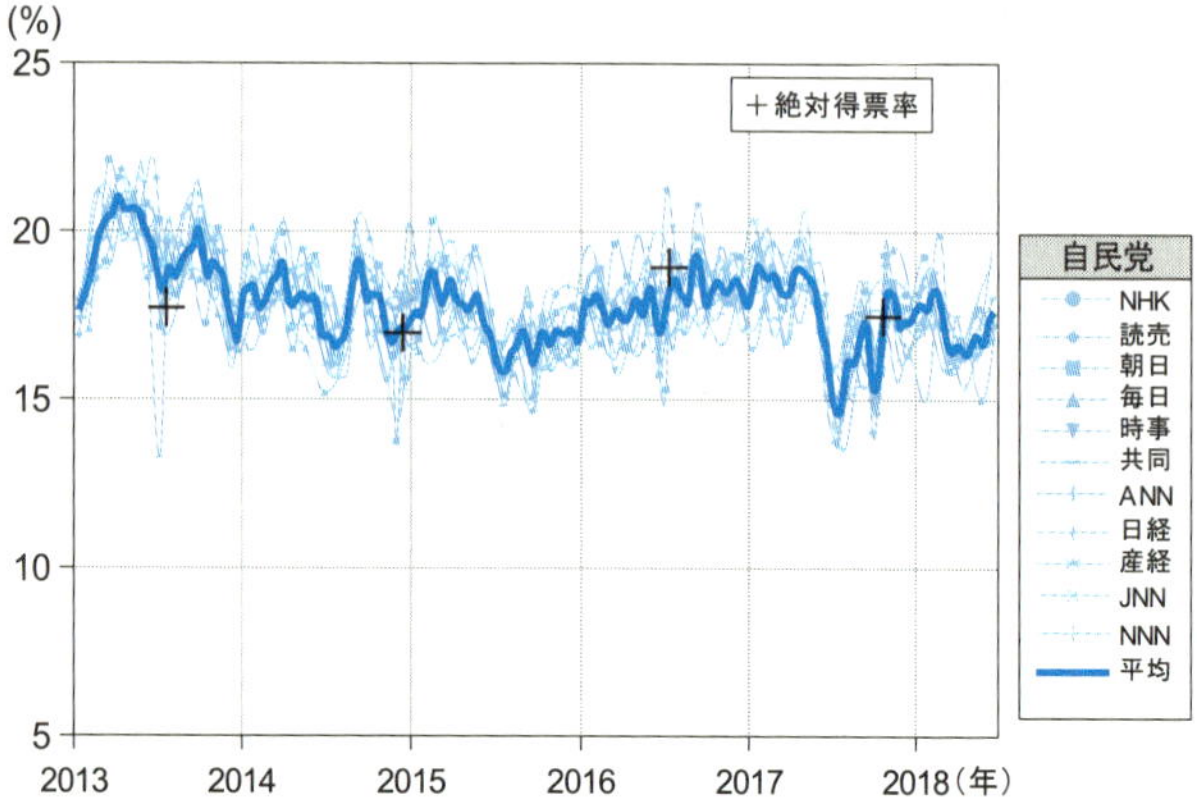

図 1-13　自民党支持率の 0.478 倍と絶対得票率

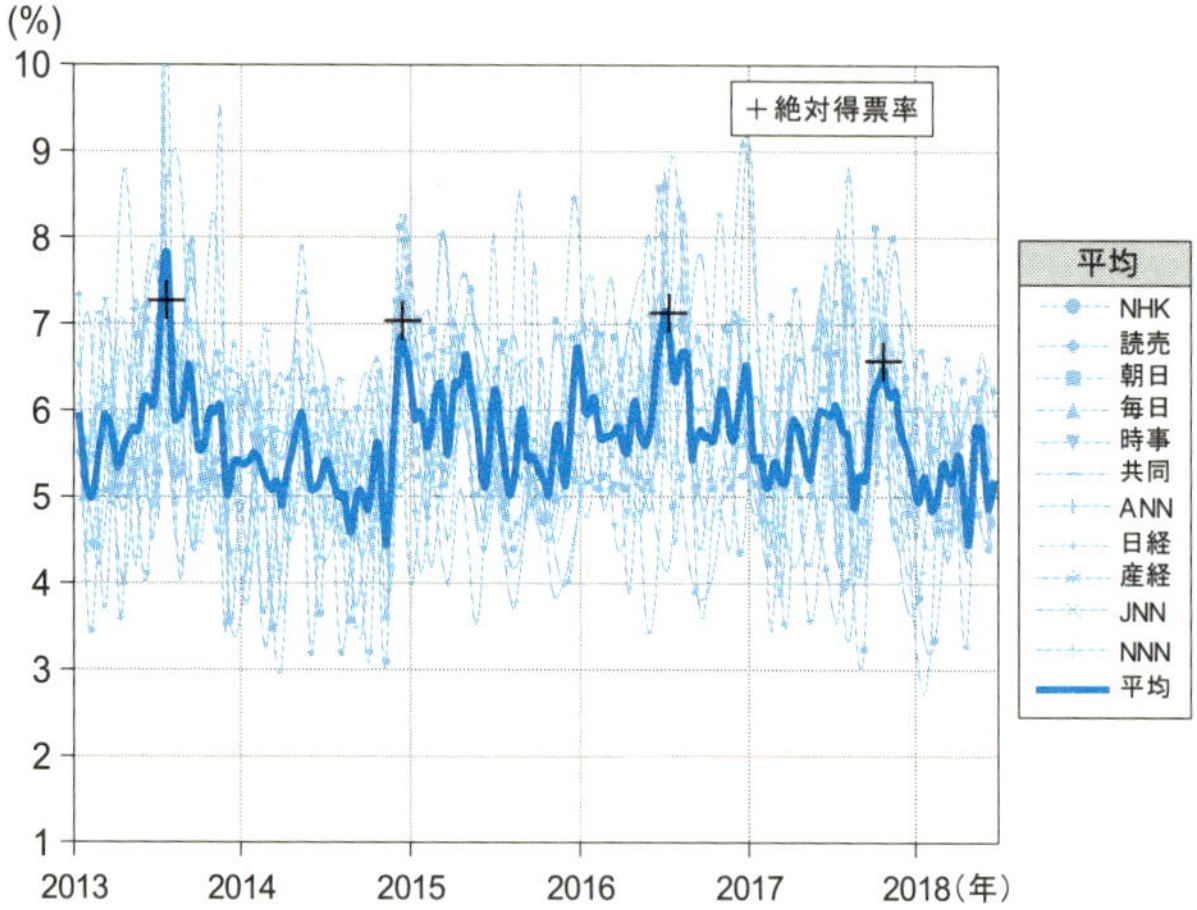

図 1-14　公明党支持率の 1.531 倍と絶対得票率

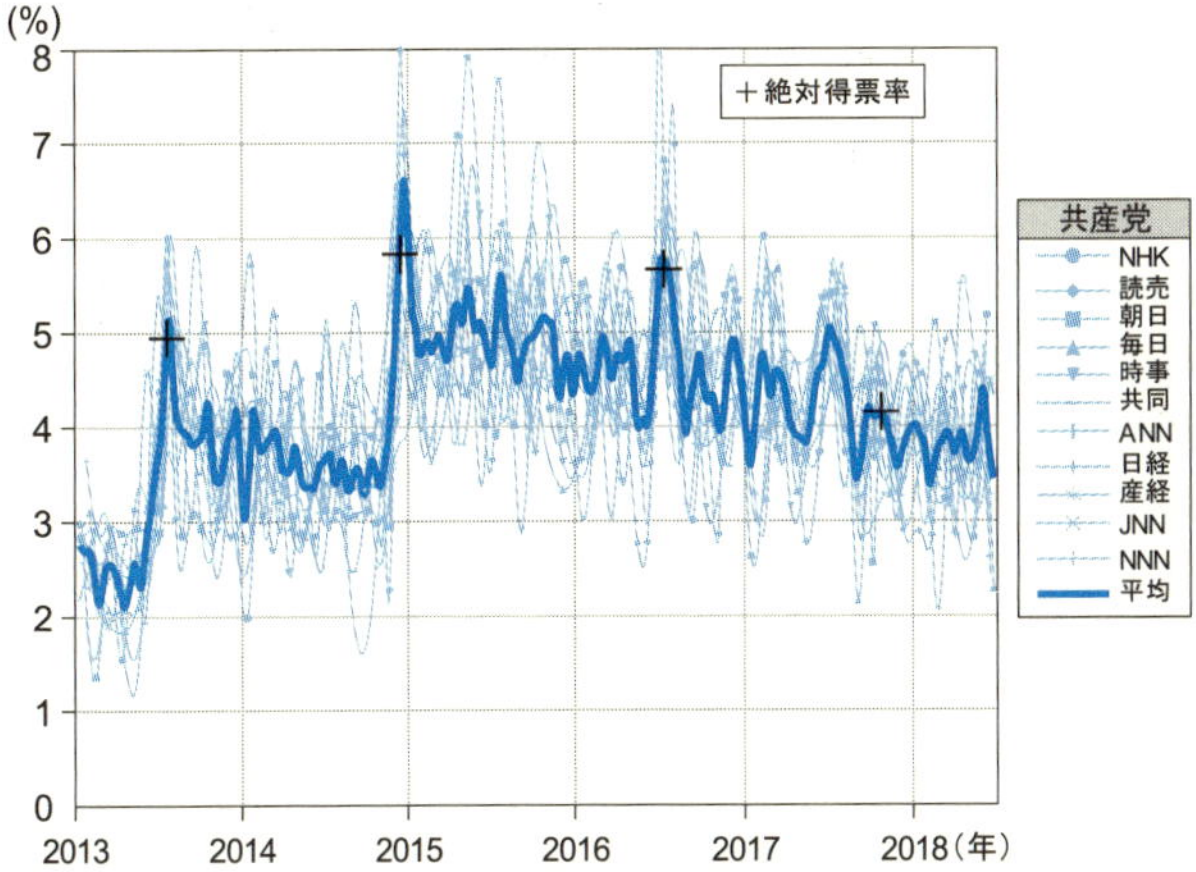

図 1-15　共産党支持率の 1.177 倍と絶対得票率

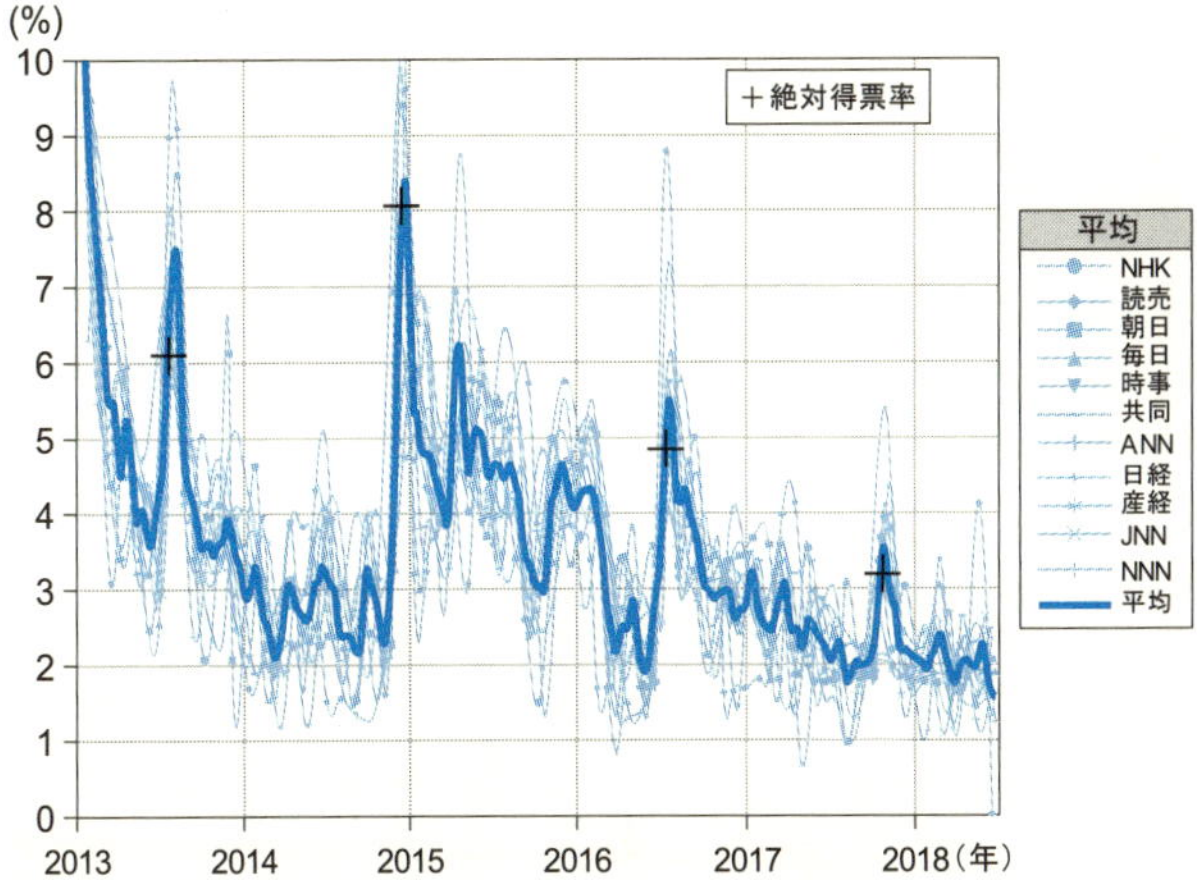

図 1-16　維新の支持率の 1.316 倍と絶対得票率

共産党は安倍政権下で安保や憲法の問題が関心を集めるのに従って勢力を増してきました。支持率が大きく上がった時期は23回参院選（2013年）と47回衆院選（2014）年の選挙ブーストです。この2回のブーストは段差をなしており、ピークが過ぎた後でも支持率が一段高い状態となっています。

しかし、24回参院選（2016年）のブーストには段差がなく、支持率は選挙後すぐに元の水準になっています。48回衆院選（2017年）では得票数を大幅に後退させましたが、このときは選挙ブーストそのものがほとんど見当たりません。これは48回衆院選で無党派層の最大の投票先が立憲民主党であった（NHK出口調査）ことなどから、無党派層が共産党に流れづらかった結果と推測できそうです。こうしたことから、長期的に見ると2015年1月以降、共産党の支持率は総じて緩やかな低落傾向となっています。

維新は選挙ブーストが極めて大きいことが特徴です。47回衆院選、24回参院選、48回衆院選と得票数を減少させてきていますが、選挙前の支持率はいずれも同程度の水準です。つまりこの3回の選挙で維新が票を減らしていることには、選挙ブーストの弱まりが関係しているとみられます。この期間、維新は選挙時に無党派層に訴えかける力を弱めたということです。共産党で選挙ブーストが検出されなかったことや維新でブーストが弱かったことは、立憲民主党と希望の党の出現によって無党派層がそちらに動いたことが影響している面もあるのでしょう。

7　今後の課題

ここまで、政党支持率の精密なグラフを描くことで、第一党効果と選挙ブーストを考えてきました。

表1－7にまとめた各政党の絶対得票率と支持率の比に大きな変化が見られないことから、第二次安倍政権下の国政選挙では第一党効果は安定しており、政党固有のものとなっていることが読み取れます。しかし、この効果の理解をより深めるためには、政権交代のとき、第一党効果がどのように変化したのかに踏み込まなければなりません。2009年におきた自民から民主への政権交代、2012年の民主から自民への政権交代を検討する必要があります。

また、第一党効果をもたらす要因を決定づけることも重要です。これには例えば、選挙に勝っている政党ほど議席数が多くなり、報道に載ったり、資金面で有利になったり、国会で発言する時間が長くなることが考えられるでしょう。第一党（与党第一党）の支持率が過剰に高く出るだけでなく、野党第一党もまた、絶対得票率と支持率の比がほぼ1となっており、野党の中ではもっとも支持率に有利な結果となっていることにも意味がありそうです。

選挙ブーストについては、それをいかにして事前に推定するかが問題です。

図1－13〜16に見られる政党支持率と絶対得票率の整合性からは、世論調査が的確に情勢をとらえていることを確認することができます。これは各社の世論調査を補正して平均をかけることで、比例代表の絶対得票率を予測する可能性を期待させるものです。各党の絶対得票率がわかれば相対得票率に換算することが可能なため、全国比例での獲得議席数を知ることにもつながります。

しかし、図1－13〜16に示した絶対得票率の点は、その多くが選挙ブーストの上にあることも重要です。どの程度のブーストが起こるのかを知らなければ選挙時の支持率の予測はできないため、普段の支持率を安易に議席に換算するわけにはいきません。

選挙ブーストは各党のなかでも、図1－16に示した維新で顕著になっています。無党派層は都市部に多い傾向があるため、大阪に基盤を持つ維新は選挙の際に無党派層を引き付けやすいのかもしれません。より深い理解のために、地域ごとの特性や長期的な時間変化、選挙制度の異なる海外との比較など、多角的な視点からの研究が必要です。

第三章　政策への賛否を読む

1　複数の世論調査を見る

この章では、各社が行っている世論調査のうち、内閣支持率や政党支持率以外の質問の読み方を考えていきます。

世論調査では政策や時事的な事柄への賛否を問う種々の質問もかけられます。しかし、これらは扇動に用いられることも少なくありません。ある法案を通したい側が、その法案に賛成する人が多いことを広めようとしたり、法案に反対する側がその逆を行ったりというなかで、世論調査の解釈が歪められることがあります。しかし本来、法案に賛成する場合は賛成する理由を、反対する場合は反対する理由をもって説得を試みるべきで、都合のいい世論調査だけをことさらに広めようとするのは、世論と向き合う姿勢とはいいがたいものです。

「ここに示した5社の定例世論調査が同じ傾向にあります」

例えばこのように複数の世論調査を並べた説明を見たら、その裏で6社の定例世論調査が伏せられていることを忘れないでください。内閣支持率と政党支持率はもちろん、その時々の事件にかかわる個別の論点についても、大きなテーマでは多くのところが一斉に調査をかけているはずです。定例世論調査は11社が行っていますから、特定のどこかをあえて外して議論する場合は、できるだけ外した理由の説明をするのが望ましいといえます。

テレビや新聞が自ら実施した世論調査のみを報じるのは良いとして、何かを論じるために雑誌や個人などが特定の世論調査を利用しているのを見たときには、「あえてその調査を持ち出した理由は何なのか」「他社の傾向はどうなのか」と確認をすると安全です。

2 結果は質問文や選択肢とあわせて見る

また、政策や時事的な問題に関する質問については、結果の数字だけを見るのは心配です。内閣支持率や政党支持率は基本的に誘導がされないのに対して、政策や時事問題についての質問には、質問文や質問順序による誘導が効いている場合があるからです。

世間に周知されていない問題について意味のある回答を得るため、質問文の中にやむを得ず一定の説明を加えることがありますが、そうした説明は各社が独自に決めるものなので各社ごとに異なります。この説明が回答者を誘導することにより、各社の結果が大きく食い違うことも少なくはありません。

それだけでなく、世論調査は複数の質問を一つの流れの中で聞いていきますから、キャリーオーバー効果もあらわれます。これは、先の質問で抱いた印象が後の質問への回答をゆがめてしまうことです。多くの世論調査で内閣への支持が最初の設問で聞かれ、次の設問で政党への支持が聞かれることには、長期にわたって内閣支持率や政党支持率の変化を評価する上で、その時々に入れ替わる時事的な質問が先に来ることがないようにし、キャリーオーバー効果を避ける目的があります。内閣への支持が最初の設問で聞かれ、直後に内閣の支持理由の設問が入るところもありますが、目的は同じです。

内閣支持率や政党支持率について、数字を機械的に補正し、平均をかけることができたのはこうした背景があるためです。それに対して政策や時事的な質問では、質問文や選択肢の考慮が欠かせないわけです。

2017年に共謀罪が国会で審議されていた時、各社はそれに対する賛否を一斉に調査していました。その結果を図1-17に示します。なおNHKには「賛成」「反対」に加え

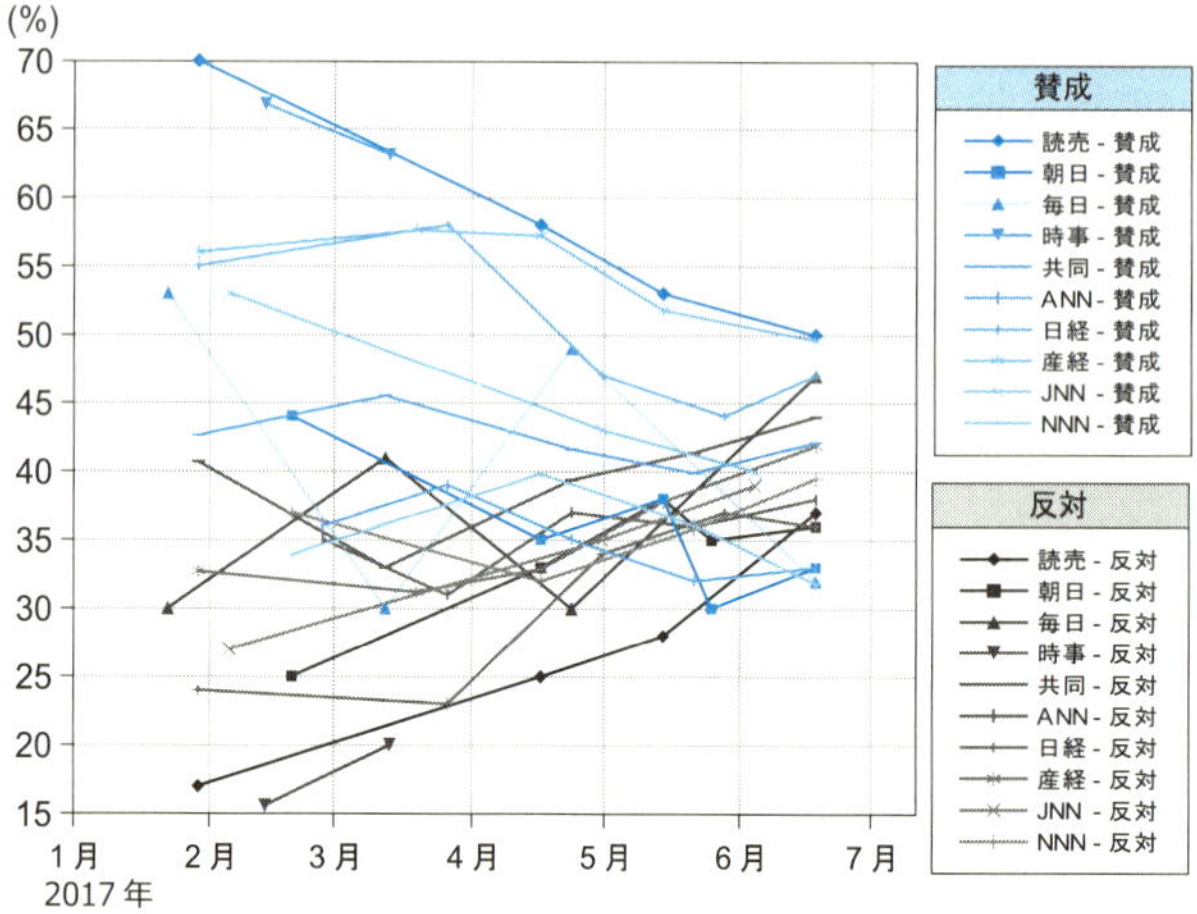

図 1-17　共謀罪の賛否

て「どちらともいえず」の選択肢があり、他と異なるので図からは外しました。内閣への支持や不支持と同じような単純な賛否の表明であるのにもかかわらず、内閣支持率や不支持率とは違って、高いものと低いものとで20から30ポイント程度にのぼる差があります。これは質問文が異なることやキャリーオーバー効果の結果でしょう。

図1―17で最も賛成に偏っている読売新聞では、「これまで検討されていた「共謀罪」の要件を厳しくし、テロ組織や組織的な犯罪集団が、殺人などの重大犯罪を計画・準備した段階で罪に問えるようにする「テロ準備罪法案」に、賛成ですか、反対ですか」という聞き方がされています。対して賛成がより低く出た共同通信では、

「政府は犯罪を計画段階で処罰する「共謀罪」の趣旨を盛り込んだ組織犯罪処罰法改正案を、今国会で成立させる方針です。政府はテロ対策に不可欠としていますが、人権が侵害されかねないとの懸念もでています。あなたは、この法改正に賛成ですか、反対ですか」

というように、人権侵害の懸念に触れています。

また、図1－17の賛否が激しく変動している毎日新聞は各回であえて質問文を変えています。こうすると自社の調査で多角的な結果を得ることができますが、時間変化を比較することはできなくなってしまうのが欠点です（この点に触れたかったので図には入れてありますが、本来ならこれも外したほうがいいかもしれません）。

2017年4月24日に毎日新聞が掲載した「「共謀罪」テロ対策新設に賛成49％」という記事には次のように記述されています。

「今回は「テロ等準備罪」新設を明示し、「組織的な犯罪集団が犯罪を計画、準備した段階で処罰する内容」だと説明して質問。捜査への懸念には触れなかった。

同様に「テロ等準備罪」を示し、「テロなどの組織犯罪を防ぐ目的だが、捜査当局による人権侵害につながるとの指摘もある」と併記した1月の調査では、「賛成」53％、「反対」30％だった。

これに対し、質問で「テロ」の文言を使わず、「対象になる犯罪を当初予定していた700弱から半分以下に減らしたが、一般の人も捜査対象になるとの指摘がある」と説明した3月の調査では、「反対」41％、「賛成」30％と逆転した」（『毎日新聞』2017年4月24日朝刊）

このように、調査の結果は「どのように聞かれたのか」ということと密接に関係しており、聞き方によっては逆転さえ起きます。数字だけを見て「賛成が多数」とか「反対が多数」などと言うのに問題があるのはこのためです。

なお、聞き方によって結果が異なることについて、特定の質問文が誘導的であるという批判がよく行われますが、どのような聞き方をするかはコストをかけて調査を実施する側が決めることですから、それは一概に批判されるべきことではありません。聞き方が誘導的すぎて意味のある結果が得られなかったとしたら、それは調査をかけた側の自業自得でしょう。また、誘導された結果が報じられることで読者や視聴者の心理が影響を受けるという批判もありますが、これは世論調査自体ではなく報道の問題です。

むしろ世論を理解するという観点からは、どのような誘導がなされた質問であれ、その誘導とともに結果を見ることにすれば十分といえるでしょう。例えば今回の共謀罪への賛否でいえば、読売が誘導的であるという批判よりも、その誘導的な調査において一貫して賛成が減っており、反対が増え続けたという結果を読み取ることのほうが大切です。これは大きく見て各社で整合する傾向で、はじめは一様に賛成が多かったものの、国会審議や報道などで周知が進むとともに反対が伸びて、採決の際はほぼ拮抗となっています。

3　傾向をつかみ、矛盾した結果になった理由を考える

2015年に安保法案が審議されていた時も、当時の国会で法案を成立させることに対する賛否が調べられていました。これを図1-18（70頁）にまとめましたが、時事通信、ANN、NHKは他社と選択肢が大きく異なっていたため外しています。具体的には、時事通信は「廃案」、「今国会で成立させるべきだ」に加えて「今国会にこだわらず慎重に審議」が、ANNは「いまの国会で成立させることでよい」「廃案にするべきだ」に加えて「いまの国会にこだわらず時間をかけて審議するべきだ」が、NHKは「賛成」「反対」に加えて「どちらともいえず」が中間的な選択肢として提示されており、かなりの回答がそこに流れる結果となっています。

図1-18からは、5月15日に安保法案が衆議院に提出されてから反対が増加しているこ

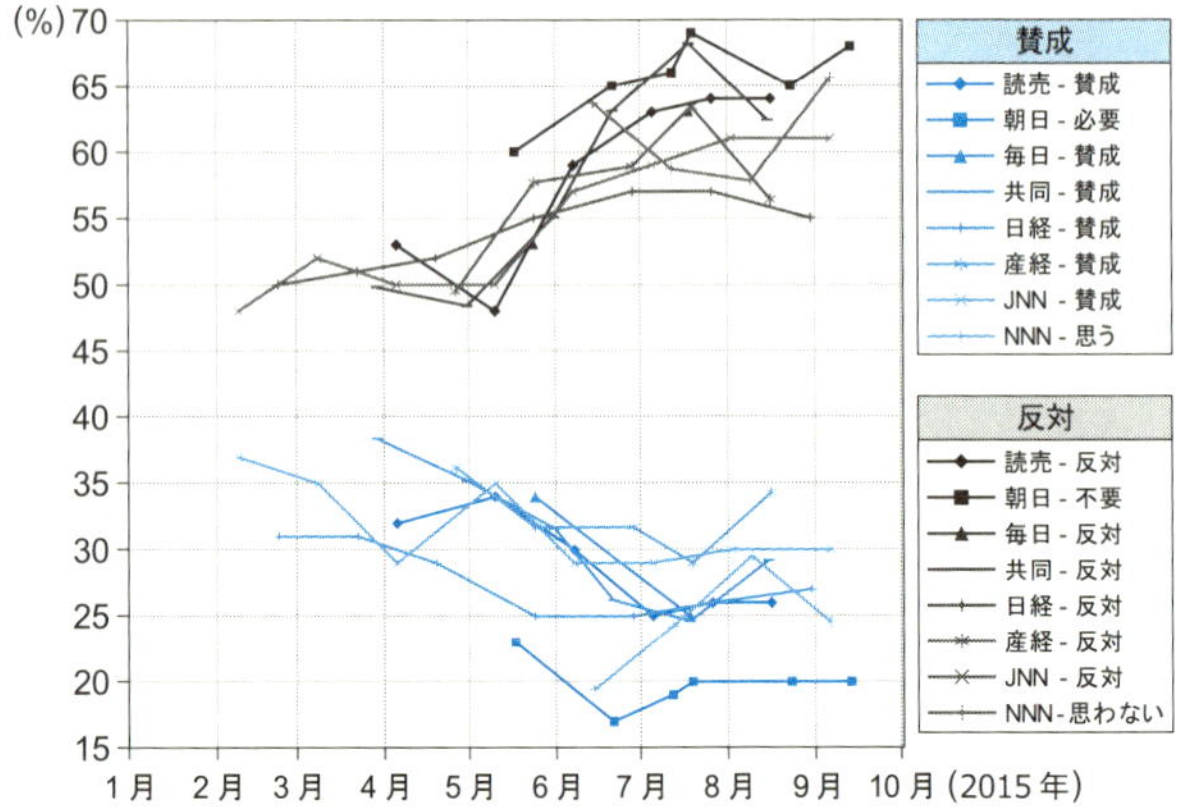

図 1-18　安保法の今国会での成立の賛否

とが読み取れます。特に6月4日の憲法審査会の影響は大きかったとみられ、このときは自民党が呼んだ参考人全員が同法案について違憲との判断を下し、議論を呼びました。そして安倍政権が法案について説明すればするほど、反対の世論が強まっていったのです。

さて、各社の質問は共謀罪と同様、安保法案について肯定的な前置きをしていたり否定的な前置きをしていたり、それぞれ異なります。例えば日経新聞は「政府・与党は集団的自衛権の行使容認を盛り込んだ安全保障関連法案を今の国会で成立させる方針です。あなたはこの方針に賛成ですか、反対ですか」と質問をかけました。

それに対して読売新聞は「安全保障関連法案は、日本の平和と安全を確保し、国際社会への貢献を強化するために、自衛隊の活動を拡大するものです。こうした法律の整備に、賛成ですか、反対ですか」と聞き、賛否を回答させた後、さらに続けて「安倍首相は、安全保障関連法案を、今開かれている国会で成立させる考えです。あなたは、今開かれている国会での成立に、賛成ですか、反対ですか」と聞いて今国会での成立への賛否を訊ねました。

読売は安保法案の目的を「日本の平和と安全を確保し、国際社会への貢献を強化するため」としており、「集団的自衛権の行使容認を盛り込んだ安全保障関連法案」と説明した日経より誘導的なようですが、安保法案の場合は質問文による賛否の違いが共謀罪の時ほどは見られません。

この場合、偏りの幅は質問のかけ方によって回答者が影響を受けたことのあらわれです。もしも全ての有権者がその法案について十分に理解して賛否を固めていたとしたら、たとえ誘導的な聞き方をしても影響はないはずです。逆に、その法案について全く周知が進んでおらず、世論調査の時に質問を聞いてはじめて態度を考えてみるようであれば、誘導が強く表れることでしょう。つまり誘導の効き方はその事柄についての有権者の理解度と関係があるはずです。

実際、共謀罪では時間が進むにつれて、賛否とも偏りの幅が小さくなっており、国会審議や報道を通じて周知が進み、誘導への耐性ができていったことがうかがえます。安保法案では、初期の頃に実施された調査が少ないため偏りの幅の変化は明瞭ではありませんが、共謀罪と比べると全体にわたって偏りの幅が狭いことがうかがえます。安保法は憲法問題であり共謀罪と比べて争点が明確であることや、報道での扱いが特に大きかったことから、周知がより進んでいたのでしょう。

内閣支持率や政党支持率と違って、時事的な質問は簡単に平均をとることができません。しかし結果を時系列でグラフにしてみたり、各社の結果が異なりうるのだということを念頭に置いて質問文や選択肢とともに検討すれば、世論の推移を傾向としてつかむことは十分に可能です。

世論調査の平均は確かに強力な手法ですが、それは同時に各社の「良さ」をつぶすものでもあります。内閣支持率でも、重ね聞きをするかどうかや、4択方式などで、手法の違いが捉えている「何か」があるかもしれません。それを平均は損なってしまうのかもしれません。質問文や選択肢の異なる時事的な種々の質問では、そうした部分が重要になります。ここでは図から外した調査社についての細かい検討は省略することにしますが、回答の選択肢などから世論調査をいくつかのグループに分けて検討することも有効です。一般的な傾向をつかむこと。そして矛盾している調査があるのなら、その理由を考えていくことが大切です。

4 「賛否」と「勢力」、二つの視点

「各地で、安保法案に反対する集会やデモが行われていますが、あなた自身は、参加したことがありますか、ありませんか」

これは2015年9月に産経新聞の調査でかけられた質問です。結果は「ある」が3・4%、「ない」が96・6%。また、「ない」とした回答者に対しては「今後、こうした集会やデモに参加したいと思いますか、思いませんか」と続けて質問がされており、結果は「参加したいと思う」が18・3%、「参加したいと思わない」が79・3%となっています。

集会に参加した人も、参加の意思を持つ人も少数派であることがこの調査から明らかです。しかし次にこう考えてみましょう。世論調査が対象とする日本の有権者はおよそ1億人ですから、そのうちの1%は100万人に相当するわけです。すなわち安保法案に反対するデモや集会に参加したことが「ある」人は340万人、「参加したいと思う」人は1768万人ほどにのぼっている——これらの合計は48回衆院選（2017年）の自民党の比例得票数（1856万票）を超えています。比率として少数であると見たときと、これだけの人数に相当すると見たときとでは印象が違ってくるのではないでしょうか。

世論調査の数字に対しては、**賛否と勢力**という二つの視点を持つことができます。賛否で見るというのは、多数派の意見がどこにあるのかを評価することで、簡単にいえば「過半数が法案に賛成しているなら良いのではないか」とか「過半数が審議不足と考えているなら、このまま採決するのはおかしいのではないか」というような、普段から多くの人が行っている読み方です。それに対して「勢力」という視点は、その事柄で有権者が動いたとき、どれほどの影響力があるのかという読み方です。

例えば２０１３年以降の自民党の支持率はおおむね30％台で推移してきました。「賛否」つまり「多数派か少数派か」で考えたら、これは少数派にほかなりません。しかし「勢力」で見れば30％台というのは他のどの政党より大きいです。この場合、支持率が30％台の自民党が強いのは、それが選挙のとき実際に投票する勢力として現れるからなのです。

もっとも、どのような質問文や選択肢であれば賛否で読むことができるのか、あるいは勢力として読むことができるのかという区別は明瞭ではありません。それらはむしろ二つの面としてあらわれるものです。実際の行動を回答している場合や、強い意志を要する選択肢を選んでいる場合、あるいは多くの選択肢からあえてその一つを選んでいるような場合は、勢力としての見方が有効になるはずです。その点、内閣支持率は賛否の面が強く、政党支持率は勢力の面が強いといえるでしょう。

第四章

世論調査の限界

1　世論調査でとらえられないもの

ここまでは世論調査の手法を概観した上で、各社の結果が持つ偏りを考えてきました。そこで大きな問題だったのは、世論調査の結果が調査のやり方や質問のかけ方、回答の選択肢によって変化することです。

スクリーンの前に置いた立体をライトで照らすことを想像してみましょう。どのような角度から照らすかによって、スクリーンに映る影は変化します。世論調査の結果として得られる数字はいわばこの影のようなもので、元の立体であるところの世論とは別物です。

この例の場合、様々な角度から照らした影を考えることで立体の形が推測できます。これがいわば複数の世論調査を検討することにあたるのですが、その一方でいくら影ばかり見ていても元の立体の材質や色を知ることはできません。

世論調査をすると、何割の有権者がその政党を支持したのかというような量的な情報を得ることができます。しかし実際の有権者はこの社会を生きる人たちの集まりで、それぞれに鬱屈とした閉塞感や、怒りや、やるせなさや希望があり、特定の政党を支持するときには理由や想いの強さを持っています。こうした量でとらえられない質的な面、例えば何ゆえに支持するのかという理由は、人生に裏打ちされた切実なものほど自分の言葉で語るしかなかったりするし、言葉にできない想いだって秘められているでしょう。しかしそれらは世論調査の選択肢にはないものです。

世論調査によって想いの強さを知ろうとするならば、5段階で回答させるということが考えられるかもしれません。例えば、「どの政党を支持しますか」という設問ではなく、「自民党はどうですか」「共産党はどうですか」というように全ての政党を一つ一つ読み上げて、それぞれについてどれほど支持できるかを5段階で聞くことはできます。しかし、それこそが世論調査が量的な情報しかとらえられないことによる苦肉の策のようなもので、自分が抱く感情の強さを5段階で評価したとき、そこにどれほどの欠落があるのかを想像すれば十分でないことは明らかです。愛という感情を思い浮かべても、親に対する愛、子に対する愛、彼氏彼女への愛、人類や自然に対する愛は異なった色彩を帯びているのですから。

第I部では、世論調査を社会を知る手がかりと考え、補正をしたり平均を計算することで、できるだけ精密に調査の結果を理解しようとしてきました。しかし、世論には世論調査でとらえられない側面があります。ですから世論そのものを理解しようとするためにこそ、世論調査の限界を意識することが必要です。

これは、次のように言うこともできます。

政党支持率を補正し、平均した結果が絶対得票率によく対応していることはすでに見てきました。しかし、それは過去に行われた選挙について、その時々の支持率と絶対得票率がわかるから言えるということにすぎません。未来の支持率や未来の選挙に思いをはせてみれば、支持率はいわば大衆という海の上のさざ波です。支持率はいったい何ゆえに動いているのでしょうか？　未来の支持率はどうなっていくのでしょうか？　それを決めるのは今を生きている人間です。すなわち私たち一人ひとりが社会とかかわる中で、未来の世論や、未来の選挙がつくられていくわけですから、それは私たちの姿勢や態度を含む問題になります。

世論を理解するという立場をとる限り、私たちは決してさざ波だけを追いかけたいわけではないはずです。そのさざ波の深層に踏み込んでいくとき、社会とは何か、人間とは何か、それらはどう振る舞うのかということに対する洞察が必要です。そうした力は自分が社会や人間と関わっていくなかで、時には身を危険に晒しながら培っていく必要があるのかもしれません。世論を担うのはあくまで人間であり、自分にとって、自分がいちばん身近な人間であるからです。

2 多数派が正しいとは限らない

「天動説は正しいと思いますか？」

16世紀のヨーロッパでそんな世論調査が行われていたとしたら、おそらく「正しいと思う」との回答が多数派になったでしょう。しかしそのことは天動説の正しさを保証するでしょうか。たったこれだけの話からも、世論調査が物事の正しさを示すわけでないことは明らかです。

世論調査が示すのは単にそう考える人がどの程度いるのかということにすぎません。もちろん世論調査から多数派を示し、その人たちの意見がないがしろにされたときに「おかしい」と声を上げることはできるでしょう。しかし「多数だから」ということを主張の根拠とすることには危うさがあります。

何かを主張する際に多数であることを示すのは、果たしてそこまで重要なことでしょうか。差別に反対する世論が強いから自分も差別に反対するというのであれば、差別に賛成する人が多数になれば自分もそれに同調するのでしょうか。それは違うはずです。差別に反対するのには、自分が経験してきたこと、聞いた話、考えてきたことなどから、自分の実感として「それは駄目だ」という思いがあるはずです。

どのような問題についても、民意や多数派がどうであるかということと、自分がどうであるのか、どうであろうとするのかは異なります。多数派には見えていないものがあり、自分がその先へ向かう理想を持っている自信があるのなら、たった一人でもそれに向かって進むことが意味をもつはずです。実際、差別や偏見の克服はそのようにして行われてきました。

世論は漠然としたものではなく、そこには人間という実体があります。ですから世論を動かそうとする時は、究極的には個人の心を動かすことができるかということが問われることになります。ただ何かを発信していれば動くのではないかというのはいい加減な話で、目の前の友達一人を動かせないような言葉を放ったとしても響くことはないでしょう。

数の多さを示すことで一時的にそれに流されることはあるかもしれませんが、それが相手の心を動かしたことになるのかは大いに疑問です。個人が意思を示す時は、多数派、少数派といったこととは別の、自分の経験に根差した実感があるはずで、その実感を疎通させることでしか相手の心を揺さぶることはできないし、本当の意味で世論を変えていくことはできないのではないでしょうか。そのためには、今の社会に何を感じ、何を考えているかを、自分の言葉で語れるようになる必要がありそうです。

世論は支持率や賛否の割合などの量的な面ばかりが注目されますから、その量を変えるための安直な方法だけが求められています。しかし、たった一人を変えることが未来に絶大な影響をもたらす可能性もあるのです。

世論を変えていくこと。それは決して場当たり的なことではなく、相手と対話し、相手を変えていくことなのです。

3　社会が世論を歪ませている

私たちは誰もが社会の中に生きていますから、社会に対して影響を与える一方で社会から影響を受けます。その社会が歪んだものであるならば、それは私たちの感性をもまた歪めてしまい、歪められた感性が歪んだ社会を評価することになります。私たち一人ひとりも、その総体としての世論も、そうした構図にとらわれています。

戦争や飢餓、過度な競争社会――こうしたものを列挙するまでもなく、現代の社会が歪んでいることは疑いようがありません。

前の世代から引き継がれた歪みが、私たちの世代に影を落としています。生まれてからこれまでに出会ってきた理不尽なことが私たちの中に傷や歪みを作り、自らを誰かに対して理不尽な存在として振る舞わせてしまうことがあります。思うように振る舞うことができず、他人を傷つけてしまうこともあります。そして私たちは残念ながら、このままだと次の世代に歪みを引き継ぐ存在になってしまうのです。

私たちの感性自体も、物事を評価する基準も、ともに歪みのないものではありません。ですから私たちに求められるのは、歪みにとらわれた社会のありかたを、歪みにとらわれた私たちが変えていく試みです。歪みにとらわれた者が歪みを乗り越えて社会を変えていけるかが未来への鍵です。

人は困難に出会ったら困難を解決しようとして、歪みに出会ったら歪みを正そうとして生きるのが自然ですが、それが厳しく切実なものであれば、歪みが仕方のないものだというふうに自分を納得させ、解決を放棄してしまうことだってあるでしょう。苦境が仕方のないものなのだと、自らを歪め、納得させてしまうのです。世論はこうした面も持っています。

それでもなお、社会がこのような歪みを持っている時代に生まれてしまった以上、自分をその歪みに同化させるのでなければ、社会そのものを変えるしかありません。それには深い洞察とそれに支えられた言葉、そして行動が必要です。

4　人工知能で未来の支持率は予測できるのか

今日、株式市場の取引は、すでに多くがコンピュータでの自動的な売買によっています。過去の株価の動きや取引のデータをもとに、人工知能によって未来の株価を予測するわけです。

第二章で世論調査を総合するときに用いた加重移動平均は株価のトレンドを把握するものとして知られているので、手法の説明をしていると「支持率を株価のように見ている」と言われることがあります。ある意味ではそうなるのかもしれませんが、それでは人工知能を用いて未来の支持率を予測することは可能なのでしょうか。

実は、内閣支持率や政党支持率は株価と決定的に異なる点を持っています。株価の動きが取引の結果によって量的な関係として決まるのに対して、内閣支持率や政党支持率が何の結果によって決まるのかということは本当はわからないからです。「内閣改造によって内閣支持率が上がった」というような解釈は推測にすぎません。内閣に肯定的なことと否定的なことが様々に絡み合っているなかで、内閣改造と内閣支持率が上がった時期が重なっていただけなのです。

すでに述べたように世論には質的な面があるため、量的な取り扱いで完結することはありません。それは非常に複雑な問題で、人工知能によって予測することは困難です。

確かに人工知能の中には予測の失敗を反映して自分で学習を進めていくものも開発されています。そうして人工知能は決まった規則の中で決まった駒を動かす将棋やチェスでは名人を凌駕するほど強くなってきました。けれどもその学習の仕方はプログラムを組んだ人間によって与えられたものです。また、学習の仕方そのものを進化させていく人工知能もありますが、それさえどのように学習を進化させるかという法則は人間によって与えられています。

他方で私たちが生きているこの世界のことは、私たち自身でさえ知り尽くしていません。自然科学における絶え間ない発見こそがその証拠です。物理学者は新たな法則を発見し、天文学者はかつて知られなかった星の姿を望遠鏡の先に見ます。私たちの思考や学習の仕組みもまた、完全に解明しきれてはいません。

人間がいまだに知らない法則は、コンピュータに入れることすらできないのです。けれどもこの世界は、人間がいまだに知らない法則をも使って動いています。この社会という限定された面だけでも、将棋やチェスにおけるルールや駒にあたるもの自体が新たに作られたり消えていったりします。例えば法律がそうです。政党もそうです。長い目で見れば、国家そのものだって変化します。こうしたもの全てが世論に対して影響をもたらします。

未来は決して過去の延長線上にあるのではありません。過去は、今を生きる人たちの手に媒介されて、未来になっていきます。そして今を生きる人たちは過去にとらわれるばかりではなく、過去を反省し、自らを変えうる存在です。ですから第一党効果や選挙ブースト などの現象を知り、応用することを考えるとしても、過去の世論調査だけをもとにして未来の支持率が予測できるというのは誤った考えです。ここにも、世論調査の限界があります。

毎日、太陽だけを観測していても太陽がやがて赤色巨星になるのを知ることは困難です。しかし、広い宇宙に望遠鏡を向けて赤色巨星を含む様々な恒星を観測すれば、太陽もまたそのような星の一つだと知ることができるでしょう。それは、世論についても、世論調査以外の統計を読み込んだり、個人や社会がどのような振る舞いをするのかを洞察することであったり、過去の歴史や外国の情勢に学ぶことであったりするのかもしれません。

Ⅱ データでとらえる日本の姿

第五章　地域が持つ特色

第I部では、世論調査から世論を読み解くことを考えてきましたが、第II部ではその他の様々なデータから世論の「担い手」について掘り下げていきます。

第I部で、世論調査の結果は世論という立体に光をあてたときに得られる影のようなものであり、影ばかり見ていても元の立体の色や材質を知ることはできないということを述べました。そこで第II部では他の様々なデータを動員して、元の立体そのものに迫ることを考えます。つまり、世論調査で浮かび上がってきた様々な意見を持っている人々が、どこに住んでいる、何歳くらいの、どんな人生を送ってきた人なのかを検討し、この社会の実像に迫っていきます。

1　内閣支持率は西高東低

内閣支持率や政党支持率は、時間的な変化だけでなく地理的な差異をもっています。ロ絵1に示した内閣支持率の全国分布を見てください。これは、48回衆院選の直前にあたる2017年10月10〜11日に実施された日経新聞の世論調査をもとに作成したものですが、驚くべき東西の差が読み取れます。

県別に見ていくと、内閣支持率が最も高かったのは安倍首相が小選挙区の地盤を持つ山口県の56％でした。それに続いたのは自民党が固い地盤を持つ富山県の47％です。対して米軍基地問題をめぐる政府の方針が批判を集める沖縄県では最も低い28％で、原発問題の中心地である福島県でもそれに次ぐ低さの30％となっています。

総じて内閣支持率の高い中国地方のなかで31％にとどまった鳥取県は、石破茂氏の地元です。石破氏は2012年と2018年の自民党総裁選で安倍晋三氏の対立候補となっており、地元の自民党支持層の中にも安倍内閣を支持することに躊躇《ちゅうちょ》する人がいるのでしょう。

このように内閣支持率には地域ごとの差があります。山口県の人たちと沖縄県の人たちでは実感されるものが大きく違うのです。

もともと地域ごとの歴史や産業、利害に違いがある以上、世論が均質でないことは当然です。私たちは県よりも小さな市区町村の中で生活しており、自分が付き合いたいと思ったり、付き合わざるを得なかったりする人たちのなかで、さらに細かいグループの一員をなしています。ですから全国対象の世論調査が自分の地域や身の回りの感覚とずれていることは往々にしてあるはずです。だからこそ、世論調査を検討することで自らの視野を広げることが意味を持つのです。

さて、第I部で説明したように世論調査には誤差の問題があり、限られた地域の内訳を検討しようとするほど、その地域で得られる回答数が少なくなるため精度が低下します。例えば定例世論調査は全国で1000件ほどの回答を集めますが、これでは有権者数が全国の0・45％にあたる鳥取県からは数件の回答しか得られません。口絵1に示した都道府県別の分布は、衆院選の時期に実施された特別な世論調査で明らかになったもので、このとき全国で集められた回答数は実に7万8285件にのぼりました。

このように、都道府県という粗いレベルに限っても、世論調査を用いて地域ごとの情勢をつかむのは容易ではありません。ましてやより細かい区分である市町村はなおさらです。しかしすでに見てきたように、世論調査には選挙結果との整合性があるのでした。つまり世論調査だけでなく、選挙結果も社会の姿を知るための武器となるはずです。そこで今度は投票数が5000万を超える、日本最大の世論調査としての衆院選比例代表の結果を用いて、地域ごとの特性を考えていくことにします。

2　与野党はどこで強いのか

まず最初に、与党が強い地域と野党が強い地域を概観してみましょう。**与党列島**（口絵2）は48回衆院選（２０１７年）の比例代表について、与党（自民党と公明党）と野党（その他の政党）の得票率をそれぞれ市区町村ごとに合計し、与党が上回った自治体だけを陸地としたものです（なお単に「得票率」というときは相対得票率を意味するものとし、絶対得票率を問題にする場合はそのつど「絶対得票率」と表記することにします。また、比例代表の相対得票率を「比例得票率」と表記することがあります）。

この図では与野党が互角のところを海水面と定め、野党がリードする自治体を海底に沈めました。陸地は与党のリードが広がるにつれて低地、高地、山岳と、標高地形図の凡例にならって緑色から茶色の配色で塗っています。

同時期の内閣支持率（口絵1参照）が最も高かった山口県は、与党列島でも本州最高峰の山岳となっています。安倍政権に肯定的な評価を下す層が多い日本維新の会（以下、維新）を野党に集計しているため、維新の地盤にあたる関西地方の多くの自治体が与党列島にはありませんが、西日本で与党がリードする傾向も内閣支持率の分布と似ているといえるでしょう。

熊本県と宮崎県、奈良県、群馬県に見られる濃い茶色は与党の得票数が数百票ほどの小さな自治体です。それらと比較してやや人口が多いのは青森県の六ケ所《ろっかしょ》村で、ここには核燃料の再処理工場があります。原子力発電所のある泊《とまり》、大間《おおま》、東通《ひがしどおり》、女川《おながわ》、御前崎《おまえざき》（浜岡）、東海村、刈羽《かりわ》、志賀、伊方《いかた》、玄海と、福井県の美浜、大飯《おおい》、高浜など多くの原発立地自治体も与党側の陸地に入りました。

原発や基地のような政府が推進する施設がおかれると、地元に雇用や交付金などの利害が生じることによって、その自治体の情勢は変化します。また流入してくる関係者、設備の建設や維持に関わる作業員などが直接的に人口バランスを変えていく影響もあります。

例えば沖縄県与那国《よなぐに》町では２００８年以降、自衛隊配備をめぐって賛成派と反対派がほぼ拮抗し、町議会選挙や町長選挙が争われてきました。しかし２０１５年に行われた住民投票で賛成派が勝利をおさめると、与那国駐屯地の開設とともに隊員や家族が新たな住民となったため、２０１５年当時に１４８９人だった人口が翌年には１６８６人にまで増えています（人口は与那国町役場発表の年間平均による）。このとき増加した２００人ほどは、この小さな自治体の人口バランスに影響し、地元の情勢を変化させたに違いありません。

野党列島（口絵３）は、野党がリードする地域を陸地としたものです。北海道は民主党の地盤であり、48回衆院選でも立憲民主党の得票率が最も高い地域でした。道内で最高峰となった足寄町《あしょろ》は鈴木宗男氏の地元にあたり、新党大地が与党を圧迫します。本州で目立って標高が高い岩手県は小沢一郎氏の地元で、日本未来の党、生活の党を経て、現在では自由党の地盤となっています。京都府は共産党、大阪府は維新が強く、長野県は立憲民主党、希望の党、共産党が重ね合わさった結果、ひときわ抜きん出ています。

この地図のもとになった48回衆院選比例代表の総得票数は与党が2553万票、野党が3022万票で、それぞれに含まれる市区町村の数は与党列島が737、野党列島が1159でした。このような分布になった歴史的な経緯も本章で考察していきますが、与党の側にも野党の側にも、それぞれの土地が地盤になっている理由があり、何回もの選挙を経ても得票の傾向は容易には変わりません。

政党の地盤があるということは、その地域に何度もその政党に投票してきた有権者が多いということですし、具体的に票を取りまとめる地方議員がいるということでもあります。また、原発や基地をはじめ、地域特有の課題があることはそれぞれの地域に固有の傾向を作るでしょう。こうしたことが変化するのには時間がかかるのです。

3 市区町村の多様性

得票率をもとにした地図を作ることで、政党の地盤を検討したり、地域ごとの事情を考える手掛かりを得たりすることができます。しかし得票率は比率であるため人口を反映できておらず、それによって描かれた地図では人口が少ない地方の自治体が広い面積を占め、都市化された人口密集地はかえって狭い面積で塗られることに留意が必要です。

図2-1は、都市化の程度が高いほうから順に、東京23区、政令指定都市、市、町、村に分け、それぞれについて全国の自治体の人口を合計したものです。日本の人口の大部分は市かそれ以上に都市化された自治体に含まれており、町に住む人の総人口は1021万人（8・03%）、村は74・6万人（0・59%）にとどまります。

国政選挙の比例代表は、都道府県にまたがる比例ブロックや全国の得票数で議席が決められるため、人口の多い市以上の自治体が重要になるわけです。ですから町村部の得票率を分析したところで国政選挙の対策に直結するというわけではなく、むしろそれは町村部の地方議会選挙や首長選挙の情勢を考える上で意味を持つのでしょう。

しかし日本全体の政治情勢を地理的に理解することを考えたとき、はじめから地方議会選挙や首長選挙を検討していては、候補者が異なるため地域間の比較をすることができません。このため、地方の選挙を考えるにあたっても、その地域の特徴は何なのか、政党の強さは全国と比べてどうなのかということを知るためには、衆院選比例代表の結果を検討するのが最適といえるのです。

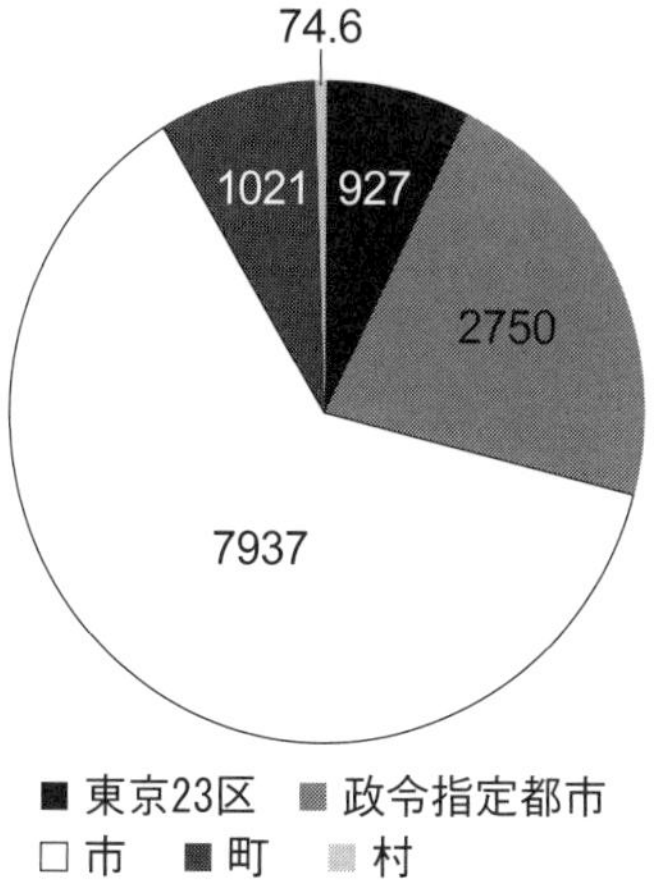

図 2-1　市区町村の区分ごとの人口（万人）

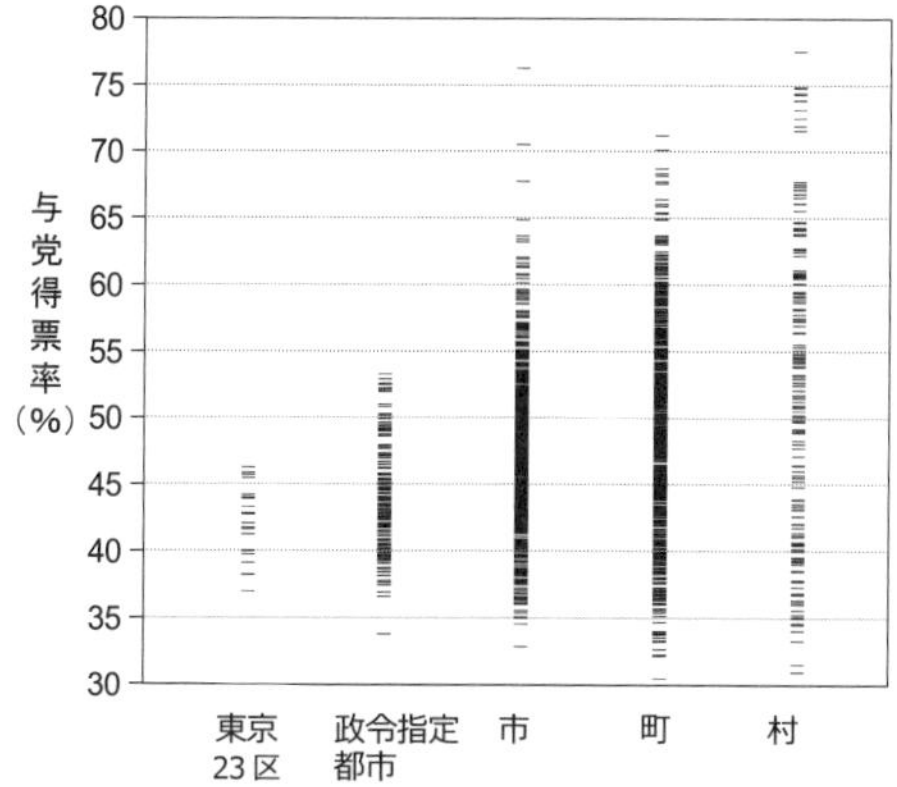

図 2-2　市区町村別に見た与党の得票率の広がり

48回衆議院選挙における与党得票率（比例）

図2－2は、都市化の程度に応じて自治体を五つに分類し、それぞれについて48回衆院選比例代表の与党の得票率を表示したものです。この図では一つの印が一つの自治体に対応しており、例えば東京23区のところには、それぞれの与党の得票率に応じて23個の印が一列に表示されています。

この図からは都市化の程度が高いほど分布の幅が狭く、与野党のバランスが均質化する傾向を持っていることが読み取れます。つまり、都市部とは違い、地方には「むちゃくちゃ野党が強い町」や「むちゃくちゃ与党が強い村」があるわけです。

このことは世論の分布に都市と地方の差があることを推測させるものです。ここからは各党の得票率の地域分布を個別に検討していきましょう。

4　宗教と東西の共同体——自民党と公明党①

まずは、口絵2と口絵3で見られた、与野党の地盤の東西の違いについて考えてみます。西日本で与党が強く、東日本で野党が強いこの傾向は何に由来するのでしょうか。より深く見ていくため、48回衆院選の比例代表について、自民党（口絵4）と公明党（口絵5）の得票率を別々に示しました。なお自民党は得票率が抜きん出て高いため、他の政党とは違い、下限を20％、上限を65％とする独自のスケールで塗り分けていることに留意してください。

自民党は山口県や北陸三県（富山県・石川県・福井県）など、日本海側に強固な地盤が分布しており、西高東低の傾向は一概に見られませんでした。その傾向が明らかなのはむしろ公明党の側です。

もっとも自公には「小選挙区は自民に、比例代表は公明に」という選挙協力がありますから、それにならって投票した一部の自民党支持層は口絵4からは欠けており、口絵5の公明党の分布に乗ることになっています。ですから公明党の比例代表が西高東低を示すということの一部には、こうして移動した票も影響を与えてはいるのでしょう。

公明党の比例得票率が西高東低になることを公表した際、宗教学者の堀江宗正氏から「これを見てすぐに宗教信仰率と重ねたくなった」との指摘をいただきました。そこで、やや古いものになりますが、宗教の地域的な広がりは時間を経ても容易には変化しないということを前提として、1996年にNHKによって実施された全国県民意識調査より、宗教信仰率の分布を口絵12に示しました。これは、公明党の支持基盤にあたる創価学会だけの信仰率ではなく、仏教の各宗派から、神道、キリスト教まで全て合わせたもので、やはり西高東低になっています。

それでは創価学会に限るとどうなのでしょうか。同じNHKの県民意識調査から、創価学会の信仰率を図2-3に示しました（98頁／口絵12と図2-3では、地域分布を見やすくするため塗り分けのスケールを変えています）。これによると、創価学会は関東地方でも一定の信仰率をもっており、一概に西高東低を示してはいません。創価学会自体は西日本というよりも都市部で強い傾向があり、それは戦後に農村部から都市へ出てきて、地元の宗教的な付き合いをなくした人たちを獲得していった結果のあらわれだといわれています。

公明党の比例得票率の分布が創価学会に限らず全ての宗教をあわせた信仰率と似ていることは興味深い現象です。

もっとも、データに類似性があることが必ずしも因果関係を保証するわけではないのには注意が必要です。例えば、たこ焼きの消費量と維新の得票率の分布をグラフにすれば、たこ焼きの消費量が多い地域ほど維新の得票率が高くなる関係が示されるはずですが、それは単にたこ焼きが大阪の名物であることと、維新の地盤が大阪にあることという別々の理由によって生じているのにすぎず、両者のあいだに因果関係がないのはいうまでもありません。しかし世論を考える時、宗教と経済は大きな鍵になることが多いのです。それはこの二つが、住民の生活と密接に関わっているからです。

宗教信仰率と票の関係を考えていく前に、ここで宗教信仰率の偏りが歴史的にどのようにして形成されてきたかを振り返ってみましょう。

†古代史から見る東西の違い

宗教の信仰率はなぜ西高東低をなしているのでしょうか。

日本で最も多くの人に信仰されている宗教は仏教ですが、仏教は6世紀に伝来すると、やがて政権によって統治の基礎におかれました。このときの政権は奈良や京都を中心としていたため、寺院も西日本に多く建立されたのです。これに対して東日本が歴史の前面に出てくるのは12世紀に鎌倉幕府が成立するのを待たなければならないため、仏教の広まりが遅れたということは、一つの原因としてありそうです。しかし広まるのが遅れたことだけでは仏教が浸透しにくかったことを説明しきれません。西日本には仏教が広まりやすく、東日本に広まりにくい土壌があったとしたら、その理由は何なのでしょうか。

実は西日本と東日本では、共同体のあり方に違いがあったのです。この背景には、東日本は西日本よりも寒冷で、農業をするための環境が厳しいという事情がありました。現代の北海道や東北地方が米の重要な生産地となっているのは品種改良の賜物で、昔の稲作は寒冷な地域まで拡大することができなかったのです。その結果、西は稲作、東は畑作が主要になり、西日本では村人が協力して田圃を作り、お互いに協議して物事を進めていく強

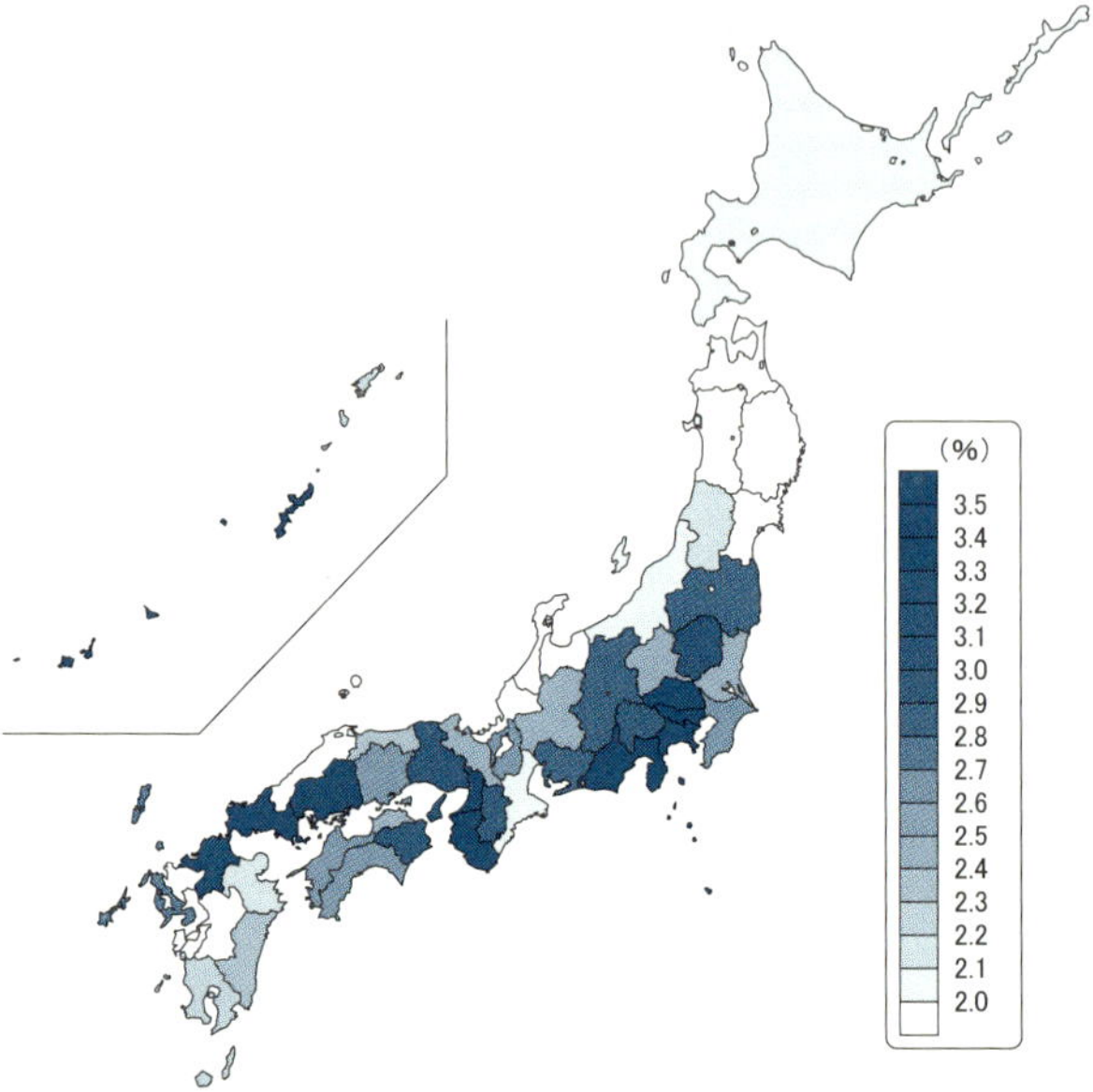

図 2-3　創価学会の信仰率

1996年NHK全国県民意識調査より作成

い村落共同体が形成されることになりましたが、そうした余裕のない東日本では指導者となった人が牽引して主に畑作を進めました。

歴史学者の網野善彦氏は『東と西の語る日本の歴史』の中で、宮本常一氏が各所で言及した議論に触れて次のように要約しています。

「イエについていえば、東日本は本家を中心とした同族関係が軸となっており、一子相続の傾向が強く、二、三男は家からホマチ田などのわずかな田をもらって分家していくのに対し、西日本では婚姻による家同士の結びつきが強く、百姓株《ひやくしようかぶ》も分割されたように分割相続がみられ、親が隠居して長男に家を譲り、自ら土地をひらくことが多かったと指摘する」

「神社のあり方についても、東では村の神社は粗末で、多くは村の勢力ある者に属する形をとっているのに対し、西では村の共同の神として、宮座《みやざ》の組織に支えられ、村全体の力で維持されたとしている。（中略）こうしたさまざまな違いは、結局、東日本が家父長制的であり、男の戸主《こしゆ》の権力が強く、親方、主《あるじ》を中心とする主従関係が発達したイエ中心の社会であるのに対し、西日本は母系的であり、女性・主婦の地位が高く、イエよりもむしろムラ全体を重んじ、婚姻などによって結ばれた個々のイエの協力によって秩序が保たれた、ムラ中心の社会であることに起因する」（網野、1998年）

東西で共同体のあり方が違うなか、宗教は共同体に根付き、神社だけでなくお寺もまた、村のものとして維持されてきました。こうしたことから、共同体の強い西日本では、東日本に比べて厚い宗教の地盤を持つことになったと推測することができます。口絵12では北海道の信仰率が東日本にしてはやや高めになっていますが、これは明治期に開拓が行われ一から共同体が作られていった際、西日本からも東日本からも人口の流入があったことの結果で、このため信仰率が中間的な割合になっているのでしょう。

共同体が強いということは、同時に他の存在を排除するということですから、西日本では排除された人たちが集まって大規模な部落が形成された結果として、部落差別の問題が東日本よりも深刻になっていることにも納得がいきます。これは網野説の有力な傍証と言えるでしょう。

†地縁・血縁の集票が有効な西日本

では、日本の東西で共同体の強さが違うということが、なぜ選挙結果と関係していると考えられるのでしょうか。

私たちは何かをするとき、一人一人がばらばらに取り組むとは限りません。選挙もまた同じで、宗教団体や労働組合、利益団体などは組織的に票を動かします。

公明党の場合、創価学会を信仰する人たちは、単に一人一人が公明党に投票するだけでなく、選挙運動の担い手になります。口絵12や図2-3のもとになったNHKの全国県民意識調査では、創価学会の信仰率は全国で3・0%でした。これは人数にしておよそ300万人にあたります。しかし実際の得票数を見ると、公明党は衆院選のたびに比例代表で700万~900万票を獲得してきています。この差は創価学会の信者一人が何人もの票を獲得していることのあらわれにほかなりません。

創価学会を信仰する人たちが獲得した票も含まれるため、公明党の得票率の地域分布は創価学会の信仰率の分布からずれるのです。その結果、創価学会の信仰率には見られないような西高東低の傾向が公明党の得票率にあらわれているということは、創価学会の選挙運動によって一票をとりやすい地域ととりにくい地域に東西の差があることを示唆しているようです。その一票の獲得のしやすさが、歴史的な共同体の強さや、宗教信仰率の西高東低と関係しているのではないでしょうか。

これは、より簡潔には、西日本では地縁、血縁が強く、地域に密着した集票がされやすいのだといえるかもしれません。地縁、血縁の強さというのは悪くいえば息苦しさになるかもしれませんが、そういったものを通じた空気、雰囲気、心理の働きが西日本では強く、東日本では弱いのではないでしょうか。共同体のあり方に違いがあるのなら、選挙の際に票を獲得するやり方や、その結果に差がでてもおかしくはないはずです。

選挙結果の地理的な分布をとらえ、そのようになった理由を解釈していくのは選挙地理学という学問の領域です。データが似ているというだけでは単なる類推にとどまってしまいますが、それにかかわる学説と照らし合わせていくことで、現象をとらえるだけでなく、背後にある本質に迫ることができるかもしれません。こうしたこともまた、私たちの社会のあり方を理解する一歩になるはずです。

5　都市と地方の差異――自民党と公明党②

古代から続く東西の対立軸がある一方、現代では都市と地方（田舎）の対立軸も重要です。東西の対立が元をたどれば気候の分布や農業形態に由来する「古い層」をなしているというならば、都市と地方の対立はおおむね明治期以降にはじまり、戦後のGHQによる農地改革を経て形成された「新しい層」です。

前節で考えたように、西日本における与党の強さに、人と人のつながりや地縁や血縁を利用した集票が関わっているのだとしたら、都市よりもそうしたものが色濃く残っている地方で得票率が高い傾向があるはずです。

口絵2、口絵3を見ると、首都圏や近畿の中心部は野党列島に入っているように見えますが、面積が小さいこともありそれほどはっきり見分けることができません。ここでは、別の指標も使って都市と地方の違いを検証していきます。

市区町村ごとの人口密度を対数目盛で横軸に、衆院選比例代表の得票率を縦軸に取ったグラフを見てみましょう。図2－4では自民党、図2－5では公明党について、46回（2

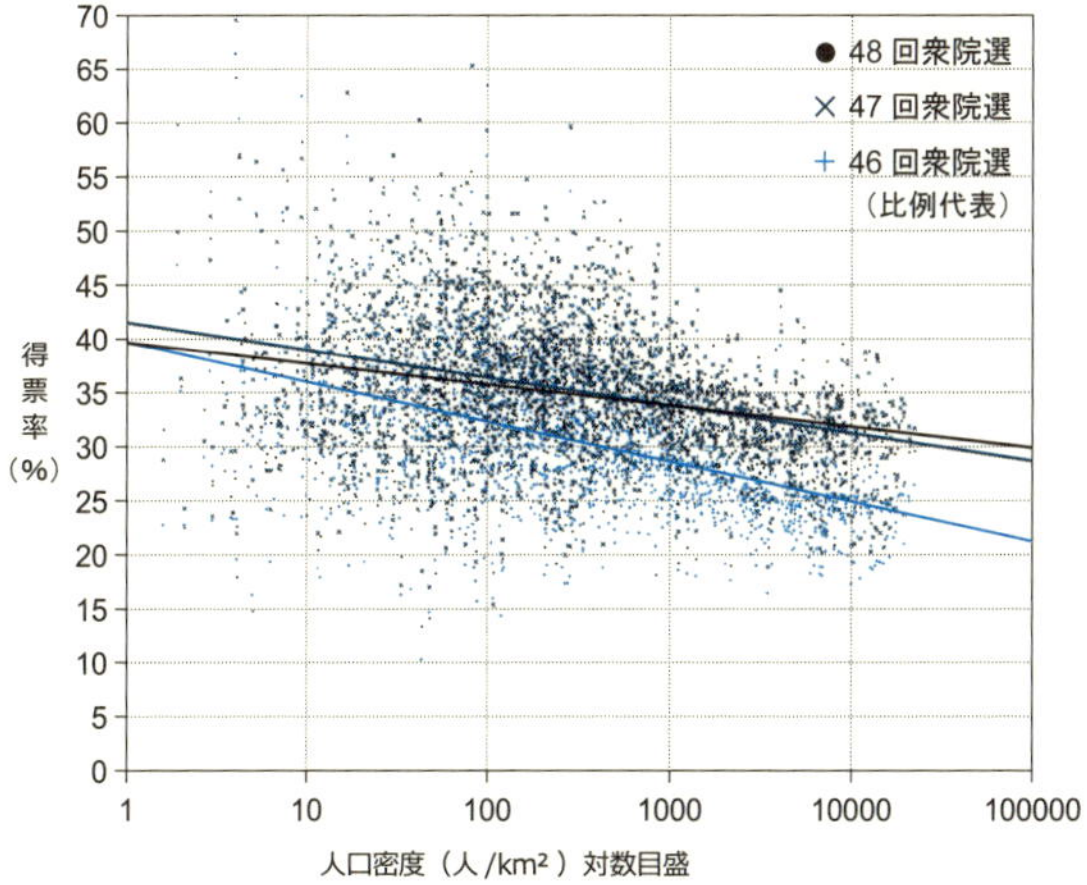

図 2-4　都市化の程度に対する自民党得票率の分布（全国）

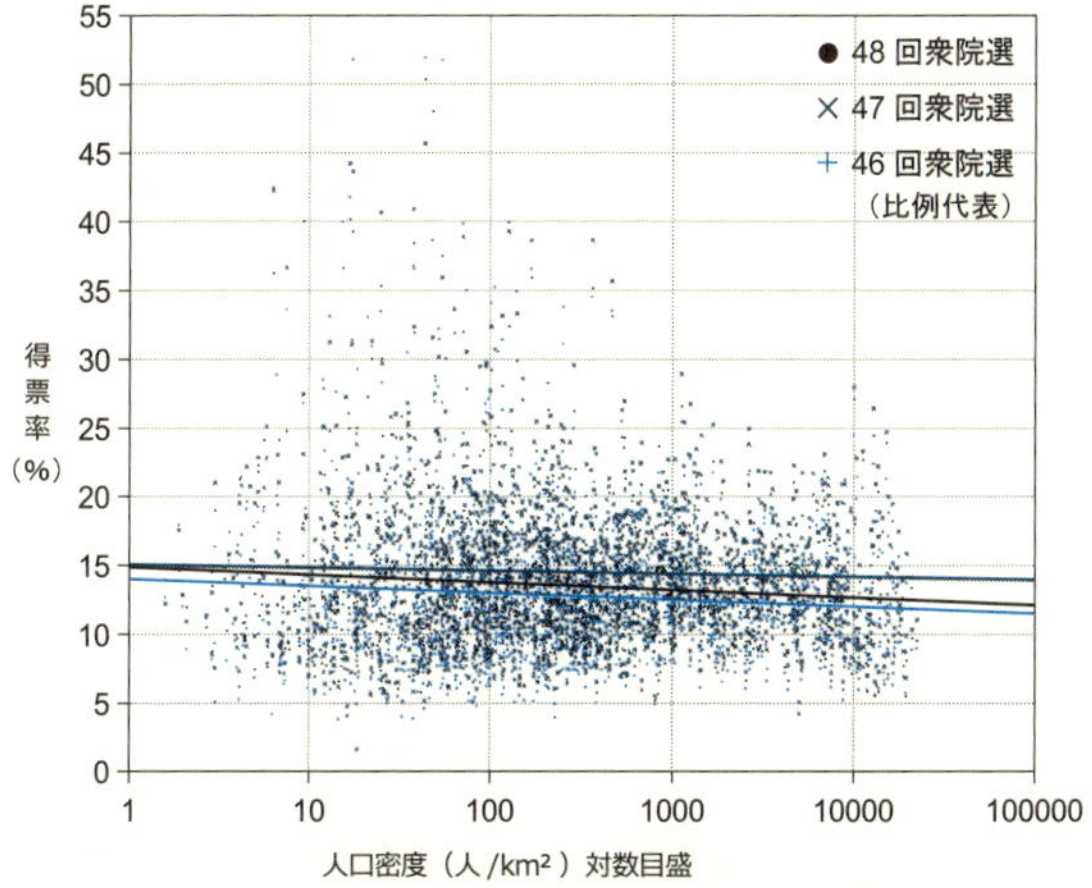

図 2-5　都市化の程度に対する公明党得票率の分布（全国）

012年）、47回（2014年）、48回（2017年）衆院選の得票率を表示しました。いずれも一つの点が一つの自治体に対応します。

グラフ中の直線は対数回帰の結果です。この線は各点の分布の全般的な傾向を示すもので、右上がりであれば横軸に取った値が大きいほど得票率が高く、右下がりであれば横軸の値が大きいほど逆に得票率が下がる傾向があることを意味します。

図2－4の直線は右下がりですから、人口密度の低い地方の自治体は自民党の得票率が高く、人口が密集した都市部になるにつれて下がる傾向を持っていることが読み取れます。それに対して図2－5の公明党にはあまり差が見られません。自民党は都市と地方の差が大きく、公明党はむしろ東西の差が大きいのです。

自民党が地方で強いのは、戦後、農協などを媒介した基盤を地方に持っていたことの現われでもあります。それに対して戦後長きにわたって主要な野党だった社会党（1945～1996年）は、都市部に出てきた労働者を労働組合に組織することが重要な基盤でした。このため自民党は都市部では強くありませんでしたが、1970年代以降になると労働組合は会社派が強くなり、自民党は都市部にも食い込んでいきました。

次に、与党の勢力が東西で異なることを考慮して、西日本と東日本の自治体を分けて考えてみましょう。図2－6と図2－8は西日本について、図2－7と図2－9は東日本について、それぞれ自民党と公明党の得票率を示しました（106頁〜）。東日本は福井、岐阜、愛知までとし、京都、滋賀、三重からを西日本に入れています。

東日本では都市も地方も得票率にあまり差は見られません。それに対して西日本では明らかに都市よりも地方で票をとっています。維新の地盤が大阪にあるため、自民党については西日本の都市部の票が圧迫されている影響はあります。しかしその一方、大阪に小選挙区の当選者を何人も輩出するほどの地盤を持つ公明党もまた、西日本では地方で強いのです。こうしたこともまた、人が流動的で地縁、血縁などのつながりが弱い都市部と比べ、それらが強い地方で選挙運動を効率的に進めているということを意味しているのでしょう。

†都市と地方の違いの背景

東西の違いについてと同様に、その背景にあるものについても考えてみましょう。都市と地方では、第一にそこに住む人たちの属性、つまり年齢層や従事している産業の種類に差があります。

一例として65歳以上の人口比を図2－10（110頁）に示しました。これは都市化の度合いの指標として横軸に人口密度を対数目盛でとり、自治体の全人口に含まれる65歳以上の割合を縦軸として、日本の市区町村ひとつひとつを点で表したものです。地方にあたる

図 2-6　自民党（西日本）

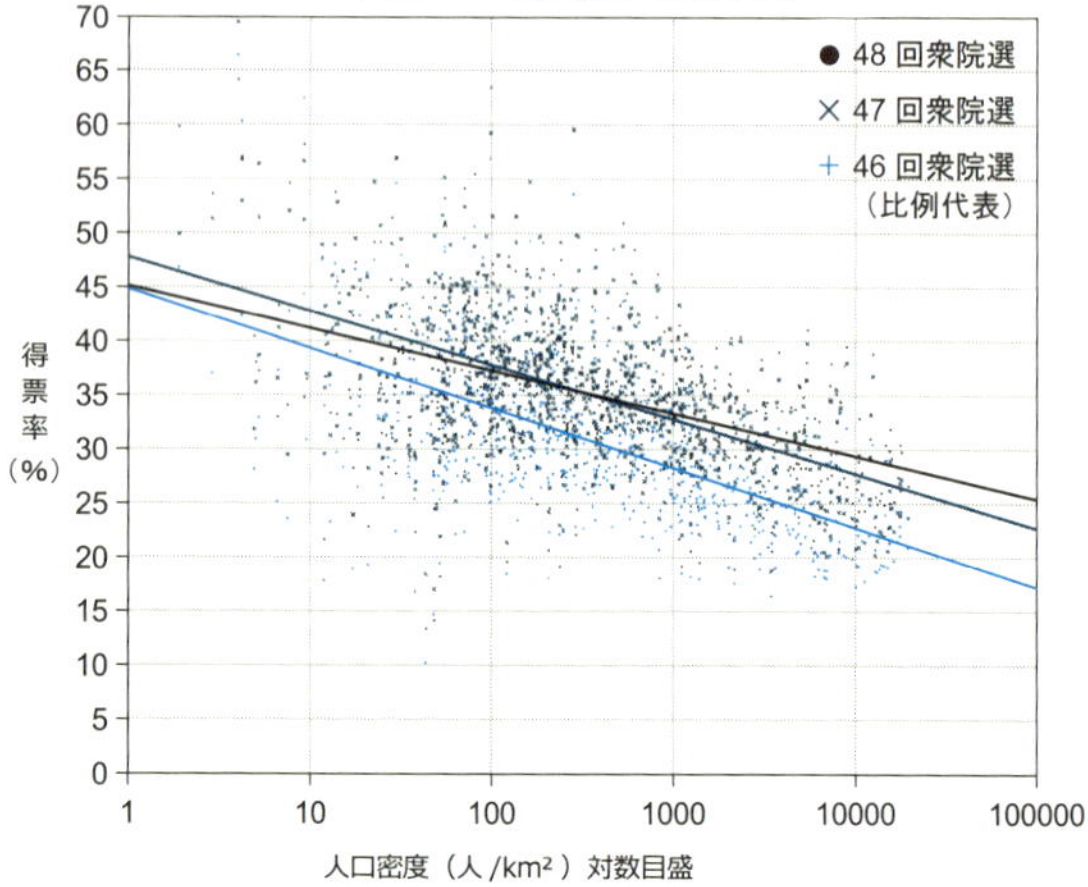

図 2-7　自民党（東日本）

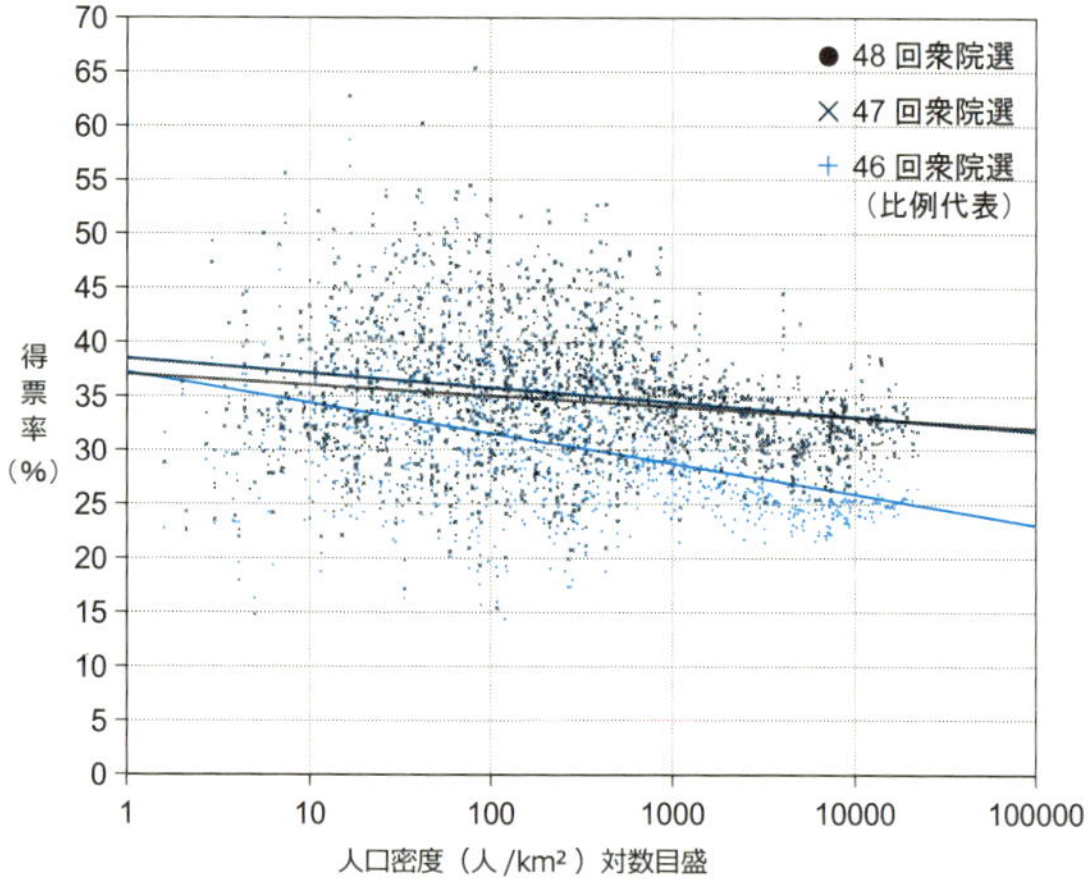

人口密度に対する自民党と公明党の得票率分布（東西）

図 2-8　公明党（西日本）

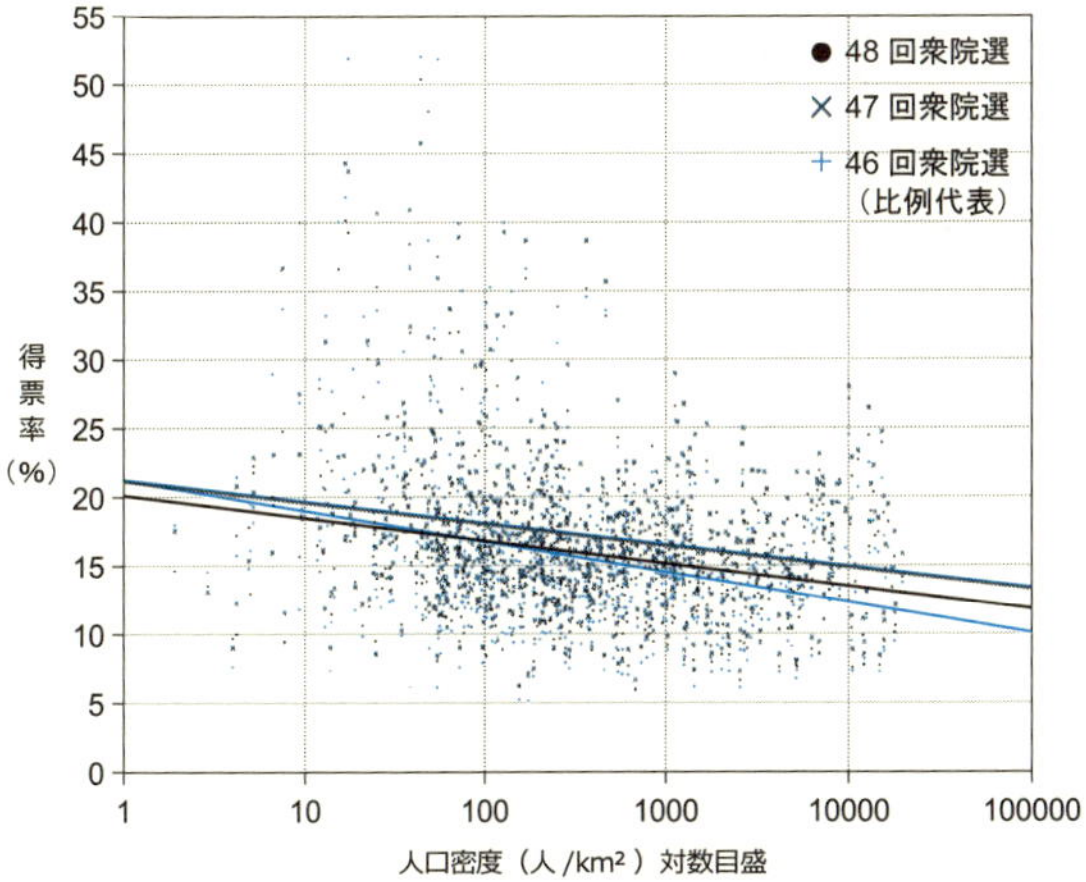

図 2-9　公明党（東日本）

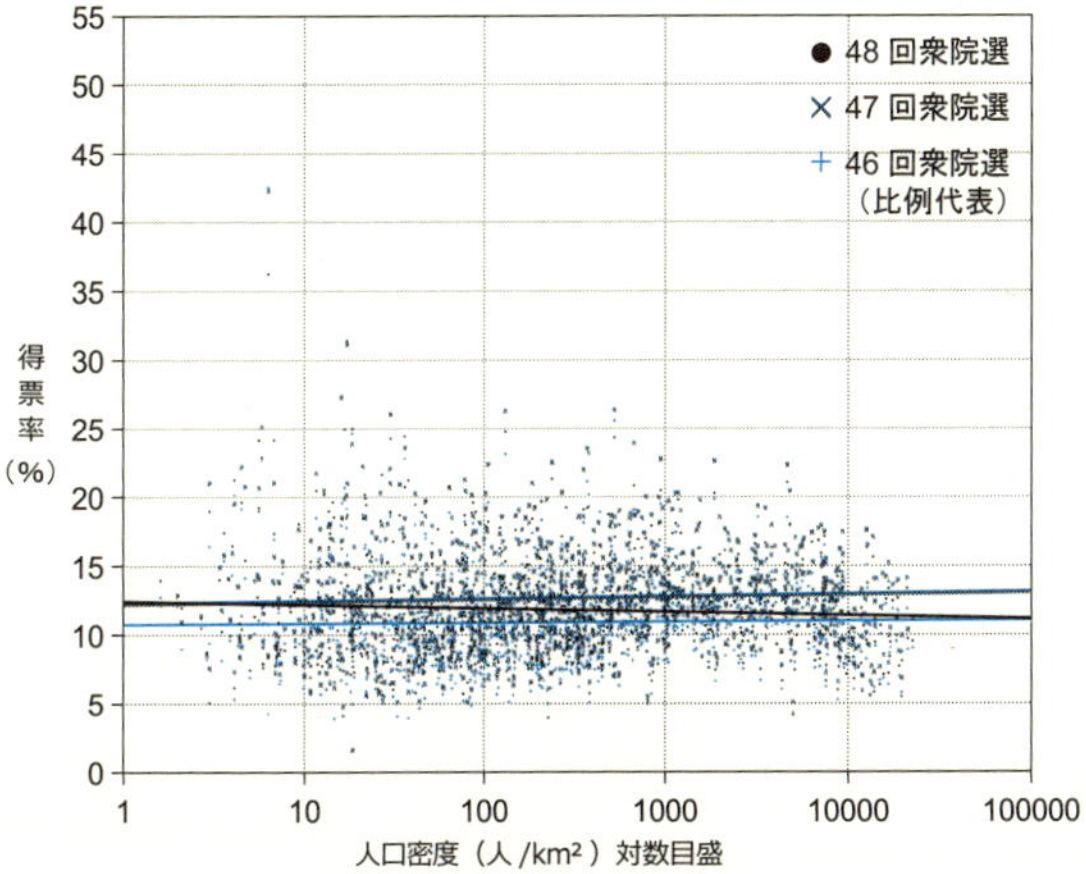

グラフの左側では65歳以上が多いのに対して、都市にあたる右側では少なくなっていることが読み取れます。

また、産業別の就業比を図2-11に示しました。これは、第一次産業（農業・漁業）、第二次産業（製造・建設）、第三次産業（小売・サービス）にわけて、自治体の全人口のうちそれぞれの仕事に従事している割合を表したものです。第一次産業が地方に多いこと、第二次産業がやや都市化された地域にピークを持ち、高度に都市化が進んだ地域では減少することなどが読み取れます。

このように住んでいる人も産業も違いますから、都市と地方では政治的な関心の対象にも差があります。図2-12には、2018年に内閣府が実施した世論調査をもとに、政府に対する要望が多かった政策の上位10項目（複数回答）を都市化の程度に応じて示しました。高齢者が相対的に少ない都市部で「高齢社会対策」が逆に大きな割合を占めていることや、「防衛・安全保障」「外交・国際協力」といった項目が都市部で高くなっていることがわかります。

また、選挙との関わり方も都市と地方では違います。これは、投票率の差から見ることができます。

国政選挙の投票率は全国的に一定の水準を保つものの、ひとたび議会選や首長選に目を向ければ、東京23区などの高度に都市化された地域の区長選の投票率は崩壊してしまっており、20%や30%台になることも珍しくありません。他方で地方の町村部の議会選挙や首長選挙は総じて高い投票率を保っており、ときには90%台になるような選挙を見ることもあります。

国政選挙では投票に行くけれど、自分の住んでいる区の選挙は放棄するという都市部の傾向は、住民の地元意識の希薄さのあらわれのはずです。これは、今いるところはかりそめの住まいに過ぎないという意識とも繋がっているはずで、例えば進学や就職で地方から都市に出てきた若者にとって、自治体の政治に関わっていくという意識は持ちにくいことは想像がつきます。こうしたことが原因の一つであるとしたら、高度に都市化された地域で区長選挙などの投票率が低下することは、少なくとも日本においてはありがちな傾向といえるかもしれません。

マンションの二軒隣にだれが住んでいるかも知らないといった都市部と、近所の一帯が顔見知りというような町村では、人間関係の密度に差があります。そうした都市と地方にある人と人や、人と地元の結びつきの強さの差は、政治意識の世論調査ではうまくとらえることができません。しかしそれは、住民の政治参加や投票行動に確実に影響しているはずで、国政選挙においても政党の支持基盤の固さに関わっているはずです。

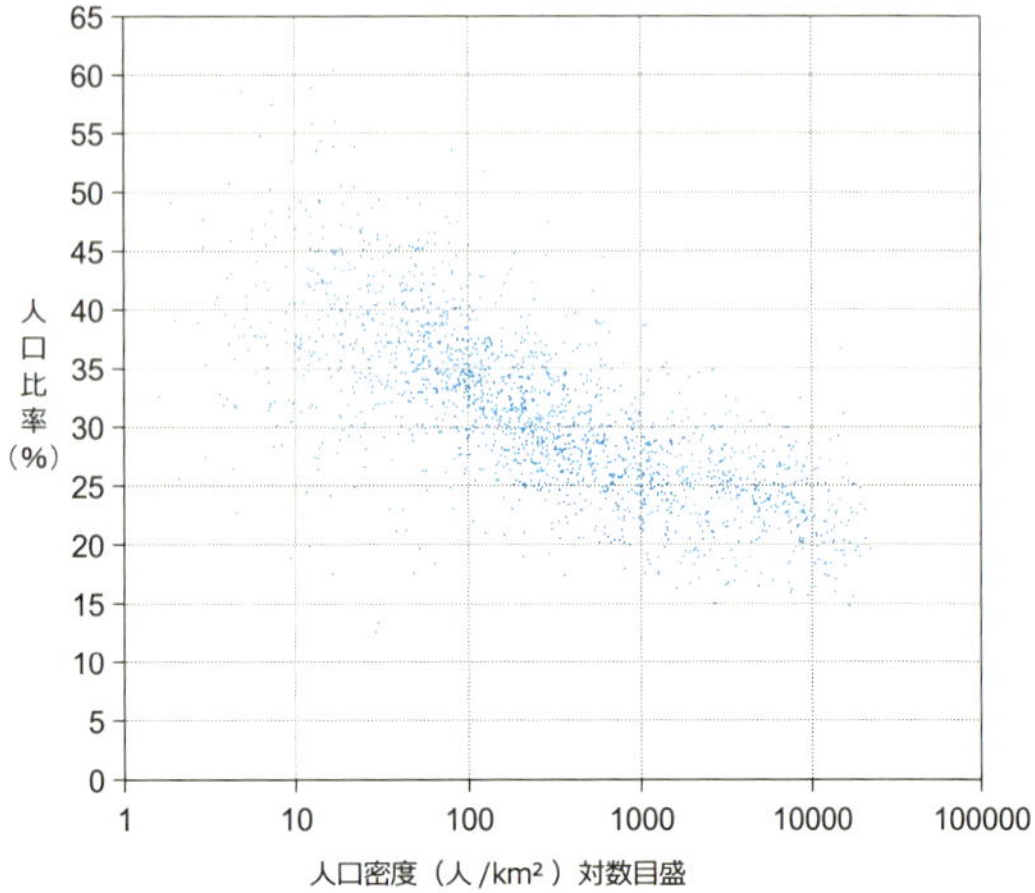

図 2-10　人口密度に対する65歳以上の人口比の分布

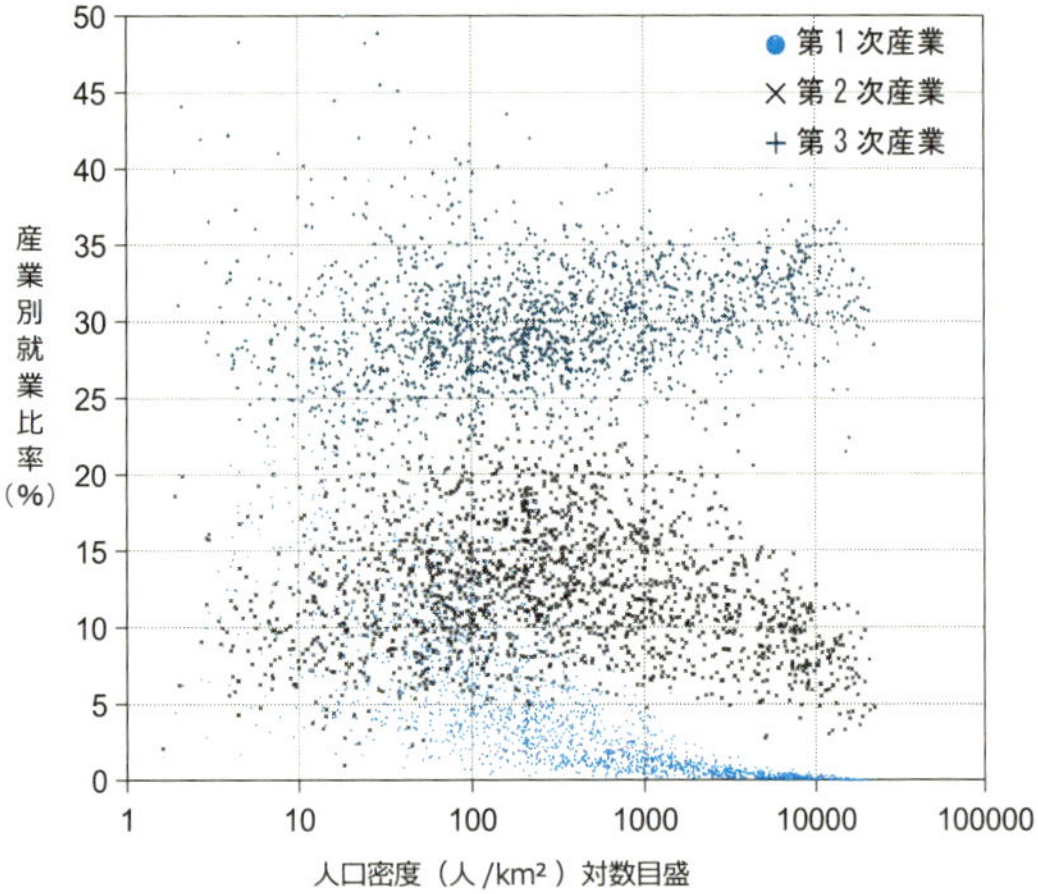

図 2-11　人口密度に対する産業別就業比の分布

都市と地方では人口分布や従事する産業に差があることに加え、住民がおかれた共同体のあり方や利害関係にも違いがあるのです。

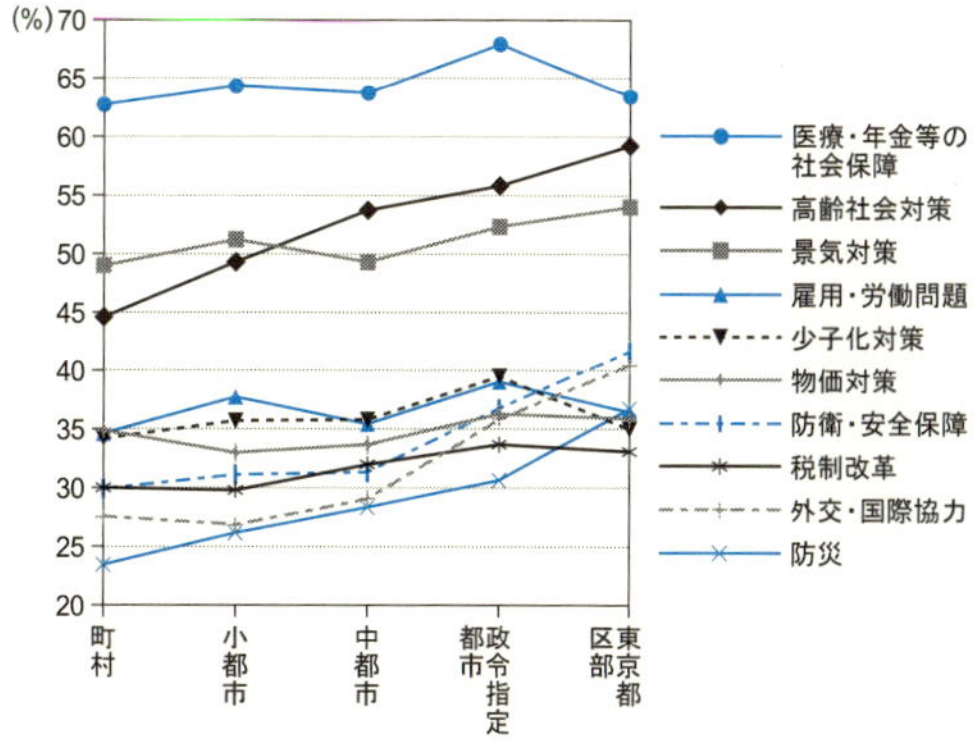

図 2-12　政府に対する要望

2018年内閣府世論調査より作成（複数回答）

†所得の違い——公明党と幸福実現党

東西や地方という地理的な分布とは違ってしまいますが、公明党について、より激しい偏りを持つ要因を探ったところ、一人あたりの課税対象所得があることがわかりました。

すでに東西、都市と地方という対立軸を見てきましたが、図2-13〜14（114頁）は貧富を対立軸としたときの分布で、公明党が西日本の所得の低い地域に浸透していることがうかがえます。ただし、課税対象所得は東京23区と政令指定都市の行政区ごとのデータが政府統計にないため、区部を除いた結果になっています。

主要政党でこのような傾向を持つのは公明党のみでしたが、同様に宗教を基盤に持つ政党として、幸福実現党に興味深い類似性が浮かび上がりました。図2‐15〜16はそれを示したものです。図2‐15からは幸福実現党が最近の選挙で、西日本の所得の低い自治体に浸透する傾向があることが読み取れます。低所得者ほど支持が厚いのは宗教を基盤とする政党が持つ類似性なのでしょうか？

†都市・地方対立の先鋭化

前項で触れた所得の話はともかくとして、ここまでは人と人のつながりの濃さを念頭に置きながら、主に東西と都市・地方という二つの対立軸をもとにして与党の得票率の分布を考えてきました。こうした対立軸は海外においても見られがちなものです。

例えば現代のアメリカには、北部が民主党地盤、南部が共和党地盤という南北差があります。また、都市部の民主党、地方の共和党という対立軸は、日本の都市と地方よりもはるかに鋭いものとなっています。

口絵2の与党列島と口絵3の野党列島ですが、これはもともと2016年のアメリカ大統領選挙についてAlex Egoshin氏が作成した「トランプ大陸とクリントン諸島」という地図を模倣したものです。トランプ氏とクリントン氏は得票数こそほぼ拮抗したものの、得票率が優勢な地域だけを陸地としたAlex Egoshin氏の地図では、人口密度の低い田舎で支持を得たトランプ氏の側には大陸が出現し、クリントン氏の側には都市が点々と島のように連なっていたのでした（"TrumpLand and Clinton Archipelago", vivid MAPS, 2016）。アメリカにはそれほど大きな都市と地方の隔たりがあります。おそらくそれは、国土の広さや都市と地方の人口密度の偏りと無縁でないのでしょう。

大統領選挙の時はトランプ氏に抗議するデモが日本でも盛んに報じられましたが、大勢の人が集まって行うデモは都市でこそ可能な政治参加のあり方です。クリントン氏が大勢の人を集めて演説していたのもまた、都市部に基盤を持つからこそなのです。アメリカの地方では、投票所に行くために車で何時間もドライブする必要があることも珍しくありません。トランプ氏はそうした地方で小規模な集会を繰り返して支持を固め、人がまばらでデモを企画することすら難しい地方にも、全体で都市部と拮抗するほどの大きさと迫力を持った世論があることを示しました。

こうしたことと比べてみると、日本の都市と地方の差は穏やかなものに見えなくもありません。もともとは戦後、地方の農村部に基盤を持っていた自民党と、都市に出てきた労働者の組合を基盤とする社会党というように、日本にも都市と地方の大きな違いがあったのですが、その違いは双方が基盤を弱めたり、無党派層が増加することによって次第に均

図 2-13　公明党（西日本）

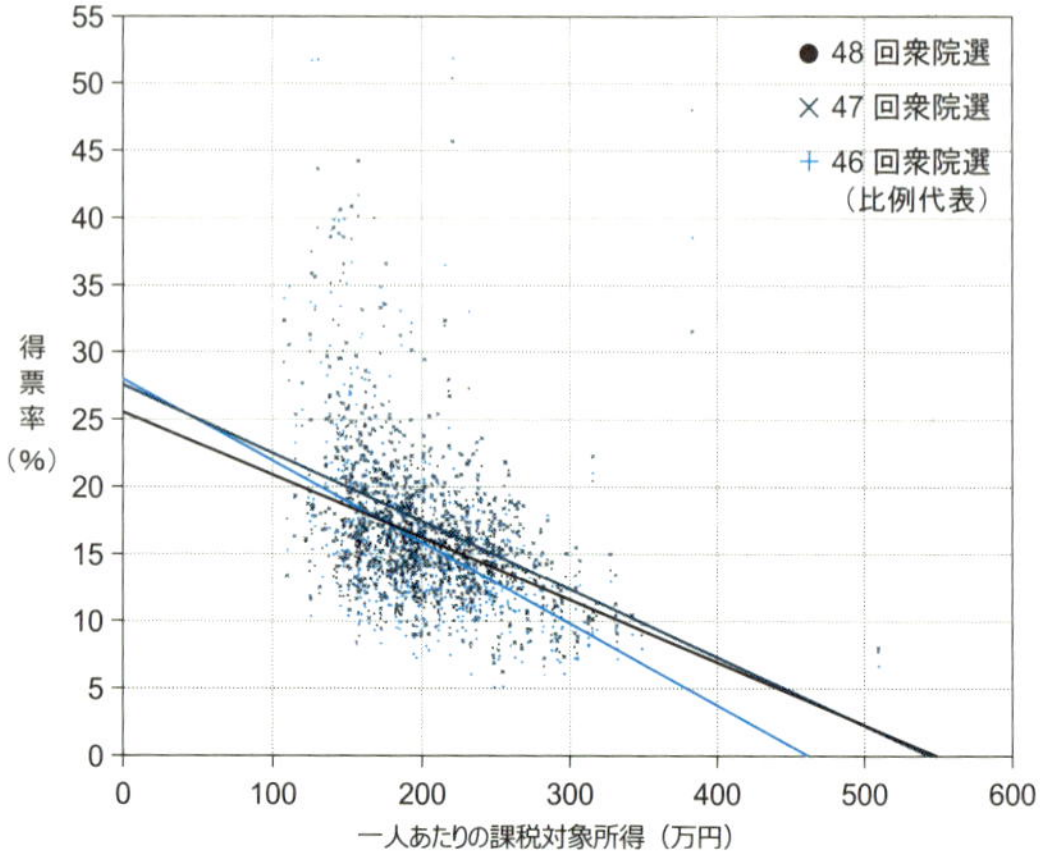

図 2-14　公明党（東日本）

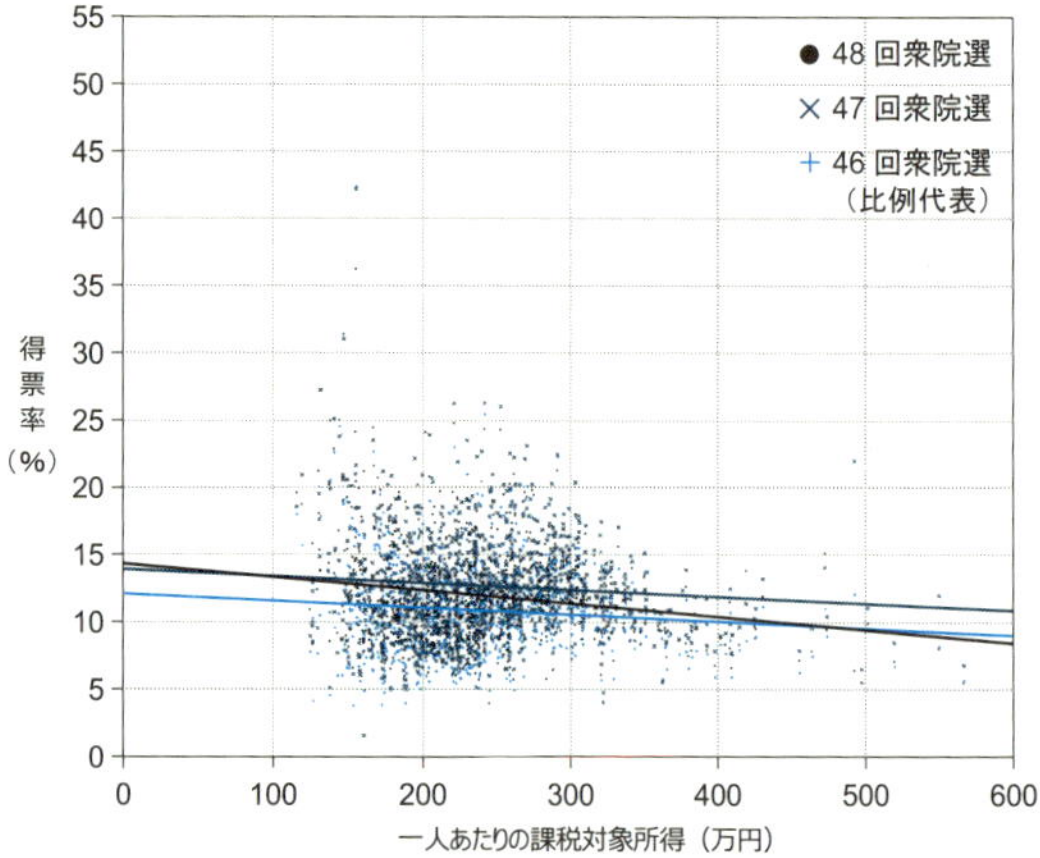

一人あたりの課税対象所得に対する公明党の得票率分布（東西）

図 2-15　幸福実現党（西日本）

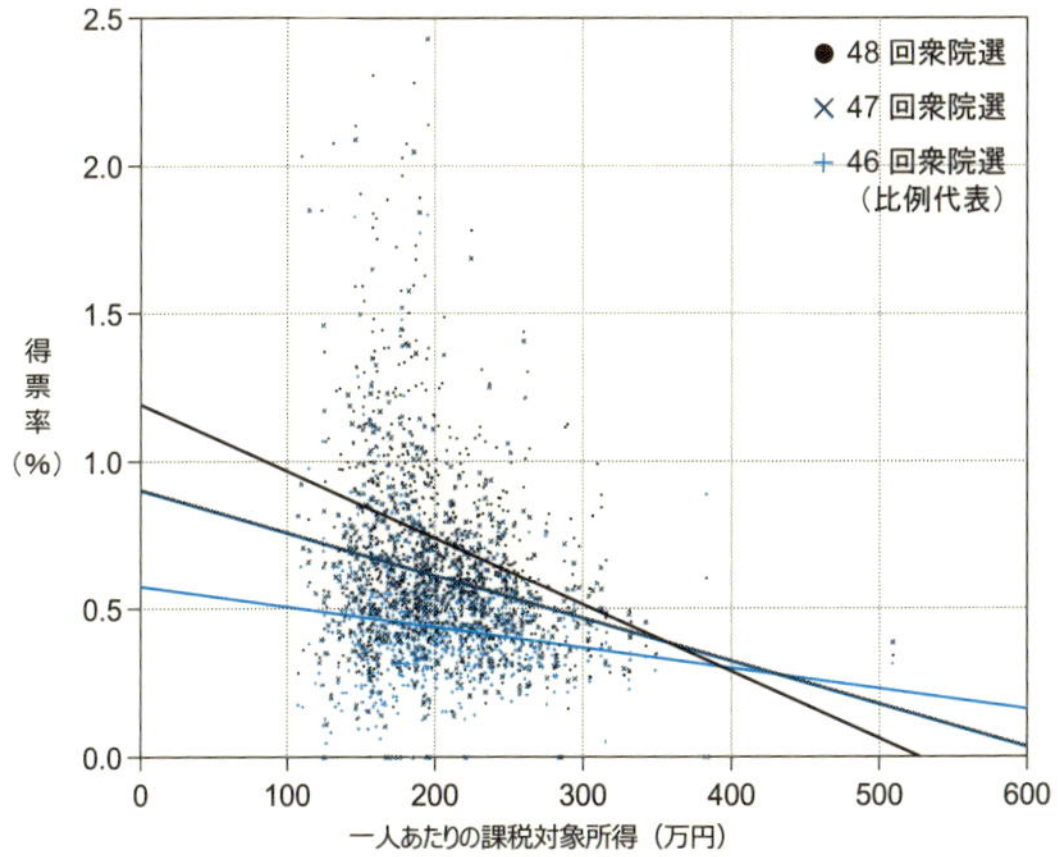

図 2-16　幸福実現党（東日本）

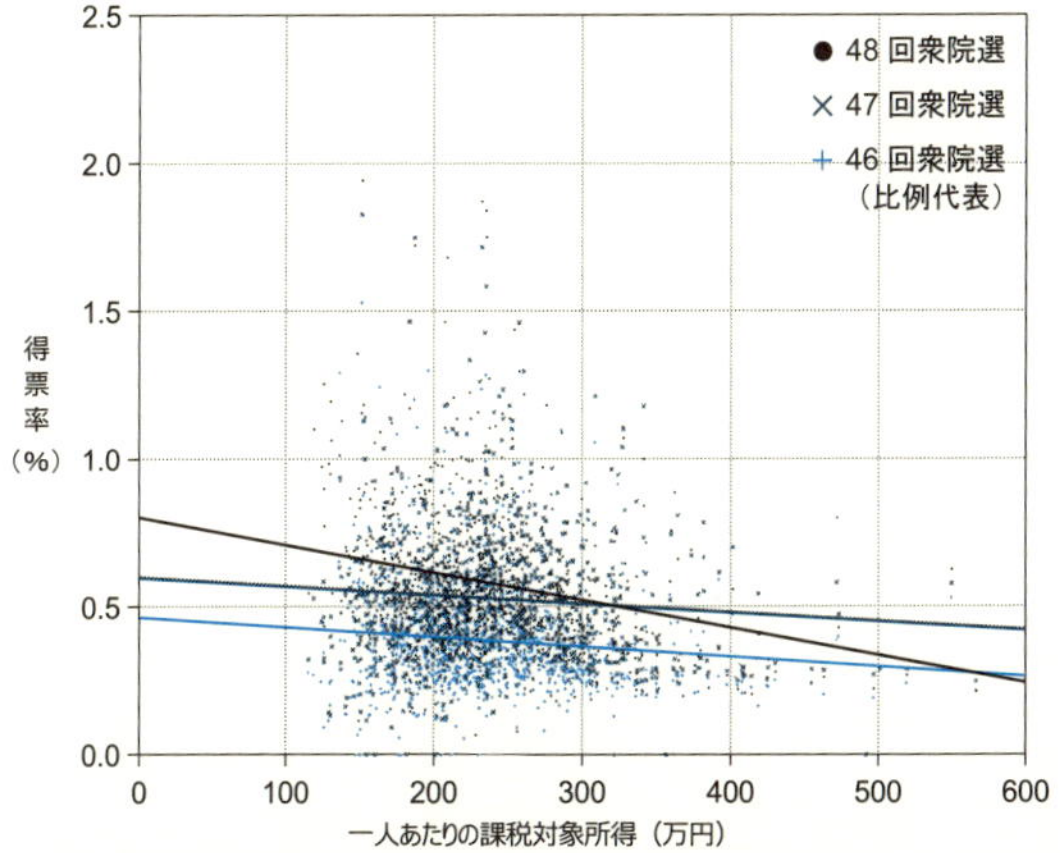

一人あたりの課税対象所得に対する幸福実現党の得票率分布（東西）

質化に向かいました。

　しかしその一方、口絵13に示した日本の人口増減率（２０１０年から２０１５年）を見ると、人口が増加している地域はほとんどが都市部に限定されており、減少している地方との間にコントラストがあることがわかります。地方と比べて都市部の出生率は特に低いため、都市で人口が増加しているのは地方から都市へ向けて人が流れた結果のあらわれです。こうしたことが続く中で、いま地方の人口は限界を迎えつつあります。

　地方の人口が減少していくと、採算の合わなくなった公共交通機関が撤退したり、自治体の税収の減少によって行政サービスの低下が起こるだけでなく、単に近所から店舗が消えていくというようなことも地域の生活を難しくしていきます。

　人口の喪失は生産力の喪失をも意味します。その自治体のなかで仕事を探すのが難しくなるわけです。こうして地方から都市部へ労働力が出ていった結果として口絵13に見られる地方の惨状があり、また、その結果として都市部が支えられているということでもあります。このように２０１０年から２０１５年の国勢調査で39もの都道府県で人口増減率がマイナスになってしまったのはなぜなのか、それをどうしていったらいいのかということが、今後はどこの選挙でも共通した問題として広がっていくでしょう。地方の選挙は長い目で見ればこうした衰退のなかで、いかにして暮らしを守っていくかということを巡って戦われるようになっていくのだと考えられそうです。

２０２０年に東京でオリンピックを行うということも、地方から労働力や資材などを東京に集中させることになるのですが、これはまた同時に地方を衰退させることにつながります。これまでも現在も、日本の政策は地方の産業ではなく都市部の産業を守ることに重きがおかれており、そうしたなかで都市と地方に大きなアンバランスが生じました。このアンバランスを解消し、地方に根付いた産業を再び活発にしていくにはどうしたらいいでしょうか。

これから日本全体の人口が減少する中で都市が地方の労働力を奪い続ければ、地方の多くの自治体が人口減少に耐え切れず、崩壊の危機にさらされるでしょう。そうなれば都市と地方の対立軸は鋭いものに変化していきます。いま国政では、都市と地方のアンバランスにどう対処するかが問われているのです。

6　野党各党の地盤

与党が西日本や地方で強いことを見てきました。これは野党全体の合計が東日本や都市部で強いと表現しても同じことになります。しかし一つ一つの野党には、東西の違いでも、都市と地方の違いでも説明しきれない、地域固有の地盤がある場合が少なくありません。

結論を先取りしてしまうと、古代から日本史を貫く長い期間にわたって東西の偏りが形成され、明治期から昭和期というより短い時間で都市への人口の集中が起きてきたのに対して、共産党を除く野党各党の地域分布はさらに短い時間スケールであらわれてきました。それは55年体制の崩壊以後なのです。

社会党が解体し、自民党の基盤も弱体化してきたというなかで、新しく登場した政党が固有の地域に根差しているわけです。今の日本を見渡してみれば、自公と共産党を除いた国政政党は全て55年体制の崩壊（1993年）の後に生まれてきたものにほかなりません。まとめると現在の政党の地域分布は、これら三つの層が重なったものとして理解することができます（表2－1）。

では、野党の地域固有の地盤は具体的にはどのようなものなのでしょうか。その典型的な例として、口絵6に生活の党の得票率を示しました。生活の党は2012年に小沢一郎氏を中心に結成された政党であり、その後党名を「生活の党と山本太郎となかまたち」に変更、その後さらに改名して現在では「自由党」として活動しています（自由党が48回衆院選で比例代表に候補者を擁立しなかったため、口絵6はその前身政党にあたる生活の党の47回衆院選における得票率としました）。岩手に最大の地盤があることがわかりますが、これは党代表の小沢一郎氏の地元と重なります。

口絵7の社民党の得票率からは大分の地盤が読み取れます。大分は社会党時代に村山富市元首相を輩出した歴史を持ち、その地盤が社民党に引き継がれてきました。村山氏が政界を引退した後も、彼を支持した県民や、つながりのある地方議員、国会議員が地盤を担ったといえそうです。

後に触れる鈴木宗男氏の新党大地も似た例の一つですが、これらの政党は55年体制の崩壊以後のものとはいえ、55年体制の時期からすでに活躍していた政治家たちが今なお地域の地盤をまとめあげているものです。

口絵8の日本維新の会もまた、橋下徹氏が知事や市長を務めた大阪が地盤となっていますが、橋下氏が2008年の知事選という、他の政党の代表的な政治家と比べてずっと後の時期に登場したことには留意すべきでしょう。この場合、維新が獲得したのは大阪という大都市の地盤でした。

	歴史の階層	形成された時間	水平スケール
(1)東西	最も古い層	長い（日本史を貫く期間、縄文・弥生以降）	日本列島全体
(2)都市と地方	より新しい層	中程度（主に明治期から昭和期にかけて）	都市圏
(3)地域固有の地盤	最も新しい層	短い（55年体制の崩壊以降）	都道府県・市町村

表2-1　地域特性の構造

†新しい地方政党としての維新、都民ファースト

なぜ維新は、55年体制下での蓄積がなかったのにもかかわらず、大阪という地盤を新たに得ることができたのでしょうか。

かつて戦後の日本では、地方の若者が都市部に集団就職するなど、労働力の移動が都市と地方の対立軸を発達させてきました。地方の農村が自民党の基盤となる一方、都市に出てきた労働者は労働組合を通じて、社会党や共産党に組織されたのです。そして自民に対する社共という形で、自民党の一党優位がありながらも、国会の勢力は膠着してきました。

しかし社会党は1970年頃からの労働組合の衰退によって支持基盤を弱めていき、1991年のソ連の崩壊が思想的な打撃にもなって解体していきます。他方で1970年以降の減反政策によって米の作付け面積が半減し、農業が縮小に向かう中で、自民党の農村の基盤もまた弱体化していきます。現在でも自民党は地方で強い傾向が見られますが、それはすでに述べた地縁・血縁の強さによるのとともに、かつての農業基盤が弱まりつつも維持されてきた結果でもあるのでしょう。

第Ⅱ部の後半で改めて触れますが、ソ連の崩壊にともなって保守と革新、あるいは右派と左派というイデオロギーのせめぎあいが退潮に向かうと、自民党もまた結束を失い、1

993年の分裂選挙で衆議院の過半数を失います。この時期、社会党と自民党の支持率はともに後退し、それ以前には考えられなかったような無党派層の急増が起こりました。

地方では人や土地などのつながりが強いため従来の支持基盤が残るものの、それが希薄な都市部では個人個人が独立した投票をしがちなため、無党派層の増加とともに票が政党から政党へと流動するようになってきます。新たな勢力が浸透する余地はそこにこそあったのです。

また、都市部は人口が密集しているため、選挙運動のときに候補者が回らなければいけない距離も短くて済みますし、駅前などの街頭演説で多くの人に訴えやすい点も有利だといえます。そこで世論がポピュリズム的な手法によって煽られて、支持基盤のない無党派層が取り込まれるような場合、選挙時の支持率は急激な上昇を見せるでしょう。都市部に基盤を持つ維新が大きな選挙ブーストを持つのはこのためです。

大阪の維新だけでなく、より最近では東京都議選（2017年）で都民ファーストの会が電撃的に自民党に勝利する事件が起こりました。しかしポピュリズム的な手法で無党派層がとりこまれる場合、熱が冷めると支持率は急速に下落します。第I部で見た維新の支持率は選挙で跳ね上がりすぐに落ちることを繰り返していますし、都民ファーストは2018年の時点で都内の支持率が10％未満まで落ちています。こうした期待と失望もまた都市部のダイナミズムと言えるでしょう。

ここまでで見てきた生活の党、社民党、日本維新の会の地域特性と比べ、口絵9からは共産党の得票率の偏りが小さく、全国的に広く票をとる傾向がうかがえます。高知、京都、沖縄を代表的な地盤としており、41回衆院選では高知と京都で、47回と48回衆院選では沖縄で小選挙区の当選者を輩出する強さを見せていますが、そうでない自治体でも5％ほどの票を薄くとっています。そしてそれは、時間を経過しても大きな変化をせずに推移してきました。

こうしたことは共産党が55年体制以前からの長い歴史を持つ政党であることと無縁ではないはずで、全国的に組織を持っていることや、これまで長く共産党に投票し続けてきた人たちが基盤となっていることのあらわれです。

7　沖縄の特殊性

ここで沖縄の特殊性に触れておきましょう。沖縄の社民党と共産党は小選挙区で当選者を輩出する強さを持っており、口絵7と口絵9からはその地盤がうかがえます。また、47回衆院選では生活の党（当時）の玉城《たまき》デニー氏が当選しており（48回衆院選では無所属から当選）、口絵6からは岩手県に次ぐ地盤が読み取れます。

　さて、口絵13の人口増減率の地図を見ると、沖縄の人口が増加していることがわかります。都市部に多くの労働力が流出し、過疎化の中で衰退していっている地方とは違い、沖縄は発展する可能性の高い特殊な地方だということができるのです。

　沖縄県の主な産業は観光を中心とする第三次産業で、最近の観光収入は２０１２年度の４０００億円から２０１７年度の７０００億円へ伸びています（沖縄県観光統計実態調査）。しかし他方、戦後33の都道府県につくられていた米軍基地の大部分が移設されたことによって、国土の０・６％にあたる沖縄には全国の70％以上の米軍基地が集められてきました。これは観光産業を阻害するだけでなく、航空機の騒音による健康被害や、航空機の墜落事故、実弾演習による火災、有害廃棄物の流出、米軍人による事件や事故など様々な問題を起こしており、こうした状況について国連の人種差別撤廃委員会が日本政府に対して県民の権利の保護を勧告するに至っています。

　２０１４年12月から２０１８年８月まで沖縄県知事を務めた翁《お》長雄志《ながたけし》氏は、知事になる前の２０１４年９月３日、新たに基地の建設が進められつつある辺野古《へのこ》で演説し、次のように訴えました。

「沖縄一美しい大浦湾を埋め立てるだけじゃなくして、海の自然、あるいは文化、こういったものが失われていく。ひいては沖縄のソフトパワーが失われていく。このソフトパワーに乗っていま沖縄の経済は発展をしているわけでありますけれども、これさえも失っていく。必ず私達は後世の人たちから非難を浴びます」

このとき翁長氏は、「沖縄が日本に甘えているんですか、日本が沖縄に甘えているんですか」と声を張り上げていました。しかしこうしたことを本土の人たちはどれほど当事者として考えているでしょうか。

NHKが沖縄で行った世論調査に、「現在、本土の人は、沖縄の人の気持ちを理解していると思いますか」という設問があります。その衝撃的な結果を図2-17に示しました。1987年を境に「理解している」は減少へ転じ、最新の調査では過去最低となったのです。

2018年9月30日に実施された沖縄県知事選では、玉城デニー氏が辺野古新基地建設阻止の立場を表明する一方、佐喜《さき》真淳《まあつし》氏は辺野古の新基地建設に触れることをほぼ一貫して避けつつ、国との協調路線による一括交付金の増額に言及しました。しかし新基地の建設は、観光などの産業が阻害される結果を招きかねません。産業が伸びなければ、いま高い出生率と人口増加率を持っている沖縄でも、若者が大人になって仕事を見つけるとき、本土の都市部に出て行くしかなくなってしまうかもしれません。そうしたら沖縄は労働力を失って衰退する——。先に触れた翁長氏の演説はこうしたことを見通していたのではないでしょうか。

最終的に、沖縄県民は県知事に玉城氏を選びました。また2019年2月24日には基地建設のための埋め立ての賛否を問う県民投票が行われ、埋め立て反対が有効票の7割以上を占める圧勝をおさめました。しかし基地建設は継続されています。このことに目を向けなければ、沖縄からの本土への批判は強まっていくでしょうし、このことはまた民主主義上の重大な問題です。

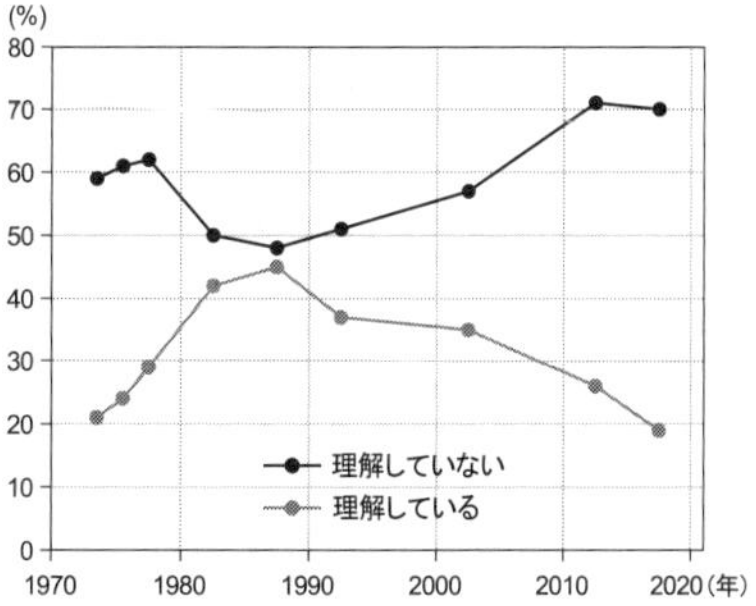

図 2-17　本土の人は沖縄の人の気持ちを理解しているか（沖縄県民の回答）

NHK 世論調査より作成

8　連動効果――小選挙区と比例代表の相互作用

ここまで、衆院選比例代表の結果から、政党ごとに得票率の地理的な広がりを考えてきました。①日本史を貫く東西の分布、②明治期以降の都市と地方、③55年体制崩壊以降の地域固有の地盤というふうに段階を追ってきましたが、さらに短期的に比例代表の得票率を変化させる要素として、小選挙区と比例代表の相互作用があります。

小選挙区比例代表並立制のもとでは、政党は小選挙区と比例代表のそれぞれで選挙をたたかい、有権者も小選挙区と比例代表でそれぞれ投票を行います。すると選挙運動と投票行動のどちらの面でも、完全小選挙区制や完全比例代表制では起こらないような、二つの制度間での相互作用があらわれます。このことは**連動効果**と呼ばれています。一般に小選挙区の側が比例代表に対して影響を与えることが多く、現実に即して言えば「小選挙区で候補者を立てると比例代表の得票率が引き上げられること」という説明もできます。

ただ、小選挙区の候補者の有無と比例得票率を比較しただけでは、はじめから多くの支持が見込める地域の小選挙区に候補者を擁立したため、比例得票率が高いこととの対応が生じたのではないかと考える余地もなくはありません。こうした因果関係は、小選挙区の区割りごとに比例票を集計した得票率の関係を調べてもはっきりとしませんが、小選挙区よりも細かい市区町村のレベルで地図化することによって明らかになってきます。つまり、比例得票率が高い市区町村と低い市区町村の境界が小選挙区の区割りによって明瞭に分かれているとしたら、それは小選挙区で候補者を立てたことが比例代表の得票率に影響したと考えなければ説明できないのです。

連動効果の一例として、新党大地が小選挙区に初めて候補者を立てた46回衆院選を見てみましょう。図2-18にはこのときの比例代表の得票率を、図2-20には小選挙区の擁立状況を示しました（130頁〜）。擁立のあった7区、10区、11区、12区が伸びたのに対して、擁立のなかった6区と9区の陥没が鋭いコントラストをなしています。確かに、候補者を擁立した小選挙区の範囲と、得票率が高かった市町村の範囲は概ね一致しています。4区は擁立があった割には比例の勢いがありませんが、ここは擁立した候補の得票数が道内で最も伸び悩んでおり、比例票の引き上げに働きにくかったようです。

新党大地は47回衆院選には臨んでおらず、48回衆院選は比例代表のみに候補者を立てています。そのときの比例得票率の分布を図2－19に示しました。ほとんどの市区町村で見られる得票率の減少は当時の新党大地の勢いの低下にもよるのですが、注目すべきなのは、46回衆院選で見られたような小選挙区の区割りの境界が不鮮明になっていることです。

このように小選挙区に候補者を擁立しなくなった場合、連動効果による比例得票率の引き上げが見込めず、46回衆院選で一様に比例得票率が高かった7区、10区、11区、12区に含まれるかなりの市町村で得票率が減少しています。

連動効果は以前からも経験的に知られており、比例票を積むために小選挙区に見込みの薄い候補を立てることが行われてきました。この経験則を検証したものとして、スティーブン・R・リード氏の「並立制における小選挙区候補者の比例代表得票率への影響」（2003年）が挙げられます。この論文では、小選挙区比例代表並立制がはじめて導入された41回衆院選（1996年）と42回衆院選（2000年）の分析をもとに「小選挙区に候補者を擁立すればその選挙区における比例区の票が伸びる」と結論した上で、次の二つの仮説を提起しています。なお、ここで、「入場」というのは「前回候補者を擁立しなかった小選挙区に今回は擁立すること」、「退場」は「前回候補者をたてた小選挙区に今回は擁立しないこと」とされています。

(1)既成政党の場合には退場による損失が入場による利得よりも大きく、新党の場合には逆に入場の利得が退場の損失よりも大きい。

(2)新党が2回連続して候補者を擁立すれば、最初の入場の時ほどではないが、それでもなにがしかの利得が2回目にも得られる。

ここで既成政党とは自民党のことで、新党とは41回衆院選で新規参入した民主党、社民党、自由連合です。これらが次の42回衆院選にかけて入退場した結果、いずれも入場には利得が起き、退場には損失が起きています。

新党の場合に入場の利得が大きいのは、新しくできた政党は短時間で周知を行って支持拡大につなげなければいけないため、小選挙区で党の候補者を立てることが比例代表に大きく影響するということでしょう。

†連動効果の検証——都市の立憲・地方の希望

48回衆院選では、立憲民主党と希望の党という二つの新党が野党第一党をうかがい、小選挙区と比例代表でしのぎを削りました。

口絵10を見ると、立憲民主党は北海道の全域と、本州の都市部で得票率が高くなっています。口絵11の希望の党は大阪が明瞭に陥没し、北海道で取れず、総じて都市部よりも地方で強い傾向があります。

新党の連動効果を検討するため、図2-22に小選挙区における両政党の擁立状況を、図2-23には比例代表について、立憲民主党から希望の党を引いた得票率の差を示しました（134頁～）。図2-23では青い地域ほど立憲民主党がリードし、灰色が濃い地域ほど希望の党がリードとなっています。

これらの図からわかることは、まず当たり前に予想されることとして、野党第一党を争うような有力な新党が候補者を立て合うとき、一方の政党しか小選挙区に擁立していなければその政党が比例代表でも優位に立つということです。

図 2-19　第48回（2017年）衆院選比例代表の得票率

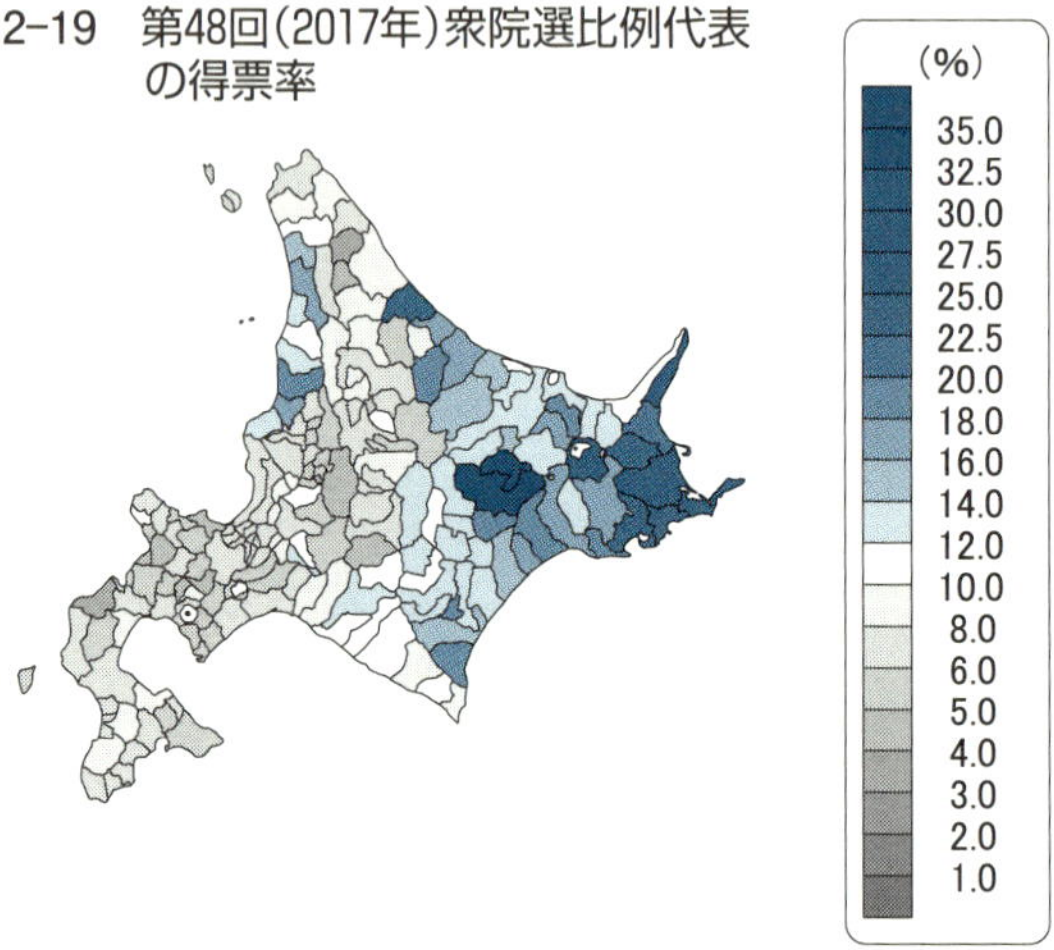

図 2-21　第48回衆院選小選挙区の擁立状況

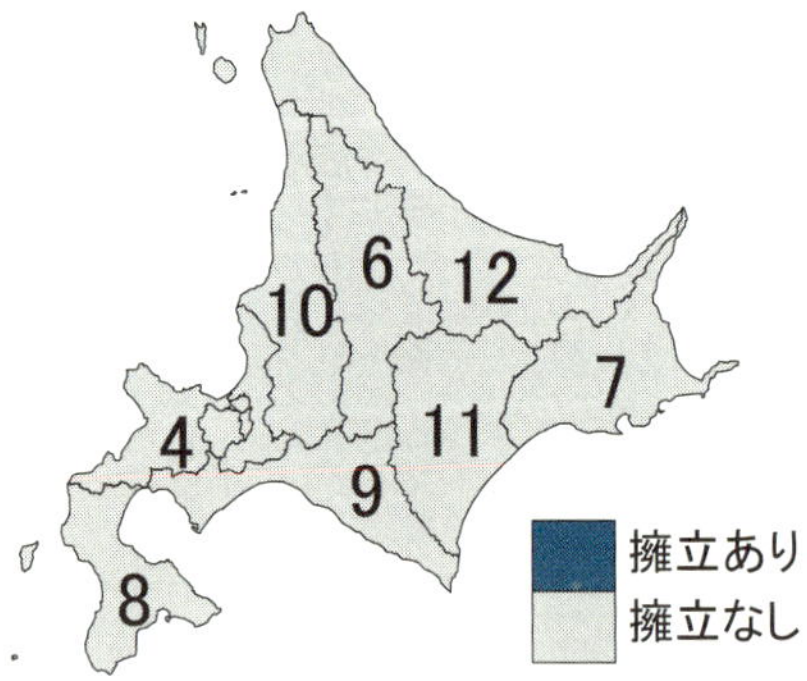

新党大地 得票率と擁立状況

図 2-18 第46回(2012年)衆院選比例代表の得票率

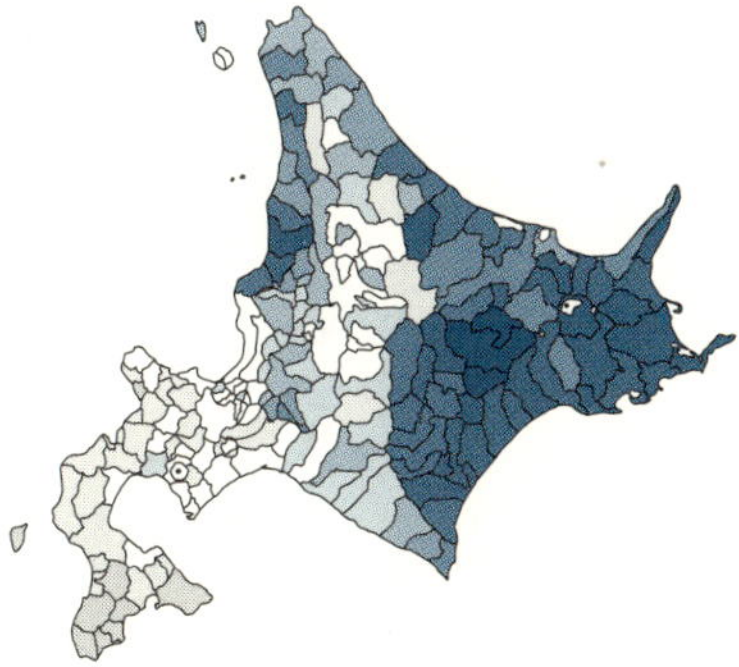

図 2-20 第46回衆院選小選挙区の擁立状況

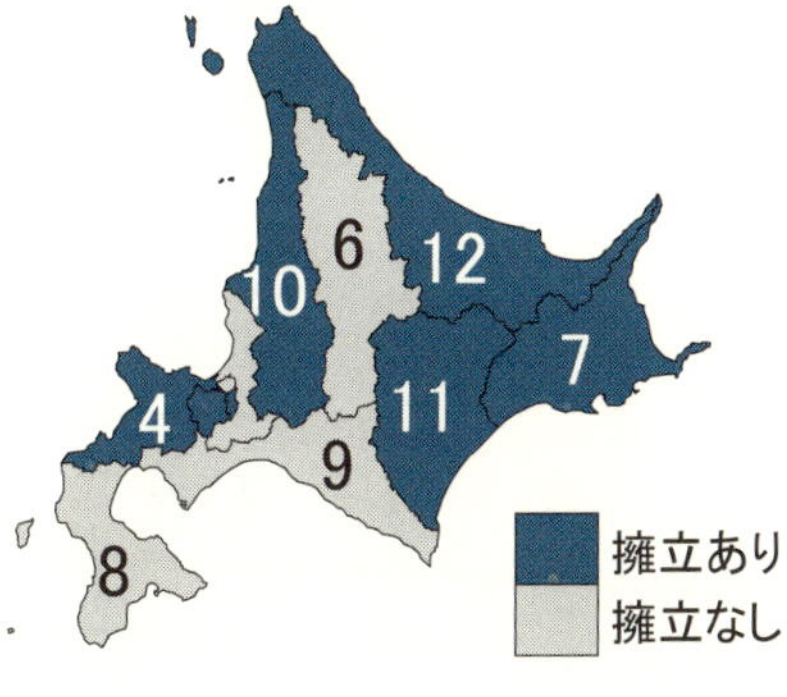

希望の党が都市部から地方まで多くの小選挙区に擁立をしたのに対し、立憲民主党は民進党の地盤だった北海道のほかは、都市部に厳選して擁立をはかりました。

新党の連動効果の大きさは、党の顔としての小選挙区の候補者を立てることが認知度を上げるために有効なのだと考えるのが自然ですが、短期間で多くの有権者に訴えかけるには、都市の人口密集地ほど有利だといえます。都市部を狙って候補者を擁立し、都市部のリベラルや無党派層に訴えたことがこの時期の立憲民主党の急速な支持拡大を後押ししたのでしょう。選挙終盤、希望の党が小池百合子代表の「排除」発言などの影響で失速したのに対し、立憲民主党の支持率は上がり続けました。

また、図2－22と図2－23の比較からは、2党がともに擁立していない地域やともに擁立している地域では、いずれも立憲民主党が優勢となる傾向が読み取れます。これは総じて希望の党よりも立憲民主党に勢いがあったことによりそうです。

口絵10の希望の党の得票率では、大阪の低さがとても印象的です。これは希望の小池代表と維新の松井一郎代表が衆院選にむけて連携を取り合い、小選挙区で候補者の住み分けをしたことの影響です。大阪の小選挙区で一切の擁立を行わなかったことがこの地域での希望の党の認知を遅らせただけでなく、維新を支持する人がそのまま維新に票を投じるなか、維新に協力して住み分けた希望は、維新に批判的な人たちの投票先にもなり得なかったのです。

前節で紹介した、新党には小選挙区で候補者を立てることの利得が大きく、2回続けて候補者を立てることにも利得があるという仮説は、新しく登場した政党が繰り返し小選挙区の候補者を立てることで地盤を固め、支持を切り開いていくこととして自然に納得することができます。振り返れば野党の支持率は選挙の時にこそ上昇するのでした。すなわち政党が支持を拡大するということは、選挙を戦うことと共にあるのでしょう。

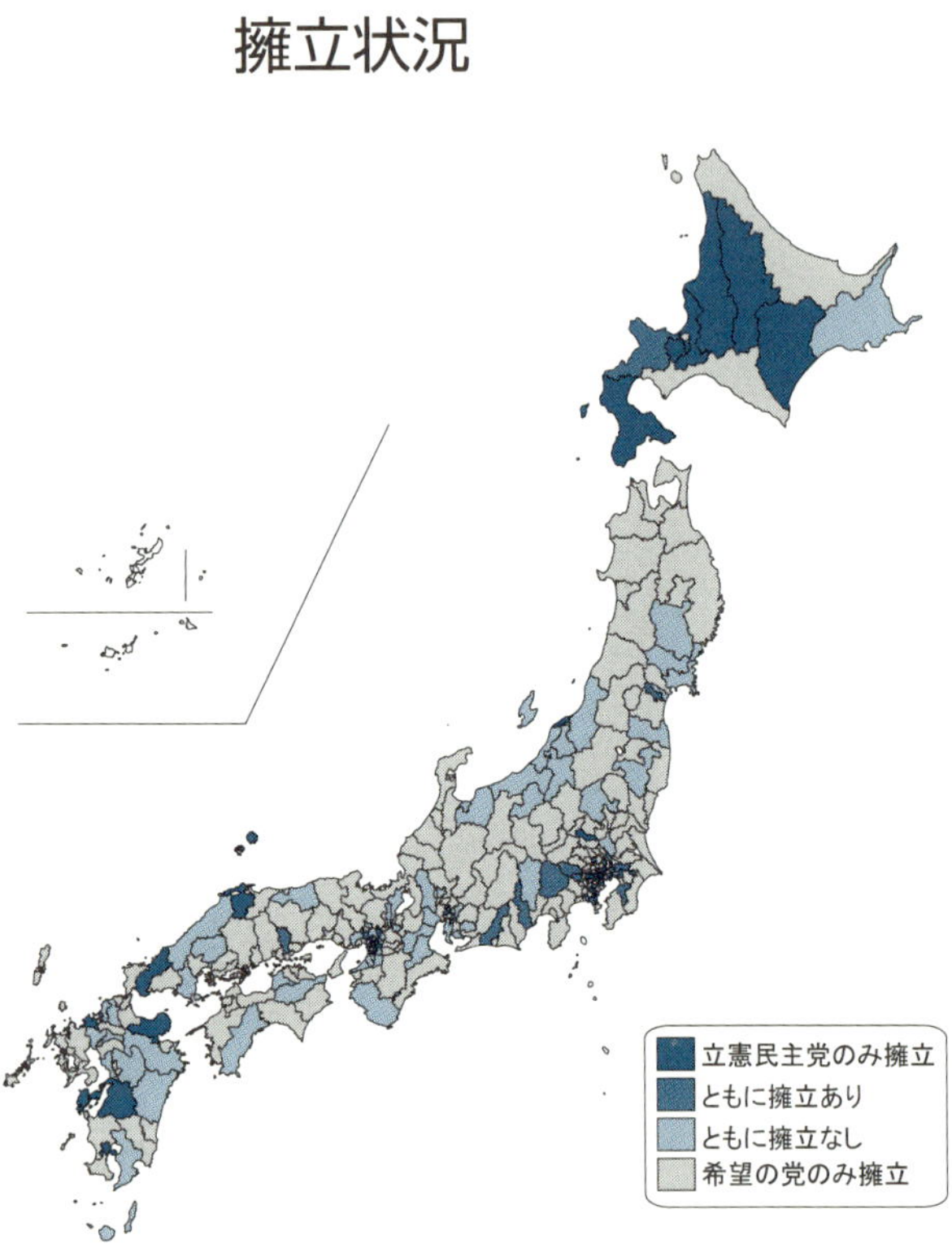

図 2-22　立憲民主党と希望の党の擁立状況（第48回衆院選小選挙区）

小選挙区のポリゴンデータは東京大学空間情報科学研究センターの西沢明氏が作成

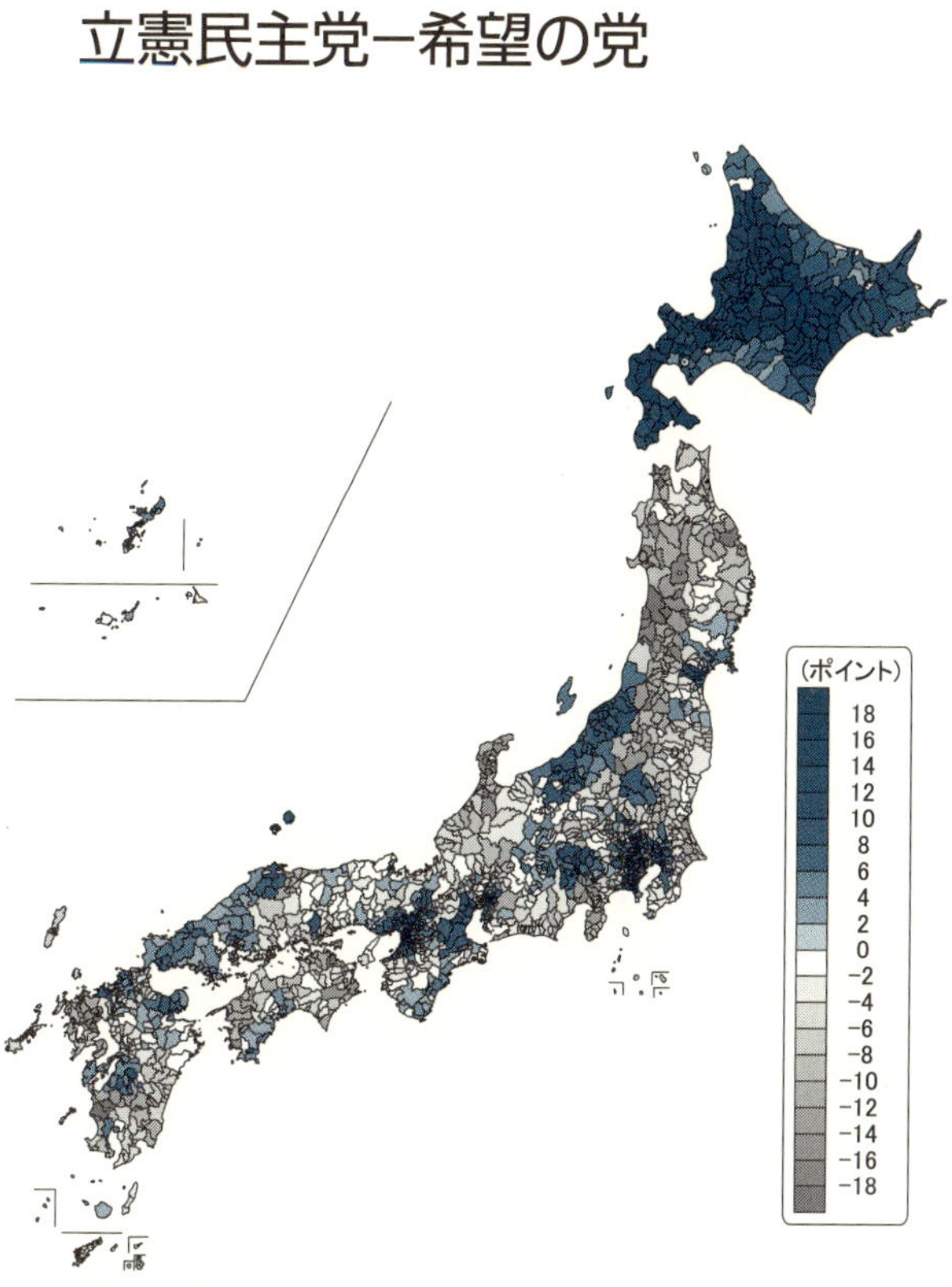

図 2-23　立憲民主党の得票率の、希望の党に対するリード
（第48回衆院選比例代表）

第六章

時代に生きる人々

ここまでは地域について検討してきましたが、人の考えの傾向が、どんな立場から、どのように社会とかかわっているのかによって異なるならば、年齢（世代）、性別、職業、所得、宗教、人種なども有効な切り口になるはずです。本章ではその一端として年齢や性別をとりあげつつ、現代の社会を考える上で避けては通れない投票率の低下や無党派層の増加にも目を向けていきます。

1　少子高齢化がもたらす投票力の世代間格差

年齢別にみると、現代はまさに激変の時期です。図2－24（138頁）には、20代以上の人口のうち各年齢層が占める割合を1980年から2050年まで示しました。集計したもとのデータが5歳ごとなので、この図では18歳選挙権が導入された影響を考慮できていませんが、18歳、19歳が占める比率は小さいため、図2－24はほぼ「全有権者に対して各年齢層が占める割合」として読むことができます。

ここで、各年齢層の**投票力**を考えてみましょう。政党や候補者がどれほどの票を獲得できるかということは、しばしば「集票力」という言い方がされています。ここではそれと対比して、社会を構成する様々な集団がどれほどの票を投じられるのかという意味で「投票力」という言葉を使うことにします。つまり投票先は問わず、「その集団に属する有権者数」が多いほど、かつ「その集団の投票率」が高いほど、ある集団の投票力は大きくなると考えるわけです。

すると、図2−24は有権者数の割合ですから、各年齢層が持つ投票力の最大値として読むこともできます。1980年に81%を占めていた60歳未満は、少子高齢化が進む中で2020年には58%、2040年には50%まで減少する見込みです。また20代と30代の合計は1980年に45%を占めていましたが、2020年には25%、2040年には23%まで減りそうです。

若者の投票率が低いことについて、投票に行かなければ自分たちが損をする、政治が若者の利害を反映しなくなるという主張がされることがありますが、そもそも投票力の上限となる有権者数の構成そのものが昔とは違い、若者に対してとても不利な状況になっていることは重要な事実です。もちろん若者の投票率の低さは、世代間の投票力の差をいっそ

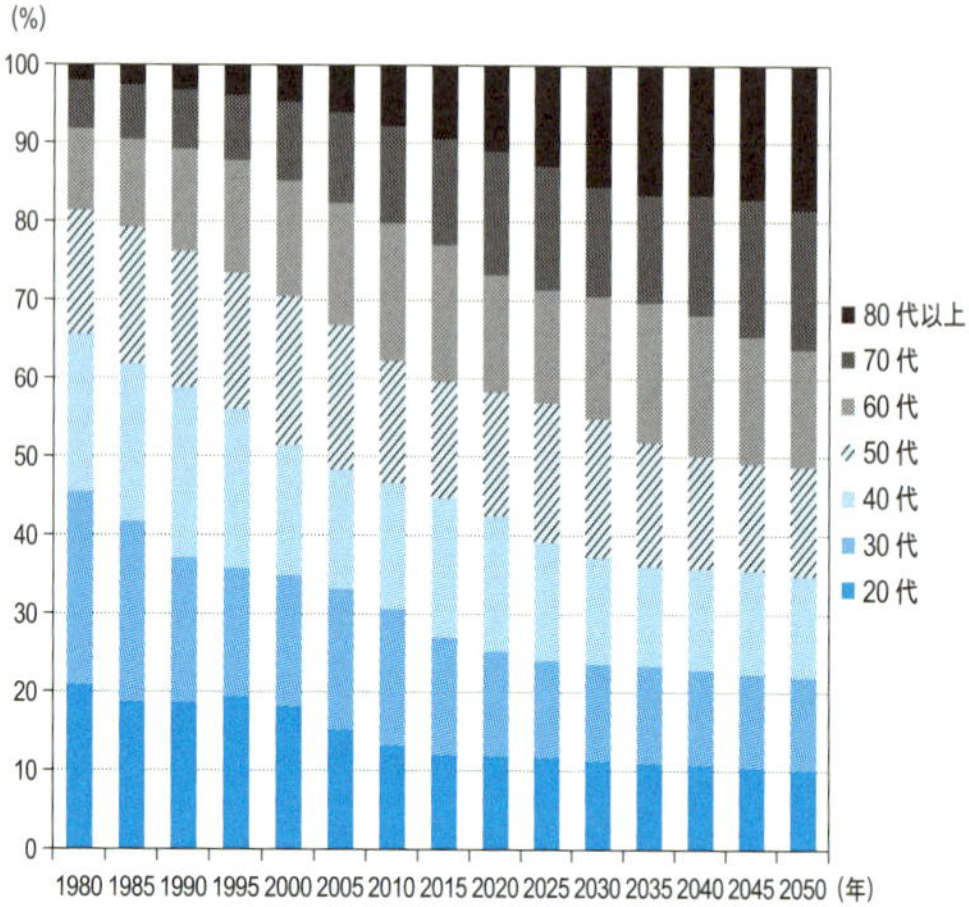

図 2-24　各年齢層の占める割合の推移

1980〜2015 年までは国勢調査による。2020〜2050 年までは国立社会保障・人口問題研究所の「日本の将来人口推計（平成 29 年）」の出生中位・死亡中位推計による

う拡大することを結果する問題です。

第三次ベビーブームはなぜなかったのか

年齢に対する有権者の分布は、なぜ高齢者にこれほど大きく偏ることになったのでしょうか？　まず、図2-25の人口ピラミッドを見てください。これは縦軸に年齢をとり、横軸は年齢別の人口として左側に男性を、右側に女性を配置したものです。国勢調査をもとにして職業別の内訳も示しました。

最も多くの人口を占める年齢層は第一次ベビーブーム（1947〜1949年）のときに誕生した団塊の世代で、図2-25の2015年時点では66〜68歳となっています。第二次世界大戦を経験した他の国でも同様の傾向が見られる場合があることから、第一次ベビーブームは終戦がもたらしたものと

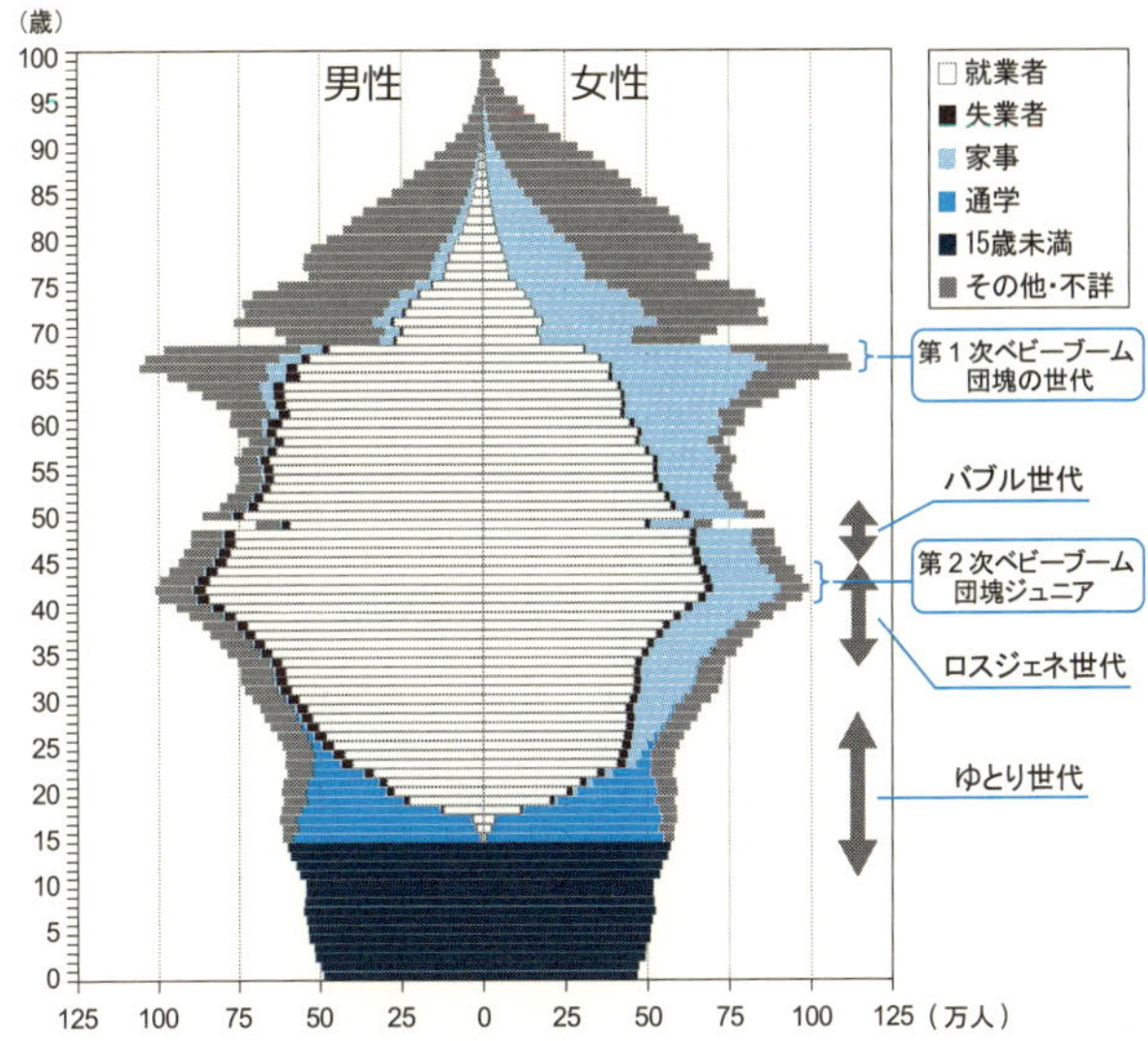

図 2-25　日本の人口ピラミッド

2015 年国勢調査より作成

考えられています。兵隊にとられていた若者が帰還したことや、安全に子育てできる環境ができたことが高い出生率をもたらしたのでしょう。

そのおよそ25歳下にあたる41〜44歳のピークは、第二次ベビーブーム（1971〜1974年）で生まれた人たちです。この人たちは団塊の世代の子供たちですから、もともと団塊の世代が多かったことにより、その子供たちもまた多く生まれたのだと理解することができます。

しかし図2-25には、さらにその子供にあたるはずの「第三次ベビーブーム」のピークがあらわれていません。

ある世代の人口が多いのであれば、その世代の子供が多く生まれるのが自然なことのはずです。しかし現実にはそうはなりませんでした。その理由として晩婚化や非婚化が挙げられることがありますが、なぜ晩婚化や非婚化が起きたのかの説明は依然として必要です。第三次ベビーブームが来なかった原因には、第二次ベビーブームの大きな人口のピークを抑え込むだけの負の圧力があったはずなのです。

負の圧力の一例を図2－25の他の部分に見ることができます。それは団塊の世代の前にあたる69歳と70歳（1945～1946年生まれ）にある深い溝で、これは敗戦で社会がどうなるかわからないという状況のなかで、子どもを産み、育てることを保留した人たちがいたからにほかなりません（このため、直後に団塊の世代がつくられたということもできます。また、49歳に見られる溝は、「ひのえうま」の迷信によるもので、ここで検討する意味はありません）。

第三次ベビーブームが起きなかったのもまた、子育てをしないという選択をさせるだけの、強い負の圧力が働いた痕跡であるはずです。

第二次ベビーブームの世代がまさに社会に出ていく時期に起こったのがバブルの崩壊（1991～1993年）です。これによって打撃を受けた日本の経済を回復させるにあたって、日本政府がとった政策は、非正規雇用を増やし、労働を強化し、ゼネコン・自動車などの一部の産業に注力することでした。他方で、当時の若者の生活に目を向け、子育てしやすい環境を作るということはないがしろにされたのです。

１９９０年代、社会に出ていく世代の就職状況は年を追って悪化していきました。追い打ちをかけるようにアジア通貨危機（１９９７年）が起こり、同じ時期に消費税の５％への引き上げ（１９９７年）も行われてきました。

正規雇用から非正規雇用に切り替え、労働を強化したのは政治の選択です。ブラック企業を十分に取り締まらず、サービス残業を野放しにし、労働者が疲れきった体で家に帰ってきてろくに睡眠もとれないでまた働きに行かなければならないような状況があるなかで、子育てしようと考える若者が果たして増えうるでしょうか。学費や奨学金の問題もそうです。社会に出る時に少なからぬ人が大きな借金を背負わなければいけないという状況は、今に至るまで出生率に対してどういう影響を与えてきたのでしょうか。

子供を産む、育てる、保育する、教育するということは、産業以前の事柄として、将来の働き手の数に関わり、社会の基盤を左右する問題です。政治はそれを犠牲にしたのです。

少子高齢化を決定的なものにしたのは１９９０年代の政策です。これは取り返しがつかないほど重い問題ですが、それでも私たちはこれを反省するほかなく、データを検討し、

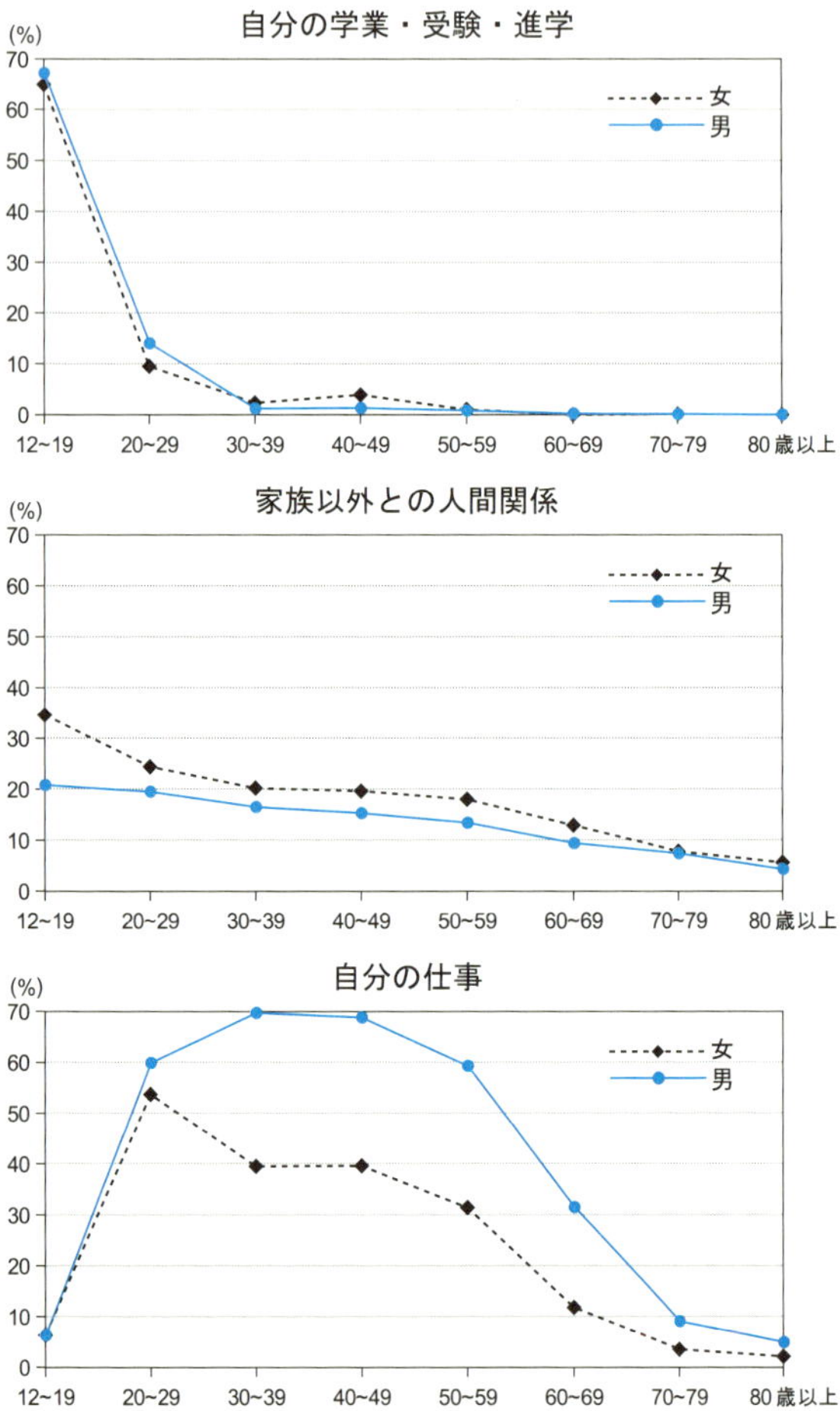

図 2-26　年齢別の悩みやストレスの原因

平成 22 年国民生活基礎調査より作成

育児

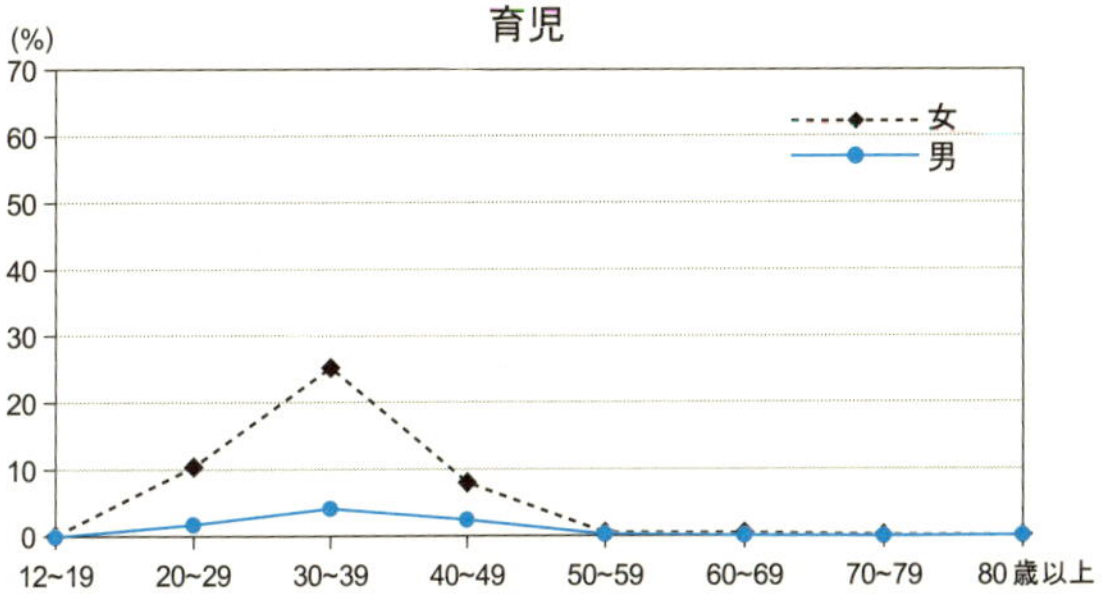

子どもの教育

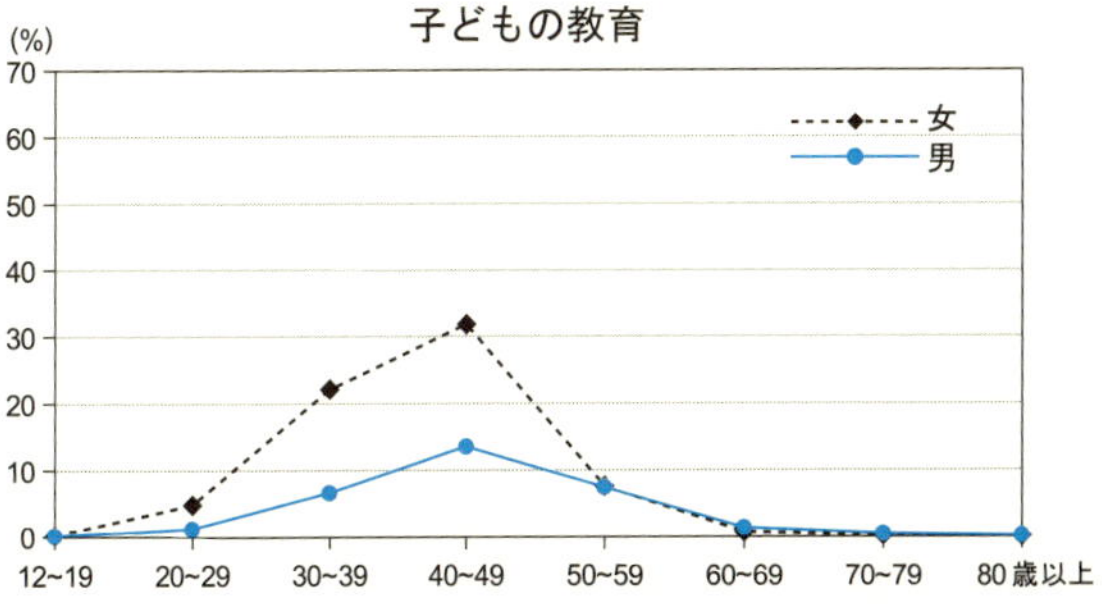

自分の病気や介護

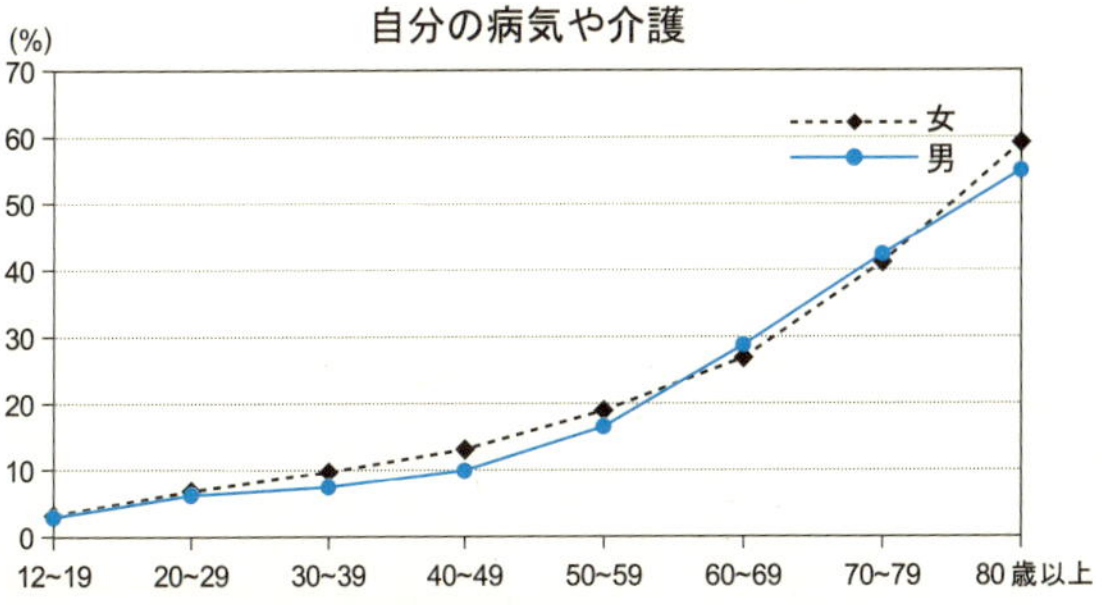

社会のあり方をつかみ、社会の基盤を立て直していくことが必要です。

2　年齢による政治的関心の違い

世論には地域分布があったように、世代ごとの分布もまたあります。それは年齢に応じていま現におかれている環境や直面している問題が異なったり、過去の人生で経験してきた事柄が違うことなどによるのでしょう。図2‐26に、厚生労働省が平成22年に実施した国民生活基礎調査から、「悩みやストレスの原因」の中で重要とみられる6項目を抜粋して示しました。

図2‐26の6枚のグラフの中では、幅広い世代で高い割合を占める「自分の仕事」が目を引きます。出産や育児などで仕事を離れる女性がいることから、30代以上で男女差が大きくなっている点と、退職者が多くなる60代以上では大幅な減少が見られる点が特徴といえるでしょう。これは選挙の際には「経済・雇用（経済政策）」や「景気対策」などの争点とつながりが深い項目です。

また、年齢とともに増加する「自分の病気や介護」も高い数値となっています。後で見ていくように、投票率もまた年齢とともに上がる傾向があるため、「医療・福祉」や「年金」は必然的に大争点となるわけです。

それに対して図2-26の「育児」は30～39歳の女性で高いものの、40～49歳では急激に落ち込んでおり、50歳以上ではほとんどなくなります。「子どもの教育」は10年ほど遅れてより高いピークがありますが、やはり年齢の増加とともに急激に落ち込みます。これらは「教育・子育て支援」などの争点に対応するものの、まさにそのことを悩みと感じている当事者が限られているため、選挙の際の争点は限定的になりがちです。

さらに、少子高齢化によって世代間の投票力の差が広がっていることがこの傾向を一層強くします。高齢者の投票力が大きくなっている以上、選挙で多くの票を獲得するために、政党や政治家は高齢者層の利益を重視することになります。しかし教育や子育てをしやすい環境を作るというのは、すでに述べたように、若い世代の利益だけにかかわる問題ではありません。

3　年齢による経験してきた事柄の違い

このような世代ごとの世論の分布は、どのように生じてきたのでしょうか。それぞれの世代の考えや感じ方には、過去にどのようなことを経験してきたかということが関わっているはずです。特に10代や20代の頃に経験した出来事はその人の社会観に影響を残すでしょう。社会に出てはじめて投票に行く選挙の投票率が低い世代は、その後も投票率が低いまま推移する傾向があることも後で見ていきます。

経験してきたことと世代の考え方の傾向のつながりを捉えるのは、容易ではなさそうです。例えば人口ピラミッドを描き、それぞれの年齢層をより細かく考察することにも意味があるでしょう。しかしここでは視点を変えて、世論調査を利用して検討する一つの例として、２０１４年11月にＮＨＫによって実施された「戦後70年に関する意識調査」の「日本の社会に大きな影響を与えた出来事」を取り上げることにします。この質問は、戦後の様々な出来事について一覧表を提示した上で「日本の社会に大きな影響を与えたこと」を三つまで選択させ、その後に三つの中から一つだけ「一番大きな影響を与えた出来事」を選ばせる形式でなされました。結果を図２-27に示します。

あくまで「日本の社会に」と限定されているためか、１９６２年のキューバ危機、１９９1年のソ連崩壊、２００1年の同時多発テロ事件などが一覧表に含まれていないことは気になります。しかしながら、一覧に含まれた出来事を振り返ると、今を生きる人たちが何を重視しているのかは読み取れます。これは教科書に記述されているような歴史上の重みとは別に、現在の世論という観点から評価した出来事の重みづけといえるかもしれません。

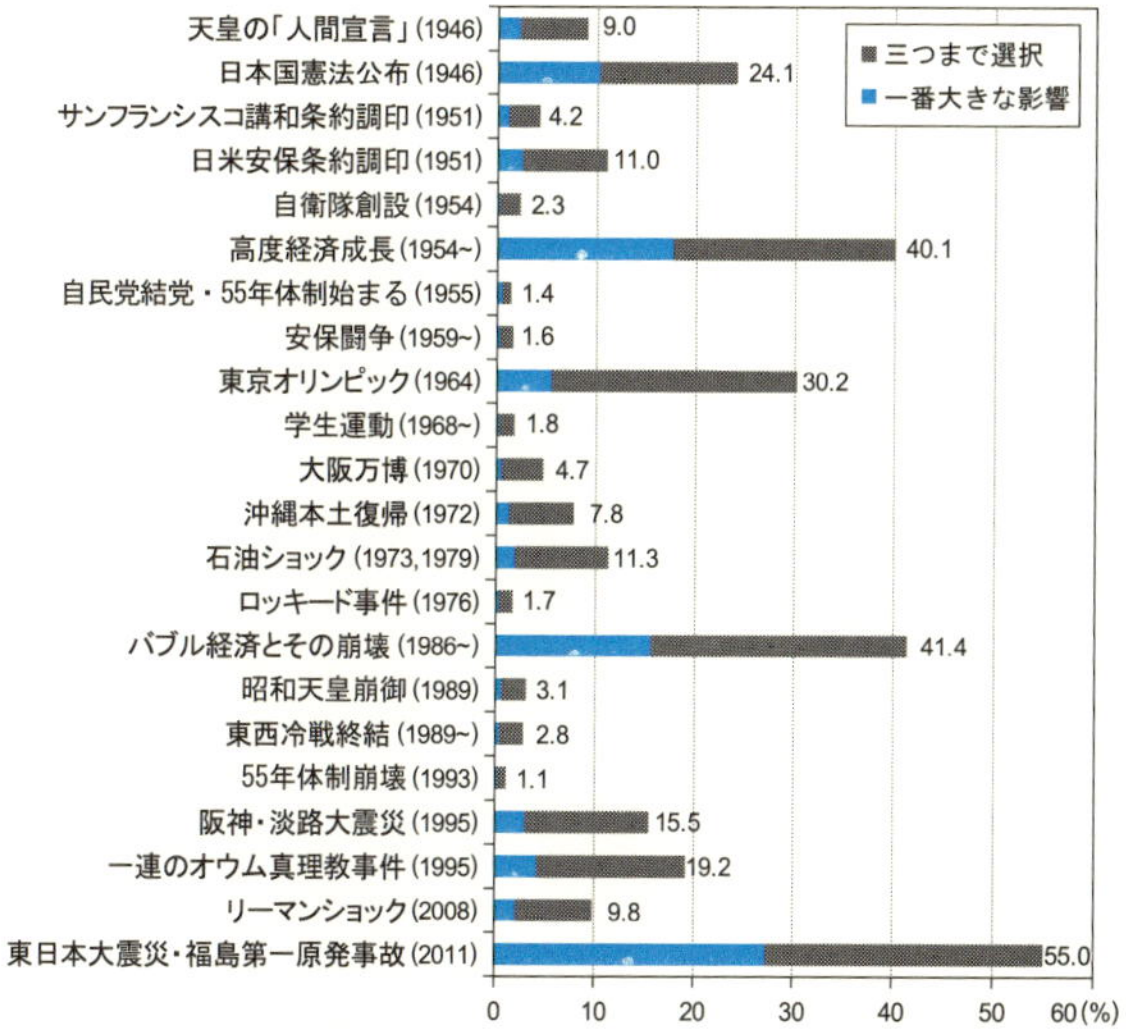

図 2-27　日本の社会に大きな影響を与えた出来事

NHK「戦後 70 年に関する意識調査」(2014 年 11 月) より作成

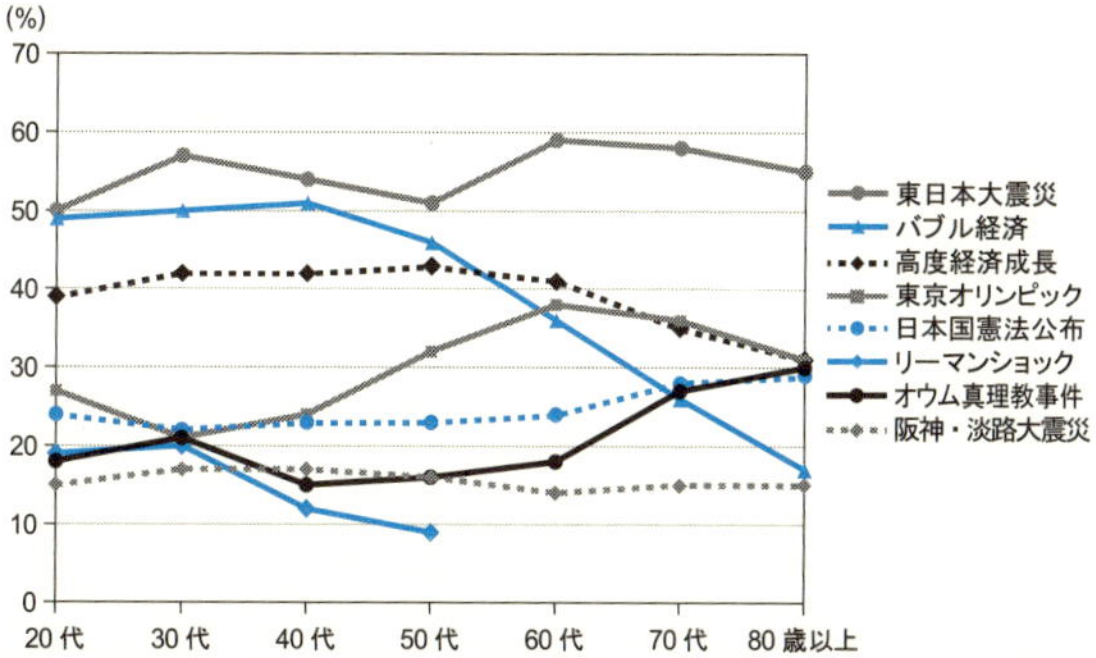

図 2-28　同調査・年齢別の回答（上位のみ、3 つまで選択）

NHK「戦後 70 年に関する意識調査」(2014 年 11 月) より作成

年齢別の結果を図2―28に示しました。

「東日本大震災・福島第一原発事故」は全世代で高い傾向です。調査から最も近い時期に起きたため、回答者の記憶に残りやすかったということはあるものの、日本ではじめての原発震災に衝撃を受けた人は多かったのでしょう。

しかしそれ以上に印象的なのが「バブル経済とその崩壊」です。80歳以上では10％台後半にとどまっていますが、20～40代では50％前後で、東日本大震災と並ぶほど高いのです。

リーマンショックはそれと比べて小さいものの、やはり若い世代ほど高い傾向です。戦後の出来事を三つ選ばせる質問で、リーマンショックを挙げる若者が20％いるということを年配の世代は想像できるでしょうか？　これはリーマンショックが経済、雇用の面においてこの世代に与えた影響がそれだけ大きいということにほかならないのでしょう。

4　政党の支持基盤はどの世代にあるのか

ここまで、いくつかの世論調査を通じてそれぞれの世代がどんな経験をし、どんな価値観を築いてきたのかを考察してきました。それでは、世代別の政党支持は、実際にはどのように分布しているのでしょうか。

公益財団法人「明るい選挙推進協会」が実施した意識調査をもとに、44回から48回衆院選における年齢別の政党支持率を図2－29から図2－33に示しました（150頁～）。「意識調査」という名前ですが、これも一種の世論調査に相当するものです。

5枚の図ではいずれも自民党と公明党を下側に集計し、「支持政党なし」「わからない」を挟んで他の政党を対置させました。それぞれの図からは大まかな傾向として、年齢とともに与野党の支持率が増大することが読み取れます。

一方、時系列で変化を見ると、自民党と公明党がほぼ一貫して年齢とともに支持率が増す傾向を保つ一方、他の政党では激変が起きていることがわかります。

郵政解散による44回衆院選（2005年）では、民主党など野党の支持率は60代がピークでした（図2－29）。自公からの政権交代がおきた45回衆院選では、それが20代から80代以上までの全世代に広がりを見せています（図2－30）。しかし自公が政権を奪還した46回衆院選以降、野党は若い世代の支持を伸ばすことができず、支持層が高齢者に偏っていっています（図2－31～33）。

それでは年齢別の具体的な投票先はどうでしょうか。秘密投票の原則があるので、自治体別の開票結果から地図を作ることはできても、年齢別の投票先は選挙結果からはわかりません。それは出口調査によって明らかになります（出口調査はいわば投票者のみを対象と

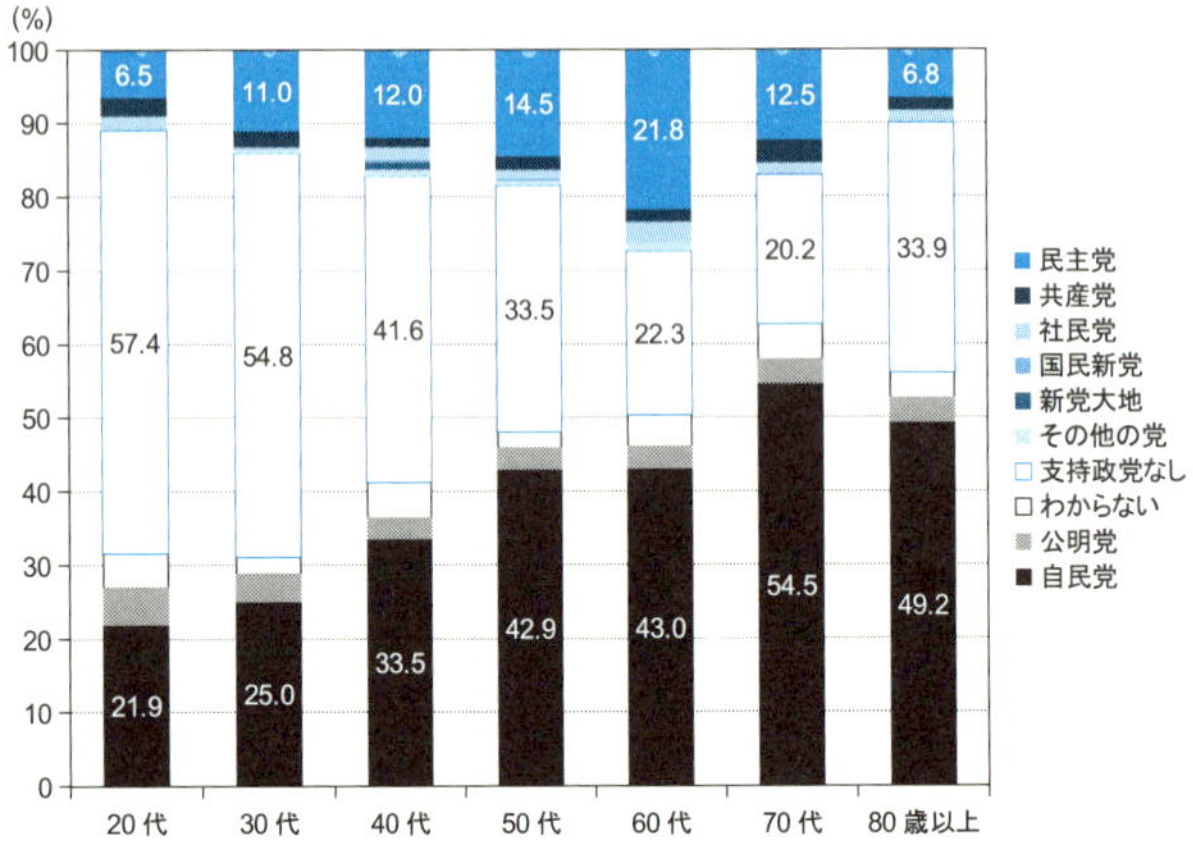

図 2-29　第44回衆議院選挙全国意識調査における年齢別政党支持率（2005年）

図 2-29〜33 はすべて、公益財団法人 明るい選挙推進協会「衆議院議員総選挙全国意識調査」（第 44〜48 回）より作成

した世論調査のようなもので、投票所から出てくる人をランダムに選んで質問をする形式をとります）。

48回衆院選の各政党の得票率を、朝日新聞の出口調査をもとにして年齢別に示したのが図2－34（155頁）です。自民党は18・19歳や20代で多く、立憲民主党や共産党は60代周辺に多いことが読み取れます。

しかし48回衆院選意識調査の政党支持率（図2－33）では、自民党の支持率は高齢者ほど高い傾向があるのでした。それにもかかわらずなぜ若い世代の投票先に自民党が多くなっているのでしょうか。これは一見して矛盾するようですが、次のように説明がつきます。

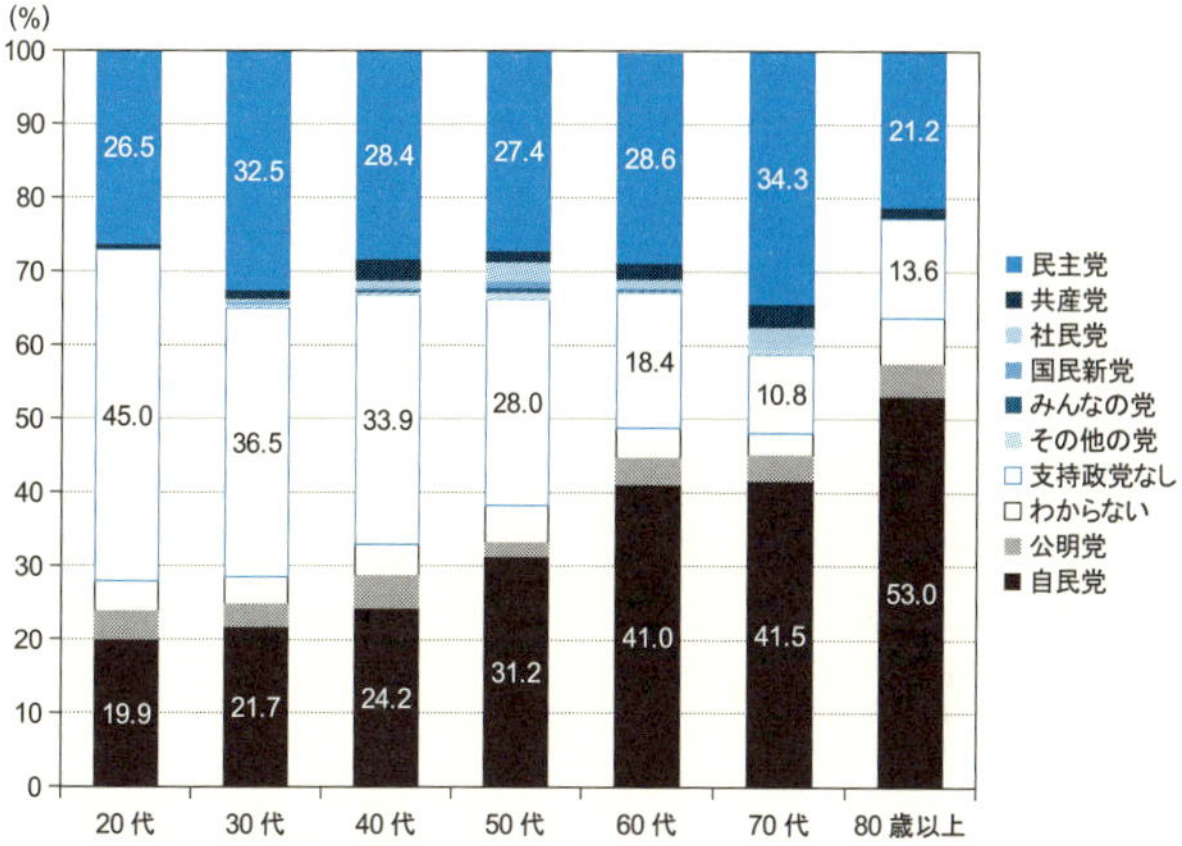

図 2-30　第45回衆議院選挙（2009年）

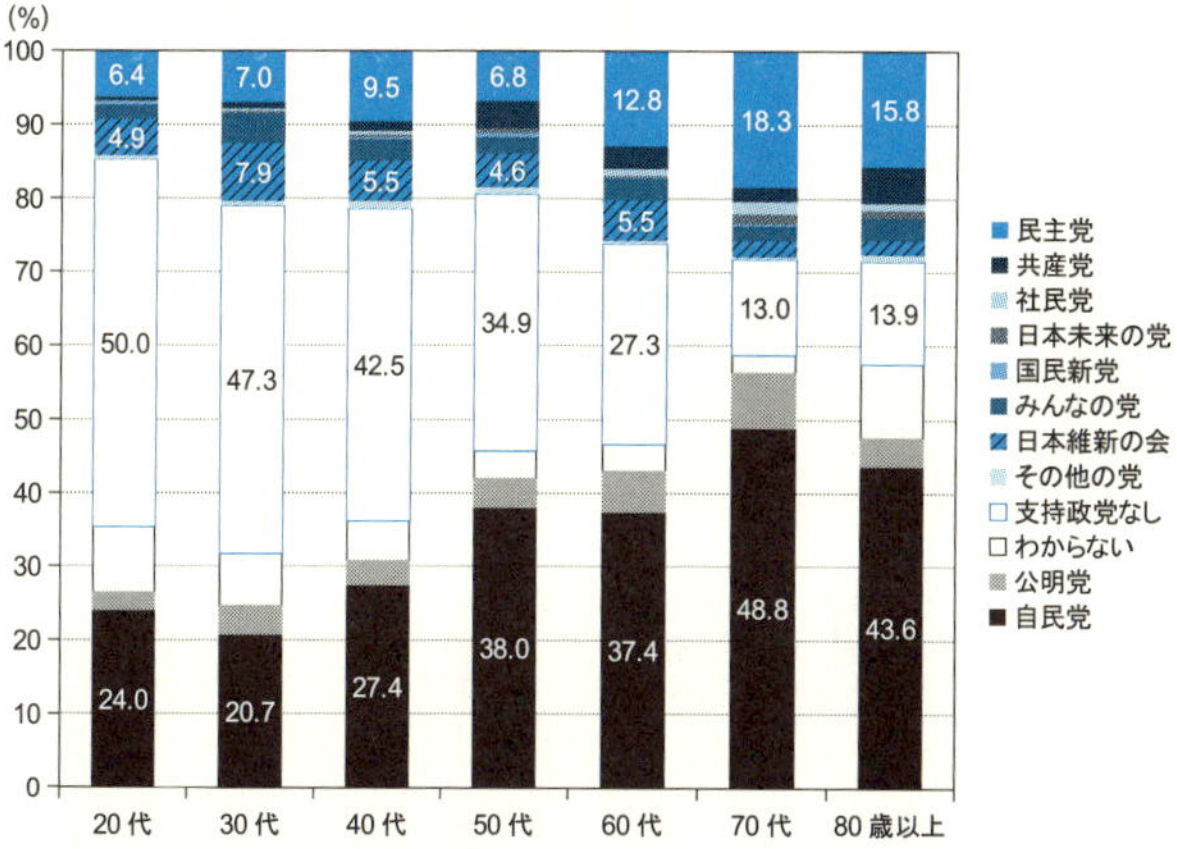

図 2-31　第46回衆議院選挙（2012年）

支持政党を持つ人たちと比べ、「支持政党なし」や「わからない」と回答する人たちには投票を棄権しがちな傾向があり、そうした層の比率が大きい若年層の投票率は低いことが知られています。ここで、図2‐33に示した48回衆院選全国意識調査の政党支持率を振り返ってみると、年齢に対する与野党の支持率には顕著な差がありました。与党も野党も若い世代ほど支持率が低くなるものの、その低くなり方は野党の方がずっと激しいのです。

つまり、「支持政党なし」や「わからない」とした層の多くが棄権したとして、政党支持層だけで図2‐33の与野党を比べれば、選挙に行った人だけを対象とする出口調査で自民党の比率が大きくなることは納得がいきます。48回衆院選では若年層ほど自民党の支持率は低かったものの、投票した人の中では逆に高くなったと考えられるわけです。

若年層で自民党に投票した割合が高いというこの出口調査は、48回衆院選の時、自民党が若年層でこそ支持されていたのだという誤った議論を作り出してきました。しかし、出口調査で自民党に投票した若者が多かったということは、自民党の支持基盤が若年層にあることを意味しません。また、若年層の投票率が上がれば自民党に有利になることを何ら意味しません。

繰り返しますが、出口調査は選挙に行った人だけを対象とするものです。しかし普段、選挙に行かないような人が選挙に行こうとするときに情勢は新たな局面を見せるのです。

そうしたときには出口調査の年齢別の結果もまた変わることでしょう。政党支持率（図2－33）と出口調査（図2－34）を見る時は、両者の違いを念頭に置くことが必要です。

5　世代と投票率の関係

若者の投票率は他の世代と比べてどれほど低くなっているのでしょうか。

図2－35（156頁）に39回衆院選（1990年）の年齢別の投票率を示しました。これは後に述べる「投票率の崩壊」が起こる前に行われた最後の選挙として取り上げたもので、20代から60代にかけて、年齢とともに投票率が伸びていく傾向が見て取れます。しかし年齢に対する投票率の増加は直線的ではありません。20歳から35歳前後までは急激に伸び、その後65歳のピークまではなだらかな増加となっています。

これに対して図2－36に示した48回衆院選（2017年）では、20歳から70歳までの増加は直線的です。前者を台形型、後者を三角型と呼ぶならば、台形型から三角型への変化は、30～50代の投票率が大きく損なわれたことを意味しているわけです。なお2枚の図で、若い女性の投票率が男性を上回っているのは興味深い傾向です。

図2－35と図2－36は、年齢とともに投票率が上昇していることを示していますが、投

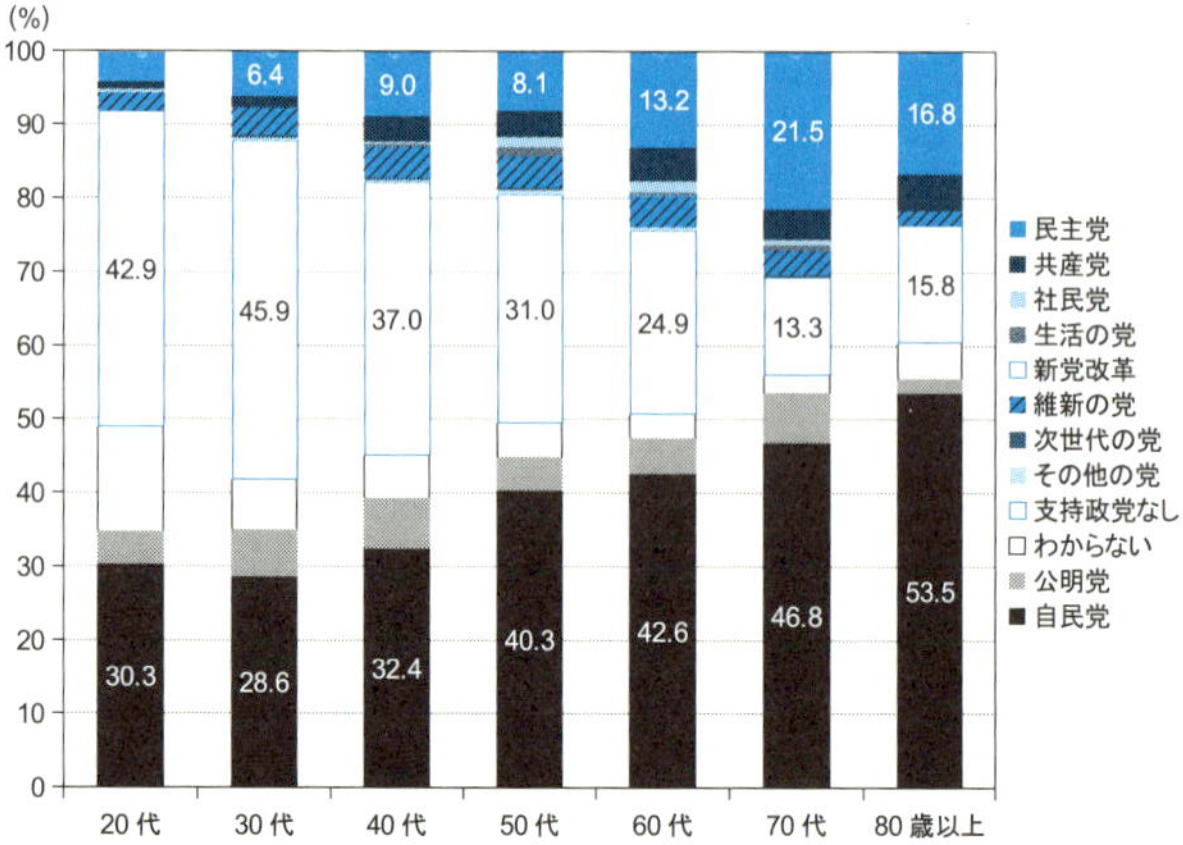

図 2-32　第47回衆議院選挙(2014年)

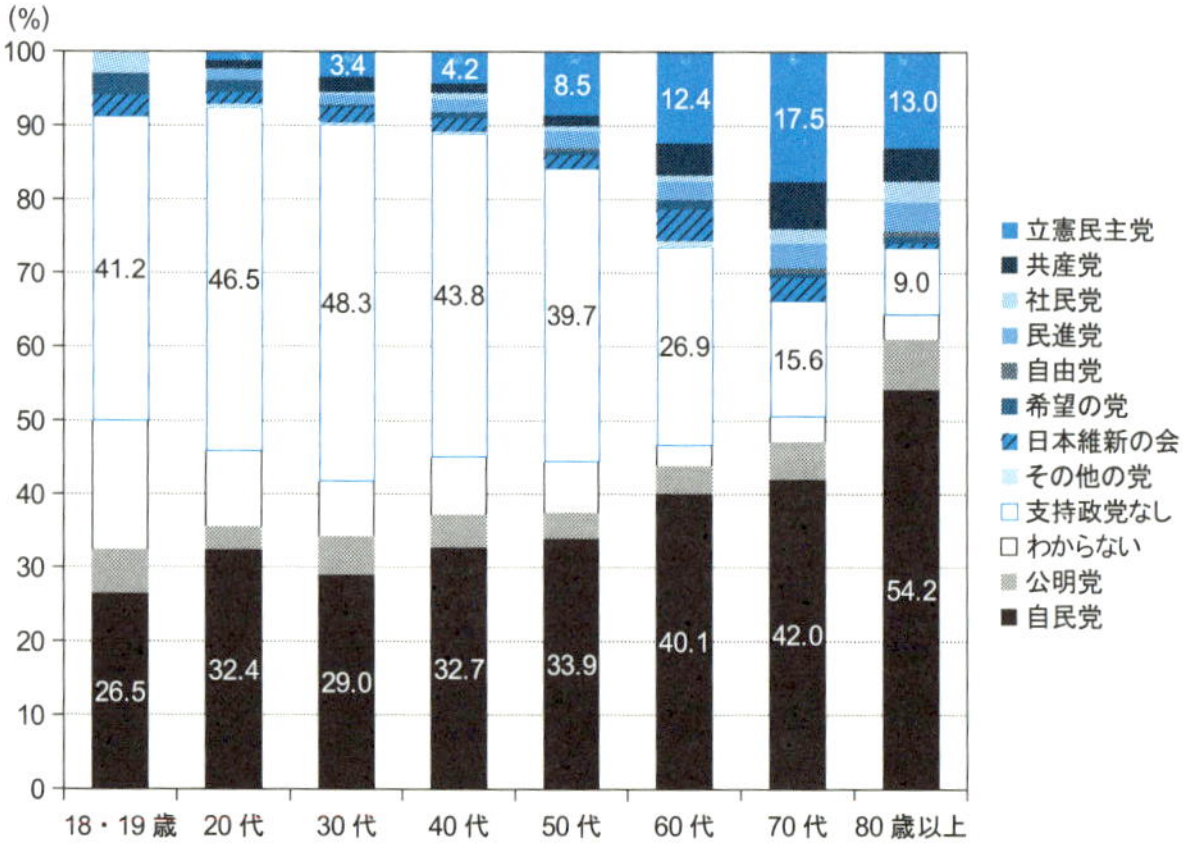

図 2-33　第48回衆議院選挙(2017年)

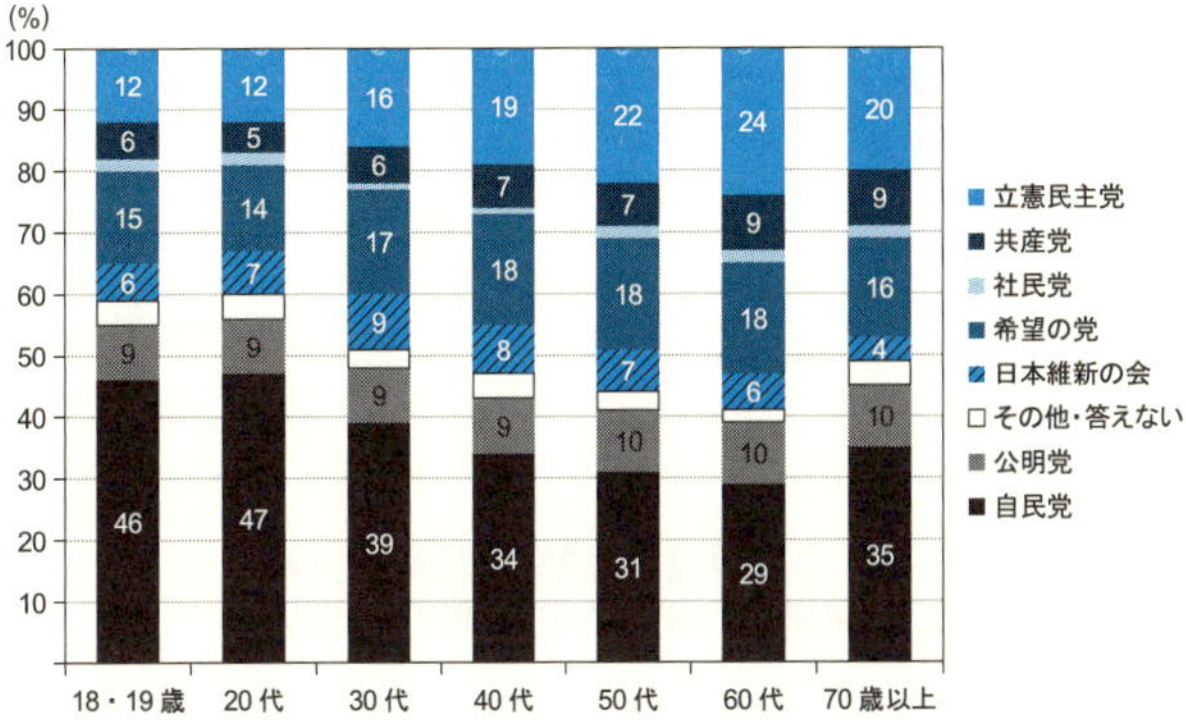

図 2-34　第48回衆議院選挙における比例投票先

朝日新聞出口調査より作成

票率が低い若者が加齢とともに投票に行くようになることを一概に意味するわけではありません。それは図2‐37（158頁）のように、特定の年に生まれた有権者について、投票率の推移を表示することで明らかになります。この図では、例えば「1950年」は、1950年に生まれた有権者を追跡して、その人たちが衆院選のたびに投票に行った割合を表示しています。

図2‐37で1950年生まれや1960年生まれの変化を見ると、加齢とともに投票率が上がった面も確かにうかがえるものの、若いうちから60％前後が投票に行っており、投票率ははじめから高かったことが読み取れます。しかし1970年生まれになると、初めての選挙で投票に行ったのは50％に下がり、1980年生まれは38％、1990年生まれは35％まで落ちて

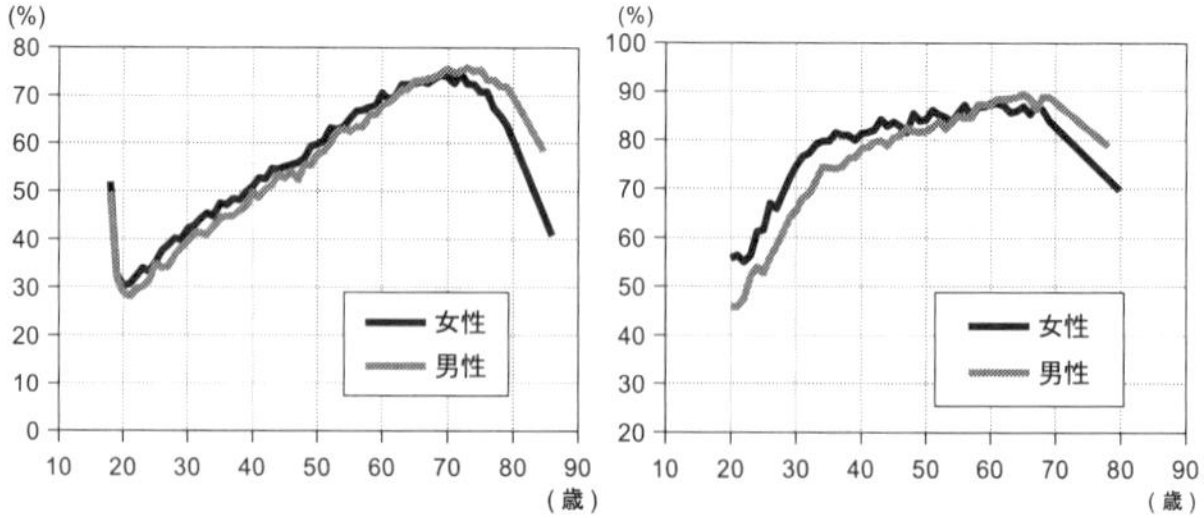

（右）図 2-35　第39回衆議院選挙 年齢別投票率
（左）図 2-36　第48回衆議院選挙 年齢別投票率

いずれもデータは総務省選挙部による
注）図 2-35 の「70 歳以上」、図 2-36 の「80 歳以上」の値は、男女それぞれについてこの層の平均的な年齢となるところにプロットしている。2 枚の図で縦軸を 20 ポイントずらしていることに留意が必要

います。

図2－38に示した年代別の投票率は、近年起きている衆院選の投票率の低下に伴って各年齢層で下落を見せています。しかし図2－37の出生年別の投票率はそれぞれ一概に右肩下がりを示してはおらず、むしろ新たに社会に出てきた世代の投票率が初めから低いのです。図2－35や図2－36が、加齢とともに投票率が上昇した結果と必ずしも言えないのはこのためです。

出生年別の投票率が層のように積み重なっているのには、新たに社会に出ていく世代をとりまく環境が徐々に変わっていったという面があるのでしょう。また有権者になってすぐの頃の選挙が「投票に行く」という習慣も「棄権する」という習慣も作りうるのだと解釈する余地もありそうです。

なお、18歳選挙権の導入は若年層の投票率の低さに新たな情報を与えました。18歳の投票率は比較的高かったものの、19歳、20歳は大幅に低いという結果だったのです（図2－36）。このことについて、明るい選挙推進協会は第48回衆議院議員総選挙全国意識調査の中で、「高校卒業後、大学進学や就職等で親元を離れたが、住民票を異動していないために、引っ越し先で投票をすることができずに棄権することが、各種の調査結果から明らかになっている」という解釈を与えています。

しかしこれだけでは、多くが住民票を移しているであろう30代の投票率もまた18歳より低いことを説明しきれません。18歳の投票率の高さには、おそらく18歳選挙権が注目されたことや、家族と一緒に投票に行った人の多さも影響したのでしょう。有権者になってすぐの頃に経験する選挙が習慣を作りうるのかは、48回衆院選で投票率の高かった18歳の今後を追いかけることで何かわかることがあるかもしれません。

6　国政選挙の投票率の崩壊

国政選挙の投票率は、戦後一貫して下がってきたわけではありません。図2－39（159頁）を見てください。実際に手や紙を使って1990年以降を隠してみてもらいたいのですが、1990年以前の推移だけを見て、その後、1993年からの急落が起き

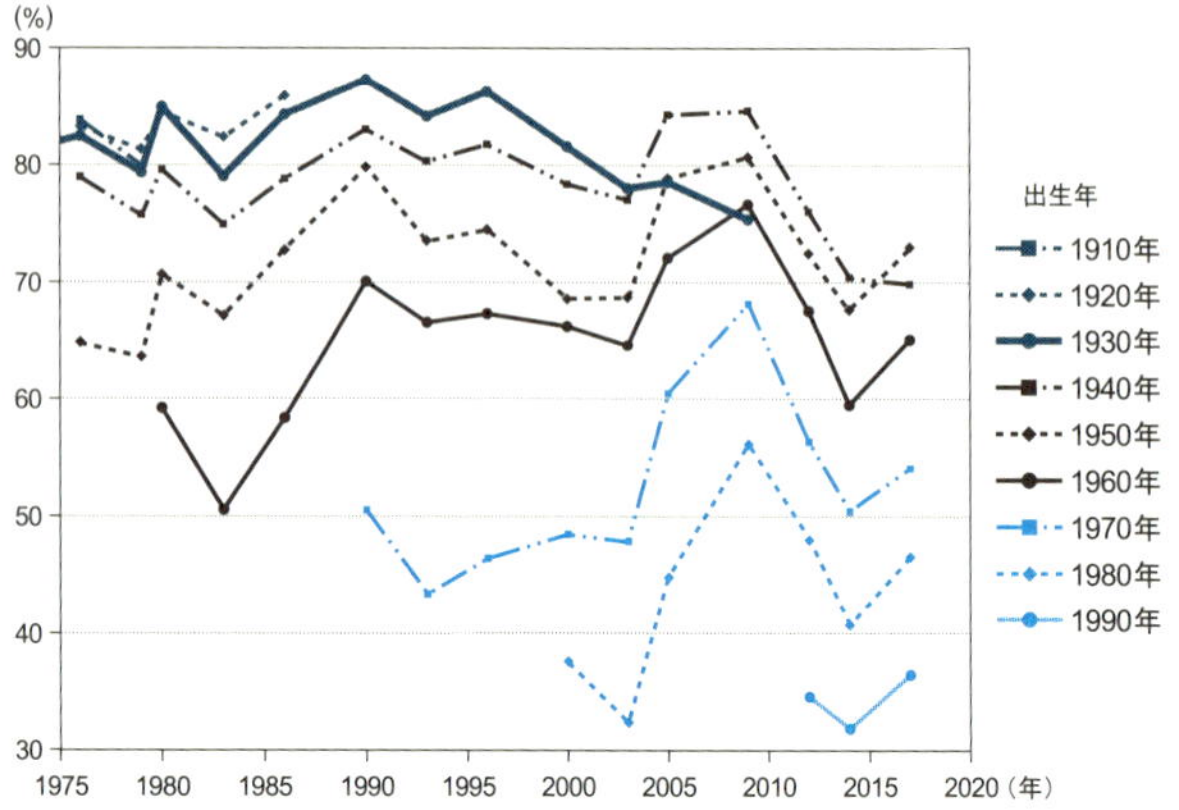

図 2-37　出生年別投票率（衆議院選挙）

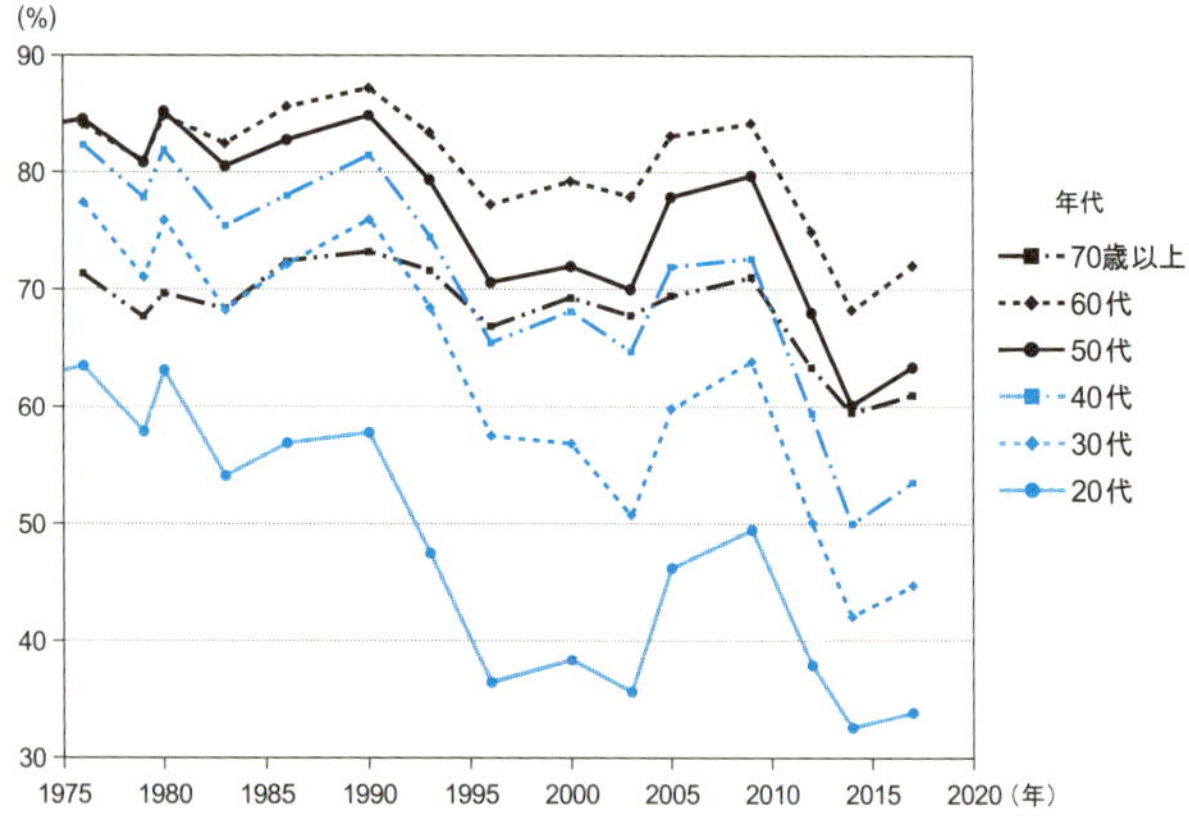

図 2-38　年代別投票率（衆議院選挙）

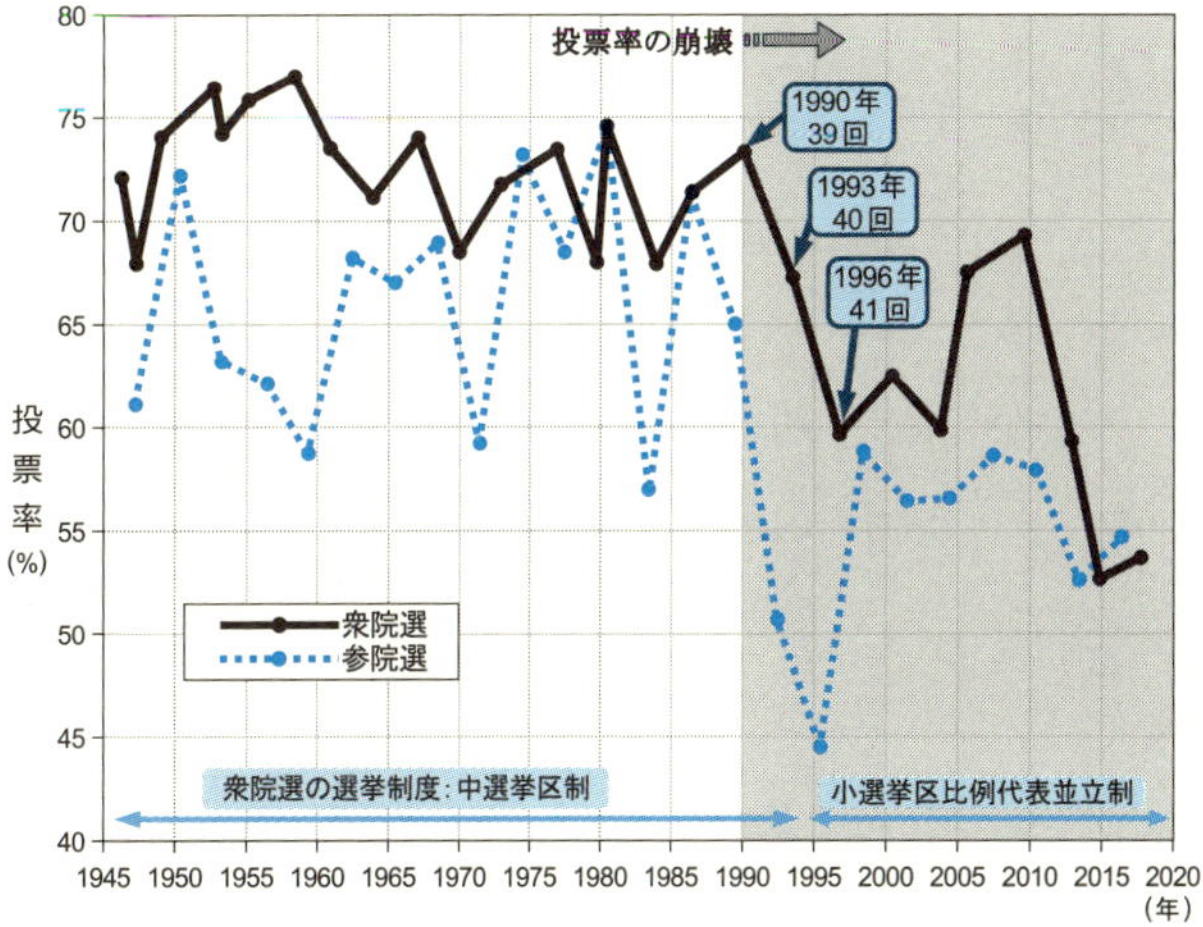

図 2-39　投票率の推移

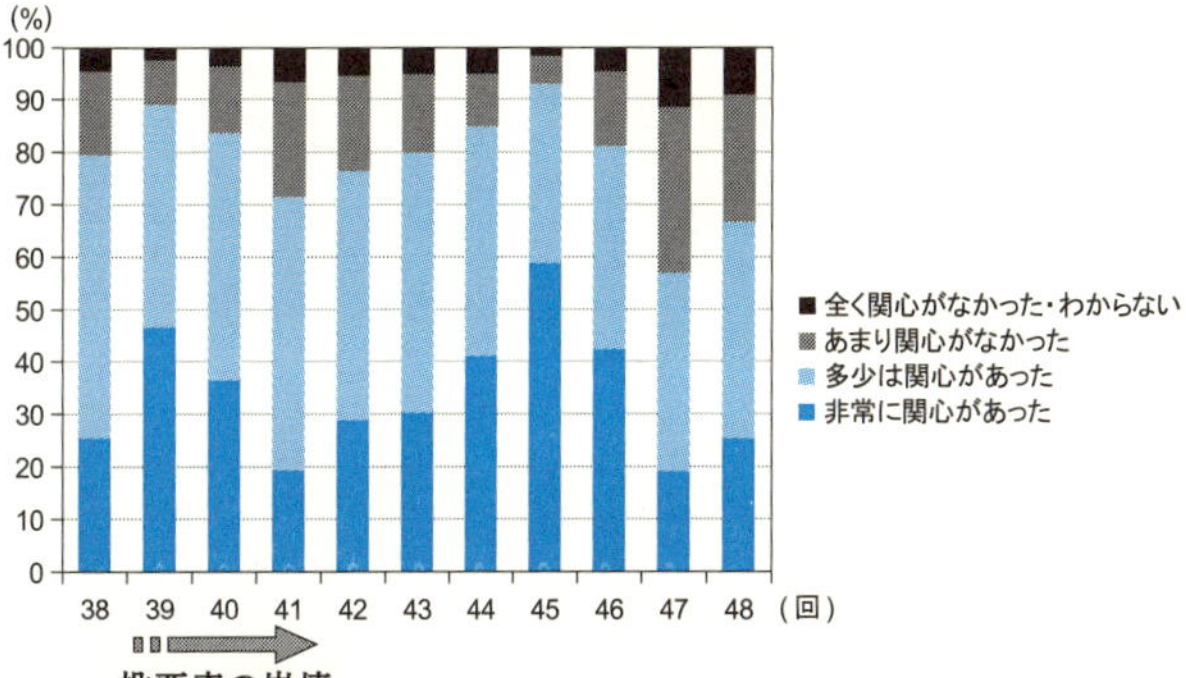

図 2-40　衆議院選挙における選挙関心度の推移

公益財団法人 明るい選挙推進協会「衆議院議員総選挙全国意識調査」より作成

ることを予見しうるでしょうか？

国政選挙の投票率の崩壊が１９９０〜１９９６年頃に起きていることは重要です。また、２００９〜２０１４年にもまた別の急落が見られますが、これは２度目の投票率の崩壊があったというよりも、その直前に当たる2回の選挙の投票率が高かったと見たほうがよさそうです。つまり１９９０年までは投票率が一貫して高い水準にあったものの、１９９０年以降はその水準の崩壊が起きており、郵政解散による44回衆院選（２００５年）と民主党への政権交代が起きた45回衆院選（２００９年）だけが例外的に高いのです。

こうして時期をはっきりさせておくと、投票率の崩壊の原因として、小選挙区比例代表並立制の導入を連想する人がいるかもしれません。衆院選の投票率の低下は39回衆院選（１９９０年）の後、40回衆院選（１９９３年）を経て、41回衆院選（１９９６年）にかけて起こっており、この時期と選挙制度が変えられた時期（１９９４年）が重なっているからです。

確かに選挙制度が投票率に影響をもたらす要因になるというのは自然な考えです。実際、ヨーロッパなどの選挙をもとにして選挙制度ごとに投票率を分類し、制度がもたらす影響を評価した研究もありました。しかし図２-39では、同時期に選挙制度の改革がなかった参院選でも、投票率の大幅な低下が読み取れます。このため、投票率の崩壊を選挙制度だけによって説明することには無理があると言わざるを得ません。

それでは投票率の崩壊の原因はどこに求めればいいのでしょうか。1990年を最後に、有権者は選挙に対する関心をなくしてしまったのでしょうか。それもまた誤りだとするデータが、図2-40に示した明るい選挙推進協会の調査の選挙関心度に関する項目です。図2-40では、崩壊前の39回衆院選と比べ、民主党への政権交代が起きた45回衆院選への関心はより高いものとなっています。また38回衆院選と比べ、崩壊のさなかの40回衆院選や、郵政解散による44回衆院選、自民党が政権を奪還した46回衆院選の関心度は高くなっています。しかし、投票率の推移はそれに反して、いずれも1990年までの水準を超えることはありませんでした。このことは、選挙に対する関心ではなく、何か別のものが失われたということを示唆しているのです。

†無党派層の増加の段階的変化

どこかに投票率の低下を引き起こした原因があり、それを担った人たちがいるはずです。統計の面から検討すると、ある時期に急激に変化しているデータがあるならば、それを別の側面から照らし出すようなデータがあるかもしれません。

投票率の崩壊に関わる三つの衆院選(39〜41回)について、明るい選挙推進協会が実施した意識調査をもとに分析を行い、投票率が低下した原因を探った研究に、三船毅氏の

「投票参加の低落傾向——1990年代の投票率低下の説明」があります。この研究からは、政党支持の低下とイデオロギーの衰退という主に二つの原因が浮かび上がりました。

　政党支持の低下というのは、言い換えてみれば無党派層が増加したということです。実際、この時期の世論調査では、衝撃的な無党派層の拡大が捉えられています。それを見ていくため、図2-41に成田洋平氏の「政党支持を失う要因——日本における無党派層増大の謎」より、「日本における無党派層の変遷」のグラフを引用します。

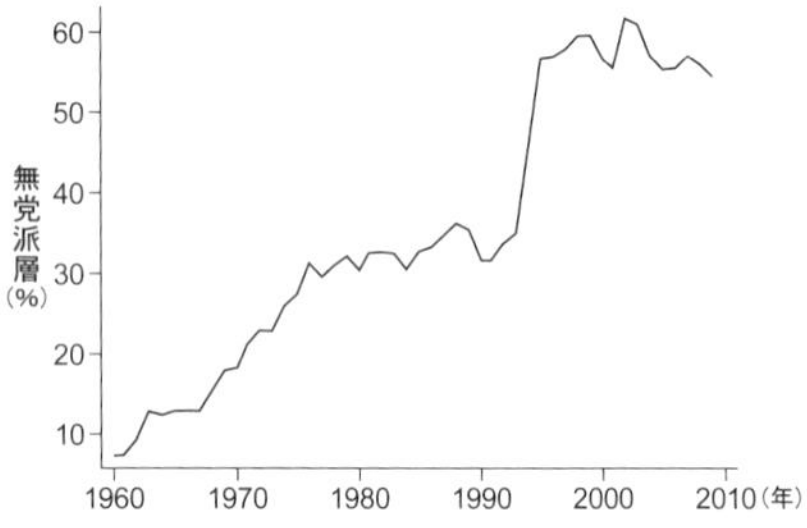

図2-41 日本における無党派層の変遷

出典：「政党支持を失う要因——日本における無党派層増大の謎」（成田、2009年）

　この図2-41は時事通信の世論調査をもとにした、各年の無党派層の割合の平均です。これによると無党派層の増加には二つの時期があり、第一の時期は1960年から1970年代にかけてのなだらかな増加で、第二の時期は1990年から1995年までの劇的な増加です。投票率のグラフ（図2-39）を振り返ってみると、第一の時期が投票率の低下につながっていないのに対し、第二の時期は投票率の崩壊と重なります。

■第1期	1990〜1991年	…社会党支持率の低下
■第2期	1992〜1993年前半	…自民党批判の高まり
■第3期	1994年前半〜1995年前半	…新党への幻滅

表2-2　無党派層の増加の3段階
井田正道「1990年代における有権者の変質」より作成

なお一点だけ留意していただきたいのですが、時事通信の世論調査には1994年まで、「支持政党なし」(無党派層)の他に、支持政党をはっきりしない「保守か革新かといえば保守党」「保守か革新かといえば革新党」という選択肢がありました。これが1994年という、まさにいま注目している時期に選択肢から除外されているため、この時期から回答の一部が「支持政党なし」に流れているはずです。引用元の文献ではこの点には触れておらず、図2-41はあくまで「支持政党なし」のみのグラフになっています。「保守か革新かと言えば保守党」、「保守か革新かと言えば革新党」は合わせておよそ10%程度で推移しているため、第二の時期の増加は最大で10ポイント程度を引いたものとなるはずです。

いま注目しているのは第二の時期、つまり1990年から1995年までの無党派層の増加ですが、これは何によってもたらされたのでしょうか。井田正道氏の「1990年代における有権者の変質」では、読売新聞の世論調査をもとにして、この時期の無党派層の増加を3段階に分けています(表2-2)。

第1期の社会党の支持率の低下は後に触れるソ連の崩壊より前の時期

にあたりますが、読売の調査で大きく減ったのがこの時期で、社会党の支持率はその後も漸減していきます。第2期では、宮澤内閣への不信任決議が可決され、自民党を離脱した議員らが衆議院の解散後に新党さきがけや新生党を結成するに至って、自民党の支持率が急落します。そして第3期には、一時的に旋風を起こした新党の支持率が1年ともたず、下落していきます。

†1990年代に何が起きていたのか

こうした支持率の動きの背景には、1990年代の政治状況に関わるソ連の崩壊（1991年12月）とバブル崩壊（1991年3月から1993年10月）がありました。まず1991年のソ連の崩壊によって米ソの対立が終結すると、社会党を支えた左派のイデオロギーは力を失っていきます。そして続くバブルの崩壊によって日本の資本主義が打撃をこうむると、資本を守るために新自由主義的な政策が露骨に目指されるようになり、弱体化した左派は崩されていったのです。

左派がイデオロギーを失う一方で、右派もまた退潮に向かったことの一端を図2－42に見ることができます。図2－42は明るい選挙推進協会の意識調査から、「保守的とか革新的とかいう言葉が使われますが、あなたご自身はこの中のどれにあたると思いますか」との質問について、投票率の崩壊に関わる3回の選挙を抜き出したものです。単純な選択肢で自己評価を問う内容であるものの、「やや革新的」が下落する一方、「保守的」もまた下落となっており、他方で「中間・わからない」が大幅に増加していることが読み取れます。右派は対決すべきソ連が崩壊したことによってまとまりを失い、自民党からも支持層の流出や新党への分裂が起こりました。また、1994年6月に成立した自社さ連立政権で自民党と社会党が手を組んだことも、ソ連崩壊からわずかな時間で二党の距離感が大きく変わったことのあらわれといえるでしょう。

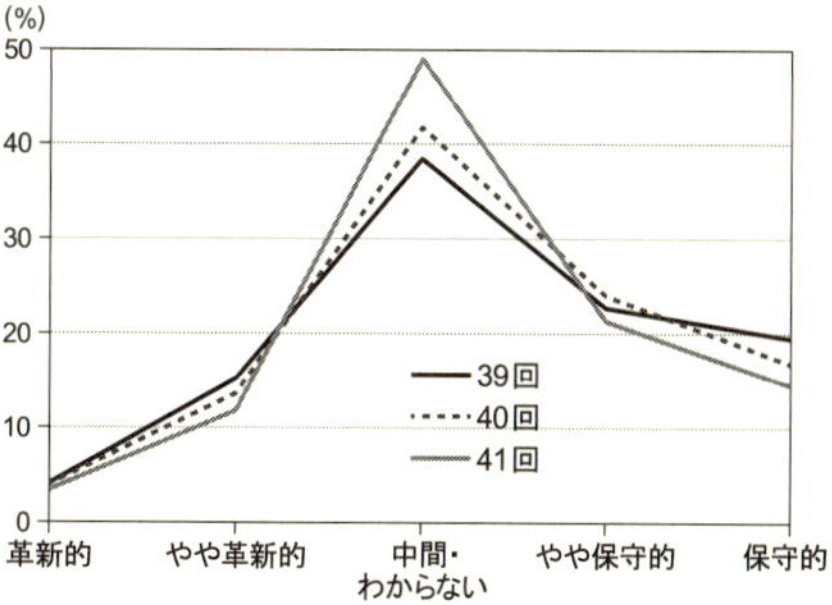

図 2-42　イデオロギーの変化

公益財団法人 明るい選挙推進協会「衆議院議員総選挙全国意識調査」より作成

当時70議席という、55年体制下ではありえなかった水準まで議席数を減らしていた社会党は、1996年1月に解体します。そして、社会党の後を担う勢力が模索され、新しい保守として登場した新進党が、自民党という従来の保守と41回衆院選（1996年10月）でしのぎを削りました。この選挙こそ、二大政党制を想定して導入された小選挙区比例代表並立制で戦われた初めての選挙でした。選挙制度改革もまた、ソ連崩壊の延長線上にあるわけです。

無党派層の急激な増加や投票率の崩壊は、こうした1990年代の一連の出来事とともに起こりました。左派が崩壊し、右派が分裂してその後の覇権を争ったという事件を、有権者はむしろ冷ややかに眺めていたのでしょう。

この事件はまた、バブル崩壊後の苦境におかれた若者に希望をもたらすこともできなかったようです。政治によって生じる利益と不利益は、世代全体や働く人たち全体に対してもたらされるものです。ですから世代をとりまく状況があまりに酷く、まわりに気を配る余裕がなくなれば、同世代の中で少しでも有利に生きていくために、政治に参加するよりも自分のために努力したほうがいいと考える人も増えるでしょう。

非正規雇用を増やし、ブラック企業やサービス残業を放置し、若者の生活を保障せず、その結果を自己責任だとするような政治は、社会の基盤を荒廃させていきます。政治がある世代を大事にしなければ、その世代が政治を信頼することがなくなるのは当然です。一人ひとりを大事にしない社会が、一人ひとりから大事にされることもないはずです。

衆院選の投票率が決定的に下落した1993年の40回衆院選は、第二次ベビーブーム

（1971〜1974年）の世代が有権者になってはじめての選挙を経験した時期でした。年代別の投票率を示した図2 - 38によれば、大学卒業者の就職率が急落していく途上でもあったこの時期、20代の投票率の下落は他のどの年齢層よりも劇的なものだったのです。

7　無党派層をとらえる

無党派層は「政治に無関心な層」だと誤解されがちです。しかし正しくは、「支持政党を持たない層」のことを指しています。政党を支持せずに政治家個人を支持したり、政策を支持するという態度がありますが、無党派層にはこうした人たちも含まれているため、支持政党の有無と政治に対する関心の高低は区別する必要があります。

もちろん政党支持層と比べると、無党派層の中に政治に対する関心の低い人たちが多いのは確かでしょう。けれど政治的な関心が高いからこそ、政党を支持することをあえて避け、政治情勢に応じてそのつど意識的に投票先を判断するような人たちもいるわけです。

このように、無党派層には政治的な関心の高い層から低い層までがいるので、そのあり方を理解するためにはより詳細な分類が必要です。こうした研究には田中愛治氏の「無党派層のこれまでと現在」や「選挙・世論の数量分析――無党派層の計量分析」が挙げられます。無党派層が大きく増加したのには、主に1960年代から1970年代にかけての第一の時期と、1990年から1995年頃にかけての第二の時期があるのでした（図2-41参照）。そこで田中氏は、それぞれの時期に増加した無党派層には固有の特徴があると考えて次のような分類を行っています。

「(1) 政治的無関心層（約15%）は、政治的関心が低いために政党支持も持たず、教育程度も低く新聞なども読まない無党派層で、1960年代の無党派層は全てこのタイプだったと思われる。(2) 政党拒否層（約20%）は「どの政党も支持しまい」と考え、選挙毎にどの政党が最も良いかを考える政治的関心の高い層だが、1970年代から現れ、その層が90年代初頭には約20%になった（91年には20・7%）。(3) 脱政党層（約15%）とは、それまでの政党支持を捨てて無党派になった層であり、1993年以降95年までに急増し約15%（13・7%）になった」（田中、2012年）

1960年代までに存在していた無党派層（政治的無関心層）の政治的関心が低く、その後にあらわれた無党派層（政党拒否層）の政治的関心が高かったとしたことの根拠として、田中氏は世論調査のデータを挙げています（田中、1998年）。また、1990年代に増加した無党派層（脱政党層）は、左派が崩壊し、右派が分裂するという先に述べた一連の出来事のなかで政党支持をやめた人たちなのですから、少なくとも政治に対する関心を持っていた人たちであるはずです。

この田中氏の分類は、無党派層の歴史的な推移に基盤を置く有力なものです。しかし無党派層の二度の増加という事件が過去になるにつれ、次第に一人ひとりの考えが変化したり、世代交代も起きていくでしょうから、新たな無党派層の分類の研究が待たれます。

ここまで見てきたように、それぞれの世代はおかれている環境や過去の人生で経験してきた事柄が違っており、選挙で重視する争点もずれています。しかし、人口の少なさや投票率の低さから、若い世代ほど選挙を通じた意見の反映がされにくいのが現状です。図2－33では、18・19歳から40代に至るまで「支持政党なし」「わからない」と答えた人の合計が50％を上回っていました。若い世代の投票率の低さから、こうした人たちの相当数が棄権していることが示唆されます。

こうした人たちに働きかけるという視点から無党派層を新たに分類するならば、無党派層のうち過去10年ほどの間に投票に行った人たちを「活動的無党派層」と呼び、過去10年ほどの間に投票に行かなかった「非活動的無党派層」と区別することが意味を持つかもしれません。そして、それぞれの層がどういう世代、地域、職業に多いのかということや、おかれている状況、政治的なスタンス、問題意識、有権者数や投票力を正確につかむのです。

特に民主党への政権交代がおきた45回衆院選（2009年）は投票率の崩壊以降で最も多くの人が選挙に行っています。それ以降、投票率が非常に低迷する時期が続きますが、現在の無党派層のうち45回衆院選で投票に行った人たちは少なくとも一度は動いた経験を持っており、情勢を見て再び動く見込みのある層であるはずです（このため、分類の基準として過去10年という期間を設定しましたが、この期間は改めて適切に決められるべきでしょう）。

また、45回衆院選の政権交代時には民主党の支持率が高かったため、その時は民主党を支持していたけれど今は支持をやめているという無党派層が一定数いるはずで、この人たちにも固有の特徴があるはずです。「活動的」「非活動的」という二分法で捉えるのとはまた別に、この人たちのことを「脱民主党層」として検討することも意味がありそうです。

繰り返しますが、無党派層には、政治的関心が強い層とそうでない層がいます。投票に行ってきた層（活動的）とそうでない層（非活動的）がいます。しかしいま行われている定例世論調査などではこれらの区別がなく、単にまとめて無党派層として扱われており、内訳がわかりません。しかし政党が支持や票を獲得しようとする時にはまず狙うべき層（活動的）があり、過去の政権交代のような時にも動かなかったような層（非活動的）は区別が必要です。政治的な関心が低い層や投票に行かない層に関心を持たせるには何が必要なのか、投票に行こうと思わせるにはどうしたらいいのかということを考えるためにも、無党派層の内訳を知り、それぞれの特性を理解することは有益になるでしょう。

8　投票率のこれから

１９９０年代初頭に急増した無党派層は２００９年の政権交代で一時的な減少を見せますが、その後、民主党への失望とともに増加し、再び高水準になっています。１９９０年代から時間がたっても無党派層が高水準にあり、若者の投票率が低迷しているということは、新たに社会に出ていく人たちを政治が取り込むことができなくなったということを示唆しているわけです。

イデオロギーの衰退という面から考えると、１９９０年より以前には、新たに社会に出ていく世代は右派と左派に分化して、左派がその一定数を取り込むということを続けてきたものの、それが行われなくなってきたのでしょう。若者は社会に出る時に新たな人間関係を作っていきますが、そこにある政治的なつながりが薄いのです。図２−37で見た出生年別投票率のように、新しく登場した世代の投票率が低くなっていったのはこうしたことの反映でもあるはずです。

人は必ずしも一人ひとりがバラバラに政党を支持したり、投票に行ったりするわけではありません。会社や組織、組合、友達、家族などとの人間関係の中で政治と関わって投票に行きます。社会からそうした土壌が損なわれたということが、無党派層の多さや投票率の低さの原因にあるのだとしたら、若者を中心とする投票率の低下は根が深い問題です。

しかし若者も動く瞬間があります。改めて図2-38を見ると、44回衆院選や45回衆院選のとき、20代や30代の投票率の伸びは他の世代よりも大きくなっています。もちろんそれまでの投票率が低く、上昇する余地が最も大きかったのが若者だという面もあるでしょうが、関心が高まったり希望を見たりすることで、普段動かなかった層が動きうる分もまた大きいのです。

若者を投票に参加させるためには、若者の投票率の低さを嘆く前に、若者がどういう状況におかれ、何を考え、何に悩んでいるのかを知り、どのようにそれに応えたらいいのかを模索し、提示することが必要です。

現代は歴史の結果するところで、今の社会の状況はこれまでの政治の産物です。これからの都市と地方をどうするのか、これからの若者と高齢者をどうするのか。これからの未来をどうするのか。あらゆる知性を動員してこの社会の問題を洞察し、偽りでない希望を、現実的な手続きのもとに提示することが求められています。

Ⅲ　選挙と世論

第七章

政治参加の一つとしての選挙

第Ⅱ部の後半で見てきた１９９０年以降の無党派層の急増は、政党に期待しない人たちの増加と重なっているはずです。また、選挙に対する関心が一概に低くなっているわけではないことを示す調査（図２‐40）や、それと同時に投票率が崩壊してきた事実（図２‐39）は、選挙にたいして関心はあるけれども、それがもたらす結果に幻滅していて棄権を選択する人たちがいることを示しているようです。

この第Ⅲ部では選挙がどのように世論を反映するのかということを中心に考えていきますが、こうした幻滅がデータによって示唆されている以上、選挙で何ができるのか、私たちが政治と関わる方法には何があるのかということを確認するところからはじめることにします。そのうえで、今の選挙がどのような条件で行われているのかを分析し、変化を作り出すにはどうしたらいいのか考えていきます。

1　選挙でできること、できないこと

民主主義において選挙が重要なことは論を俟《ま》ちませんが、選挙はまた、世論を反映する完璧な手段だと言うこともできません。その点をまずは押さえることにしましょう。

選挙は社会を変えるための手段の一つですが、それによって実現できることがある反面、実現できないこともまたあります。

選挙でできるのは国民の代表の選出であり、特に国政では政党の持つ議席数を変えることができます。たとえ政権が国民の声を黙殺するような事態があったとしても、その後の選挙で敗北すれば、どのような政権であっても権力の座を去らなければなりません。これこそ選挙のもつ実力であると端的にいえるでしょう。

それでは実現できないことは何でしょうか。社会を変えるという立場からは、むしろこの点をはっきりさせておく必要があるかもしれません。それは、原則として「選挙は有権者に政策をえらぶ機会を与えているわけではない」ということです。

2012年の衆院選のとき、小選挙区で「TPP断固反対」を掲げた自民党の政治家がTPP推進に舵を切り替えたことを思い出してください。あるいは、なぜ2010年の

沖縄県知事選で普天間飛行場の県外移設を掲げた仲井真知事が、辺野古移設（新基地建設）を承認するようなことがありえたのでしょうか。それは選挙とは違う力関係によって政治が動かされることがあるからで、私たちはたびたび政治家による「裏切り」にあいます。そして、間接民主制における次のような事実を突きつけられるのです。選挙を通じて有権者ができるのはあくまで代表の選出でしかなく、選出された代表が何をするかではないのだと。

現実の選挙は、「主権者としてその意思を政治に反映させることのできる最も重要かつ基本的な機会（総務省ホームページ）」であるという説明に十分に値するとは、とても言えないものです。

もちろん、政治家や政党は支持を失えば次の選挙を戦うことができないので、掲げた公約やマニフェストを破るのはリスクのある行為であるはずです。しかし、次の選挙で落選させられるからといって、選挙で勝った限り、任期の間は何をやってもいいというのは違います。そのようなことがまかり通れば国民主権は名ばかりのものとなり、選挙は形骸化の一途をたどるでしょう。

例えば政権交代が可能な二大政党制があったとしても、政権交代ができるということは健全な民主主義を保障しはしません。政権を担った政党が公約に反してひどい政策を行い、それに反発した有権者が政権交代を実現したとします。しかし、新しく政権を担った政党がまた同じようにひどい政策を行い、政権交代を繰り返すということになったら、その選挙はいったい何の意思を反映するのでしょうか。

私たちはそれぞれが様々な悩みを抱え、様々な問題意識を持ち、あるべき未来社会を考えます。しかし選挙でできるのは、一つ一つの政策を選ぶことでも政策への賛否を表明することでもなく、政策、実績、人柄などを総合的に評価して、候補者や政党を選ぶことでしかありません。また、その選ぶという行為もまた、自ら候補者を擁立した一部の人たちを除けば提示された選択肢によるものでしかなく、投票する人は時に「どちらがより愚劣でないか」という苦しい判断をつきつけられるのです。

2　選挙を補完する手段

選挙があくまで政治家や政党を選ぶものであるならば、国民はどうやって個別の政策への意見を表明し、政治家に伝達したらいいのでしょうか。その機会の一つとして、例えばデモが挙げられます。「デモによって政治が変えられていいのか、選挙で意思を示すのが民主主義ではないのか」という主張がされることがありますが、選挙では個別の政策への意思を満足に示せないからこそ、それを行うデモという機会を民主主義は確保するわけです。ですから「選挙で代表を選ぶ」「デモで政策への意見を表明する」というように、選挙とデモは異なる機能を担うものなのです。

また、選挙で勝つということは一時的に権力に与《あずか》るということにすぎず、勝者の任期が終わった後には次の選挙がやってきます。応援した側が勝っても負けても、常に「その先」が続いていくのですから、大事なのはいつも、楽観せず、また失望せずに忍耐強くその先を変えていくことになるのでしょう。民主的な社会ではどのような立場の人も団体も、次の選挙を目指して様々な取り組みをすることが可能となっています。たとえ選挙に負けたからといって沈黙する必要はないし、勝利した政党や候補者を受け入れなければならないということもありません。2016年のアメリカ大統領選挙でトランプ氏が勝利をおさめた後、かの民主主義大国で起きたのは全土に及ぶ反トランプの抗議行動の嵐でした。選ばれた代表を批判し、受け入れないという意思表示をする場も、手続きも用意しているのが民主主義なのです。ですからもし「デモではなく選挙で意思を示せ」などということをアメリカの人が聞いたとしたら、トランプ氏でも呆れ顔になってしまうでしょう。

私たちはデモであれ選挙であれ、様々な政治との関わり方を必要に応じて選択することができます。羊のように投票所に並んで羊のように一票を入れ、後は黙っていることが民主主義なのでは決してありません。また、日本の主権者は有権者ではなく「国民」ですから、政治に参加し、社会のあり方について判断し、行動していくのは選挙権を持つ人に限りません。私たちの社会では、そうした人たちも含めて、それぞれの立場から、様々な形での政治への参加が可能となっています。

3　さまざまな政治参加

それでは「様々な形での政治への参加」にはどういったものがあるのでしょうか。ここでいちど、私たちがどのようにして政治と関わっているのかを考えてみましょう。

蒲島郁夫氏の『政治参加』にあるように、「政治参加とは政府の政策決定に影響を与えるべく意図された一般市民の活動」であるというとらえ方がこれまでの主流でした。具体的には、投票に行くこと、選挙運動に関わること、デモをすること、政治家と接触すること、自治会の政治活動に参加することなどが挙げられます。

しかし私たちが社会に不安や窮屈さを感じたり、政治がこのままでは誤った方向に進んでしまうと思ったとき、取りうる行動はこうしたものに限られているでしょうか。例えば政治にかかわる第一歩として、まず家族や友達に話して共感を得たりすることはないでしょうか。あるいは文章で訴えてみたり、抱いた感情を芸術にして相手の心を揺さぶるのはどうでしょうか。そう考えていくと私たちには様々な方法があるはずです。

政治参加という概念は、より拡張されたものとして、「社会を変えようという意図が含まれたあらゆる行動や表現活動」と再定義できるのではないでしょうか。これには従来の政治参加に加えて、家族や友達に話すことや、インターネットで自分の考えを発信すること、文章を書くこと、絵や詩を発表することなどが含まれます。

確かに政治を変えようとするとき、選挙やデモは有効な方法です。選挙はその結果により、有無を言わせず政治家の当落を決めていくものです。デモもまた、政策決定に大きな影響を与えてきた歴史を持っています。こうした実力行使に重きをおくならば、政治参加は従来のような範疇になるのが自然でしょう。

しかしながら一人ひとりには、選挙やデモに参加するより前に普段の生活があり、それぞれが人と人との関係の中で浮かび上がる想いを持っています。そうして、例えばある人は自分の親が歳をとっても健康に生活できるよう、自分の子供が周囲との軋轢《あつれき》の中で歪められることなく育つことができるよう、自分の故郷が汚染されたり破壊されることのないよう、そして自分が自由であるように、それぞれの生活から浮かび上がる実感の中で、社会をより良いものにしようと考えます。選挙で票を集めたり、デモに人を集めたりすることができるのは、一人ひとりがそうした想いを言葉や態度などの表現にして、相手の心を揺さぶることができるからこそです。

ある人の表現が、それを受け取る人の心にとどまったり、心を動かしたりすることがあります。そうすると受け取った側の人の振る舞いもこれまでとは違ったものになり、そうして発せられた新たな表現がまた他の人へ伝わっていきます。この連鎖は空間を超えて社会に広がり、時間をこえて未来に広がります。ですから政治とのかかわり方も従来の政治参加だけというふうに限定せず、文章を書くのでもいいし、絵を描くのでもいいし、歌うのでもいい。日常生活の中で家族や友達や同僚と関わっていくのでもいい。そしてもちろん投票するのでもいい。望む未来に向けて表現を放ち続けることが生きるということで、それが未来をひらくのだという立場をとるわけです。

なお、政治に参加するのは良いことだと思われがちですが、こうして定義を拡張された政治参加そのものが肯定的な意味合いを持つわけではありません。個々の政治参加の内容が良いか悪いかというのは、「社会を変えようという意図」がどのようなものであるかによって、共同体とのかかわりの中で評価されるでしょう。それを行うことで開かれる未来が、閉ざされる未来より暗いのであれば、それは放つべきでない表現であるはずです。例えば特定の人種の人たちを差別するような個人の発言やインターネットでの書き込みもまた、拡張された定義の中では政治参加に含まれますが、そのような行為が人と人の対立を煽り、社会を誤った方向に動かしてきたことは言うまでもありません。

また、私たちは表現したいという意志によって表現をなしますが、それが相手に伝わらなかったり、意図せずに相手を傷つけたとしたら、後になって「するべきでなかった」と後悔することになってしまうでしょう。相手と親密になりたいと思って表現をするとき、関係が良くなればいいけれど、逆に良かれと思ってしたことが相手に迷惑をかけることもあります。これは相手との関係をとらえそこなっていたことから生まれてくる問題で、社会においても同様のことが起こりえます。だからこそ、私たちは社会を良い方向に変えていくために、様々なデータを検討しつつ、社会の姿や抱えている問題を正確にとらえ、あるべき未来を描かねばなりません。もしも政府や報道がデータを偽ったり、事実を捻じ曲げて伝えるようなことがあったのなら、それは国民の判断を翻弄し、政治参加を歪める重大な問題だといえるのです。

第八章

選挙はどのように世論を反映するのか

1　選挙における不平等と歪み

選挙で票を投じる有権者は、学生、主婦、会社員、農家、失業者、お店を経営している人など様々です。こうしたいろいろな人たちの誰もに一票を与える平等選挙の原則は、自分の一票を行使する限りは公平なものであるはずです。しかし実のところ権力や資金力を持つ人たちは、利益と引き換えに多くの人を従わせたり、マスコミを通じて世論に働きかけたりすることで、多くの有権者の票を自分に有利な方向へ動かすことができるでしょう。世論も選挙も、そのようにして操られる面を持っています。

現代の社会では富がごく一部の人たちに集中しており、他方では生活を切りつめて生きている多くの人がいます。十分な医療や教育が受けられなかったり、不健康な生活や厳しい仕事を強いられたりする人たちも少なくありません。ですから富を持つ一部の人たちがその富を増やし、貧富の差をさらに拡大しようとするならば、それは少なからず、多くの人たちに望まれない結果を招くはずです。しかし、現実には少数の資産家や大企業などに有利な政策が行われる一方、多数であるはずの一般市民が不利益を被ることがあるのはなぜなのでしょうか。

それは、富を持つ人たちは少数であるのにもかかわらず、多くの人たちに幻想やあきらめを抱かせ、世論を動かし、人々の投票を左右する大きな力を持っていることによっています。ですから一人一人が同じ一票を持っているからと言って、みんなの意見が公平に政治に反映されるものであるかのように選挙を無批判に、教科書的に描き出すのは、こうした面に盲目的であると言わざるを得ません。

選挙は様々な歪みをはらんでおり、民意を勝ち得て多くの票を獲得した勢力が、かえって少数の議席しか得られないような結果になる場合があることも本章で見ていきます。少しでも良い代表を選出したい、良い政権を構成したいと考えるならば、勝てると思った選挙でことごとく負けるようなことにならないよう、選挙を知り、選挙はどのように世論を反映するのかを理解することが不可欠になるでしょう。選挙において歪みがあるならば、その歪みをはっきり捉え、対策を講じることが必要です。

2　選挙制度が議席数を左右する

今、日本の衆議院選挙は、**小選挙区比例代表並立制**という選挙制度のもとで行われており、有権者は小選挙区と比例代表に1票ずつ、合計2票を投じることができます。岩崎美紀子氏の『選挙と議会の比較政治学』によれば、選挙制度とは「**票を議席に転換するメカニズム**」（岩崎、2016年）です。ある政党や候補者が獲得した票の割合を得票率、議会全体に占める議席の割合を議席率（議席占有率）と言いますが、どんな選挙制度を採用するかによって票から議席への転換のされ方が異なり、得票率と議席率にずれが生じます。（なお、ここでも単に「得票率」というときは相対得票率を意味するものとし、絶対得票率を問題にする場合はそのつど「絶対得票率」と表記することにします）

また、第Ⅰ部で見たように政党支持率と比例代表の得票率は整合していますが、小選挙区となると必ずしも高い整合性が見られるわけではありません。例えば地元の小選挙区で支持政党の候補が擁立されていないとき、妥協して他の政党に投票するとしたら、それは支持率と得票率に違いをもたらします。

このように支持率と得票率は有権者のとる投票行動に媒介されています。投票は特定の

支持率

↓ ① 投票行動……選挙制度の枠内での投票先の選択

得票率

↓ ② 選挙制度……直接的に票を議席に転換するメカニズム

議席率

表3-1　支持率、得票率、議席率

選挙制度の下で行われるものですから、選挙制度は投票行動とも無縁ではありません。表3－1に支持率、得票率、議席率の関係をまとめました。

続いて表3－2は、代表的な選挙制度の類型をまとめたものです。制度ごとの細かな解説は他に譲るとして、ここでは選挙制度の根底にある問題を考えてみましょう。

選挙制度を意図的に変えてきた例は多くありますが、一例としてフランスをとりあげることにします。フランスの国民議会では**小選挙区二回投票制**が採用されています。これにはいくつか規定があるのですが、1回だけの投票で決まる日本の小選挙区とは違い、おおまかにいって有力な候補を選別する第1回投票と、そこで選ばれた少数の候補から最有力の者を選ぶ決選投票という2回の選挙で議席が決められます。

この制度では、1回目の投票で極右政党の候補が伸びてきても、決選投票で極右以外が協力して票を固めれば、極右を阻止することが可能となっています。たとえば極右と右派が決選投

- 多数代表制
  - 大選挙区
    - 連記制
      - 完全連記制
      - 制限連記制
    - 単記非移譲式
  - 小選挙区
    - 選好投票制（優先順位投票）
    - 小選挙区二回投票制
    - 単純小選挙区制
- 比例代表制
  - 名簿式
    - 拘束名簿式
    - 非拘束名簿式
  - 単記移譲式

（単純小選挙区制と名簿式の組み合わせ）
- 小選挙区比例代表並立制
- 小選挙区比例代表併用制
- 小選挙区比例代表連用制

表 3-2　代表的な選挙制度の類型

票に進出した場合、極右よりはましだという判断から、中道や左派が協力し、あらためて右派に投票することが可能というわけです。

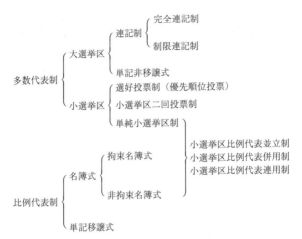

しかし1985年、与党だった社会党は選挙情勢が劣勢となるなか、中道と右派の連携をはばむ意図で選挙制度を変え、1986年の議会選を比例代表制のもとで実施します。このことは極右の躍進をもたらし、その勢いに恐怖した与党はただちに小選挙区二回投票制を復活させるのです。

振り返ってみれば、戦前にナチスを政権の座につけてしまったのも比例代表制の選挙でした。得票率に応じて議席が配分されるこの制度の下で、ナチスは次第に政治家を増やし、地盤を固め、第一党の地位を獲得するに至るのです。そうした芽を摘むため、極右という一つの勢力を選挙制度で意図的におさえこんだこのフランスの例は、肯定的に評価されるべきでしょうか。それとも否定的に評価されるべきでしょうか。選挙制度の議論の根本はこうしたことをどう考えるかに帰着するのです。

3　選挙制度が政党のあり方や議員の質を変える

選挙制度は質的な影響もまたもたらします。例えば小選挙区比例代表並立制は、政権交代が可能な二大政党制を日本でも実現しようとして導入されましたが、それは他方で政党の公認権の影響力を強めました。名簿の名前順が重要になる衆院選の比例代表はもちろん、一人しか当選しない小選挙区もまた、党の公認なくして選挙を戦うことは容易ではないからです。

NHKの「平成史スクープドキュメント第3回〝劇薬〟が日本を変えた〜秘録 小選挙区制導入〜」（2018年）の中に、若き小泉純一郎氏が「小選挙区制になると組織、資金、人事、もうすべて党の一部幹部に集中される。執行部の気に沿わないことを言えなくなる状況が生まれるおそれが出てくる」と語っている場面があります。後に2005年の郵政解散で小泉氏が郵政民営化に反対した議員を公認せず、それどころか刺客を擁立することになるのは皮肉ですが、党の執行部に異議をとなえる政治家は公認をもらえないのですから、小選挙区の導入は政党内の権力が執行部に集中し、議員が多様性を失う結果を招いた疑いがあるわけです。

当選に必要な得票率も議員の多様性と無縁ではありません。図3－1（190頁）には、選挙区の定数ごとに、当選ラインが最も高くなる場合を示しました。これは候補者が乱立せず、かつ無投票にならないように定員を一人だけ上回る数の候補が互角に競り合っているときです。左から順に定員までが当選し、いちばん右の点線の枠が落選となっています。

小選挙区は選挙区ごとに一人だけ当選者を出す制度で、戦後の日本では41回衆院選（1996年）から運用されています（参院選の1人区や県知事選、市町村長選もまた、制度上は小選挙区にあたります）。2人区は選挙区ごとに二人の当選者を出す制度で、これ以上の場合を一般に**大選挙区**といいます。日本では40回衆院選（1993年）まで中選挙区という言い方がされてきましたが、中選挙区もまた分類上は大選挙区に含まれます。

図3－1を見ると、小選挙区の場合は得票率が50・00％をわずかでも上回った一人が当選し、それに満たなかった一人が落選しています。2人区は得票率が33・33％をわずかに上回る二人が当選し、それを下回る一人が落選となっています。これは最も高い当選

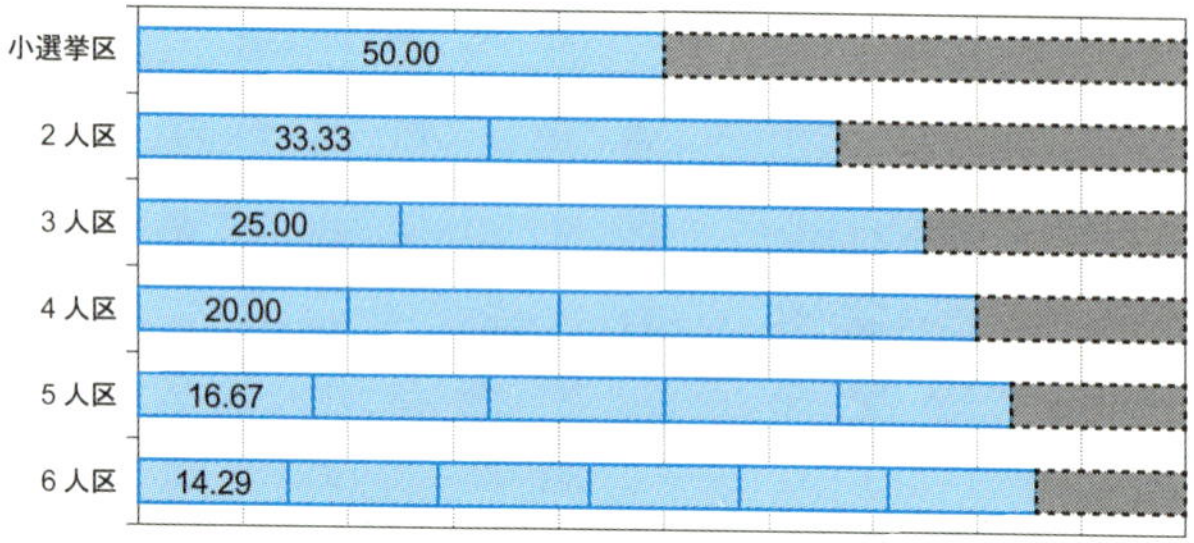

図3-1　当選ラインの最高水準（%）

ラインですから、他の候補者の得票率がどうであれ、また何人擁立されている場合であれ、2人区では33・33%を上回ることができれば確実に当選するということになるわけです。

この当選ラインの最高水準は、100%を「定数+1」で割った得票率によって決定されています。つまり、確実に当選するために最も高い得票率を要求するのが小選挙区なのです。ですから小選挙区で当選するためには、勤労者を狙って景気対策や雇用・経済政策を、高齢者を狙って医療・年金・社会保障を訴えるなど、投票力の高い層をとりこむことが欠かせません。また、幅広い支持を得られるよう、公約はあいまいになりがちです。

対して、若い候補が同世代の支持を得て選挙を戦うような場合、投票力の世代間格差によって、小選挙区は不利に働きます。原発、憲法など、争点として小さな問題に取り組む候補も同様といえるでしょう。しかし、5人区や6人区であれば、小さな投票力、小さな争点であっても、きっちり支持を固めれば当選が見えてきます。

選挙制度は、量的には得票数を議席数に対応させるというだけのものにすぎないかもしれません。しかしそれには当選に必要な得票率の問題と、投票力の大きさや世論における争点の大きさがかかわっており、誕生する議員の数だけでなく質や多様性をもまた変えてしまうのです。選挙制度の議論は議席数の話ばかりになりがちですが、こうしたことも忘れてはならない問題です。

4 ゲリマンダーの手法

ここまでは選挙制度の種類が選挙結果に量的・質的な影響をもたらすという話をしてきましたが、用いる制度を決定した後も、その制度を適用するにあたって、なお選挙結果を左右する要因が残されます。

その一例として、図3-2（192頁）に小選挙区の一例を示しました。簡略化するため、ややコンパクトにした例えですが、これは全国で白の政党が9万票、黒の政党が6万票を獲得したとして、1万票あたりを一つの●で表示したものです。

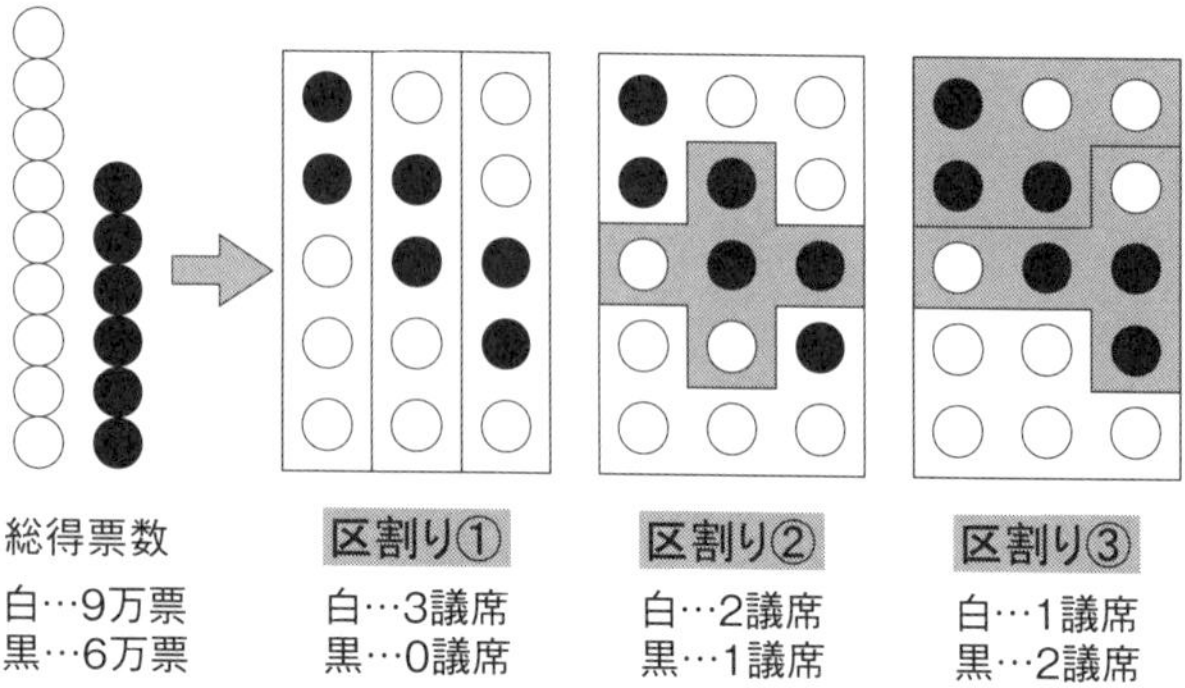

図3-2　区割りによる獲得議席数の変化

まず、この国を区割り①のように三つの小選挙区で分けてみることにしましょう。この場合だとどの小選挙区でも白が黒の得票数を上回り、3議席すべてを獲得するわけです。

ここで、区割り②を見てください。これは、それぞれの●の配置を同じにしたまま、区割りだけを変更したものです。区割り②の場合は白が上回る小選挙区は二つ、黒が上回る小選挙区は一つとなっています。

そして区割り③では、白が上回る小選挙区は一つしかなく、黒が二つの小選挙区で優勢となっています。総得票数で劣勢な黒が、議会では多数派を占めるのです。これは非常に単純化したモデルですが、区割りの設定によって総得票数と議席配分の逆転さえ起きるのは示唆的です。

区割り③を見ると、白の投票者が一つの小選挙区に囲い込まれていることに気がつきます。黒はその小選挙区を放棄するかわりに、残りの二つで優位に立つわけです。このように、選挙結果を左右する意図で区割りを設定することを**ゲリマンダー**と言います。

ゲリマンダーを行うためには、第一に、過去の選挙結果などから政党の地盤が分析されていなければなりません。これは本書の第Ⅱ部で行ったのと同じようなことです。また第二には区割りを変えるための実権が必要です。ゲリマンダーは政治家や政党が区割りの決定に関わる国ではしばしば行われ、実際に問題となっています（ゲリマンダーという名称自体が、自覚に有利な区割りをしたアメリカの政治家の名に由来します）。日本ではあまり見られるものではありませんが、このことには票を議席に転換する過程にひそむ問題として選挙の歪みを端的に見ることができ、議会の多数派とは何なのかを考えさせてくれます。

5　小選挙区比例代表並立制がもたらしたもの

現在、衆院選で採用されている小選挙区比例代表並立制は、小選挙区制と比例代表制という、二つの票を議席に転換するメカニズムからなっています。それぞれどのように機能しているのか見てみましょう。

図3-3 小選挙区（与党）

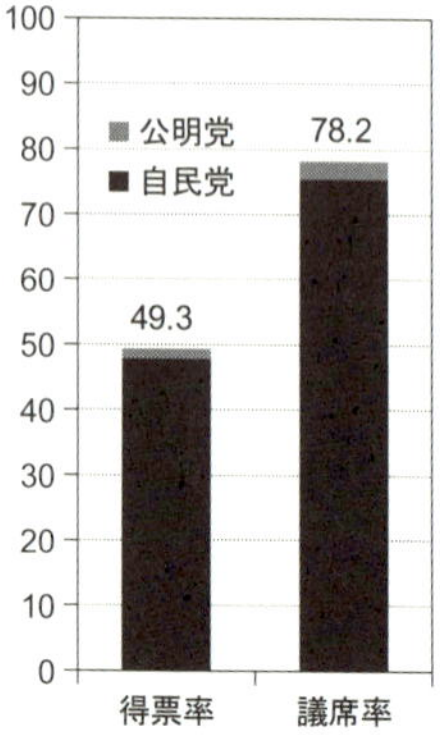

図3-4 小選挙区（野党・無所属）

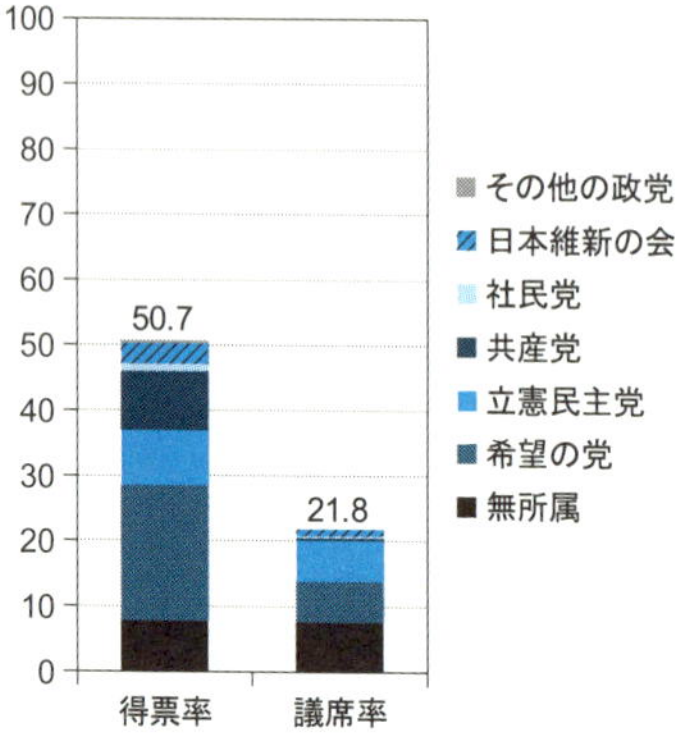

図3-5 比例代表（与党）

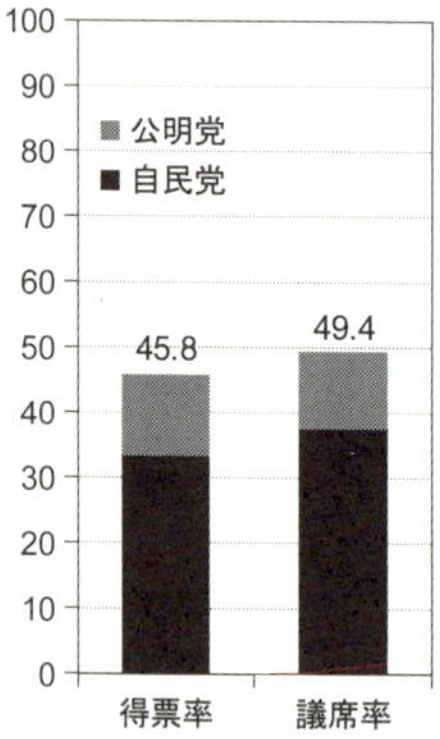

図3-6 比例代表（野党・無所属）

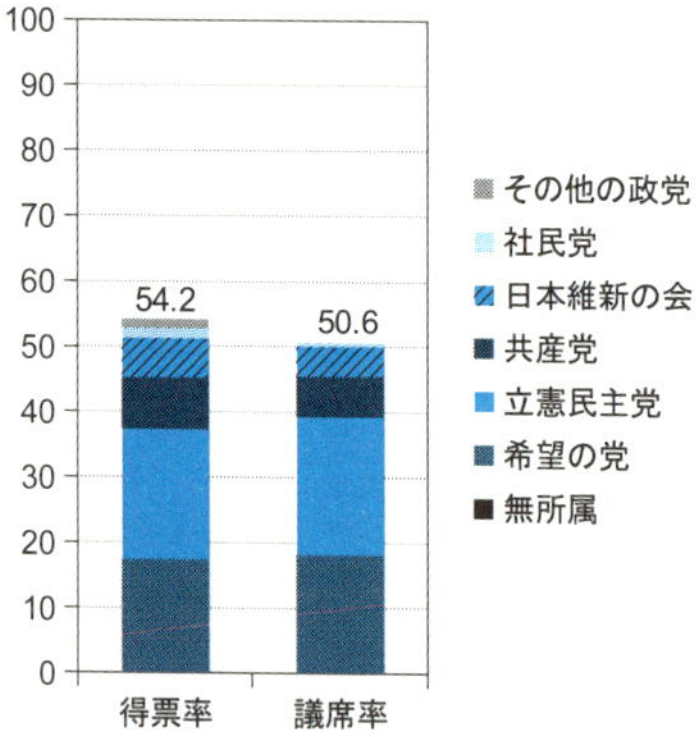

第48回衆議院選挙における各勢力の得票率と議席率（%）

48回衆院選で、与党は全議席の3分の2を上回る313議席を獲得し、圧勝をおさめました。図3－3から図3－6はこのときの選挙について、小選挙区と比例代表における得票率と議席率の全国集計を表したものです。小選挙区が印象的で、与党（図3－3）の議席率が得票率を大きく上回る一方、野党（図3－4）の議席率は得票率の半分にも達してはいません。その結果、得票率がほぼ互角な与野党に、圧倒的な議席率の差がついています。対して比例代表の方は得票率と議席率の間に極端な違いは見られません。しかしそれでもなお、与党（図3－5）が得票率よりもやや高い議席率を得ており、野党（図3－6）はその逆となっていることが読み取れます。

この得票率と議席率の関係を詳しく見ていくため、表3－3と表3－4に政党別の数値をまとめました（196頁）。また、メカニズムがどれほど有利あるいは不利に働いているのかを明らかにするため、議席率を得票率で割った値を**転換倍率**と定義し、この値の大きな順に政党を並べました。転換倍率が大きな政党ほど、選挙制度が有利に機能しているというわけです。

小選挙区（表3－3）を見ると、転換倍率は自民党と公明党で非常に大きくなっています。公明党の倍率が最も高くなったのは、正確な情勢分析のもと、当選が極めて有力な小選挙区にしか候補者を立てないことによるのでしょう。無所属が0・98と比較的高いの

小選挙区（289議席）				
	得票率		議席率	転換倍率
公明党	1.50	<	2.77	1.85
自民党	47.82	<	75.43	1.58
無所属	7.79	>	7.61	0.98
立憲民主党	8.53	>	6.23	0.73
日本維新の会	3.18	>	1.04	0.33
希望の党	20.64	>	6.23	0.30
社民党	1.15	>	0.35	0.30
共産党	9.02	>	0.35	0.04
その他の政党	0.38	>	0.00	0.00

表3-3　得票率と議席率の関係
——小選挙区

比例代表（176議席）				
	得票率		議席率	転換倍率
自民党	33.28	<	37.50	1.13
立憲民主党	19.88	<	21.02	1.06
希望の党	17.36	<	18.18	1.05
公明党	12.51	>	11.93	0.95
共産党	7.90	>	6.25	0.79
日本維新の会	6.07	>	4.55	0.75
社民党	1.69	>	0.57	0.34
その他の政党	1.30	>	0.00	0.00
無所属	—	—	—	—

表3-4　得票率と議席率の関係
——比例代表

は政党に属さなくても当選する力のある候補者がいるためです。野党の転換倍率は全て1未満となっており、それも下位になるにつれて急激に落ちています。

また、比例代表（表3-4）では、得票率、議席率、転換倍率の順番が全て同一になっており、大きな政党ほど有利になる傾向が読み取れます。しかしその転換倍率は最も高い自民党でも1・13倍ほどにとどまり、1・06倍の立憲民主党や1・05倍の希望の党とあまり違いがなく、その下位にある0・95倍の公明党、0・79倍の共産党、0・75倍の日本維新の会までの下落は緩やかです。

こうした検討から見えてくることは、小選挙区が与野党の議席配分に極めて大きな影響を持つことです。戦後に行われた衆院選について、与党が獲得した議席率の上位5位までを表3－5（198頁）に示しましたが、これらは全て小選挙区比例代表並立制の下の選挙にほかなりません。さらに驚くべきことに、表にある44回、45回、46回、47回、48回というのは最近の連続した選挙となっています。

また、表3－5では、与党の議席率が特別多数に達しているものを青色で示しました。採決には一般的に多数決と特別多数決という二つのやり方があり、過半数の賛成によって決めることを多数決、過半数よりも多い基準によって決めることを特別多数決といいます。特別多数決の基準はさまざまですが、日本の国会では戦前から3分の2が特別多数とされています。

国会で与党が持つ力は過半数、安定多数、絶対安定多数、特別多数の順に大きくなり、なかでも特別多数は改憲の発議や秘密会、議員の除名に関わるだけでなく、参議院で可決されなかった法案を衆議院のみで成立させることを可能とする強力なものです。これは戦後の中選挙区制の選挙では一度も与党だけで満たされた事例がなく、実質的に与野党の合

衆院選	定数	与党	与党の議席数	与党の議席率
47回（2014年）	475	自民・公明	326	68.63
44回（2005年）	480	自民・公明	327	68.13
46回（2012年）	480	自民・公明	325	67.71
48回（2017年）	465	自民・公明	313	67.31
45回（2009年）	480	民主・社民・国民	318	66.25

表3-5　与党の議席率——上位5位まで（戦後〜2017年）

意がなければ行使できない力でした。しかし小選挙区比例代表並立制の導入後は、与党が特別多数に達した例が２０１７年までに４回起こっており、選挙制度の変更が与党のみでこの強い力を振るいうる状況をもたらしたわけです。

ですからここで、二大政党制を意図した小選挙区比例代表並立制の導入は、少なくともこれまでの間において、持続的な二大政党の競合を結果するのではなく、与党を一方的に強化するように機能したことをはっきりさせておく必要があります。そしてその与党は、本章３で述べたように、多様性を欠き、権力が執行部に集中したものなのです。

こうした点をうけて、小選挙区制の是非をめぐる議論は展開されてしかるべきでしょう。しかし選挙制度を変えるのは大掛かりな作業ですから、早期の実現はなかなか望めません。小選挙区制に対する批判をしたところで、現に大きく偏っている国会の力関係への現実的な対処になるわけではなく、少なくとも今後しばらくは現行の制度が続くなかで「どうしたら小選挙区

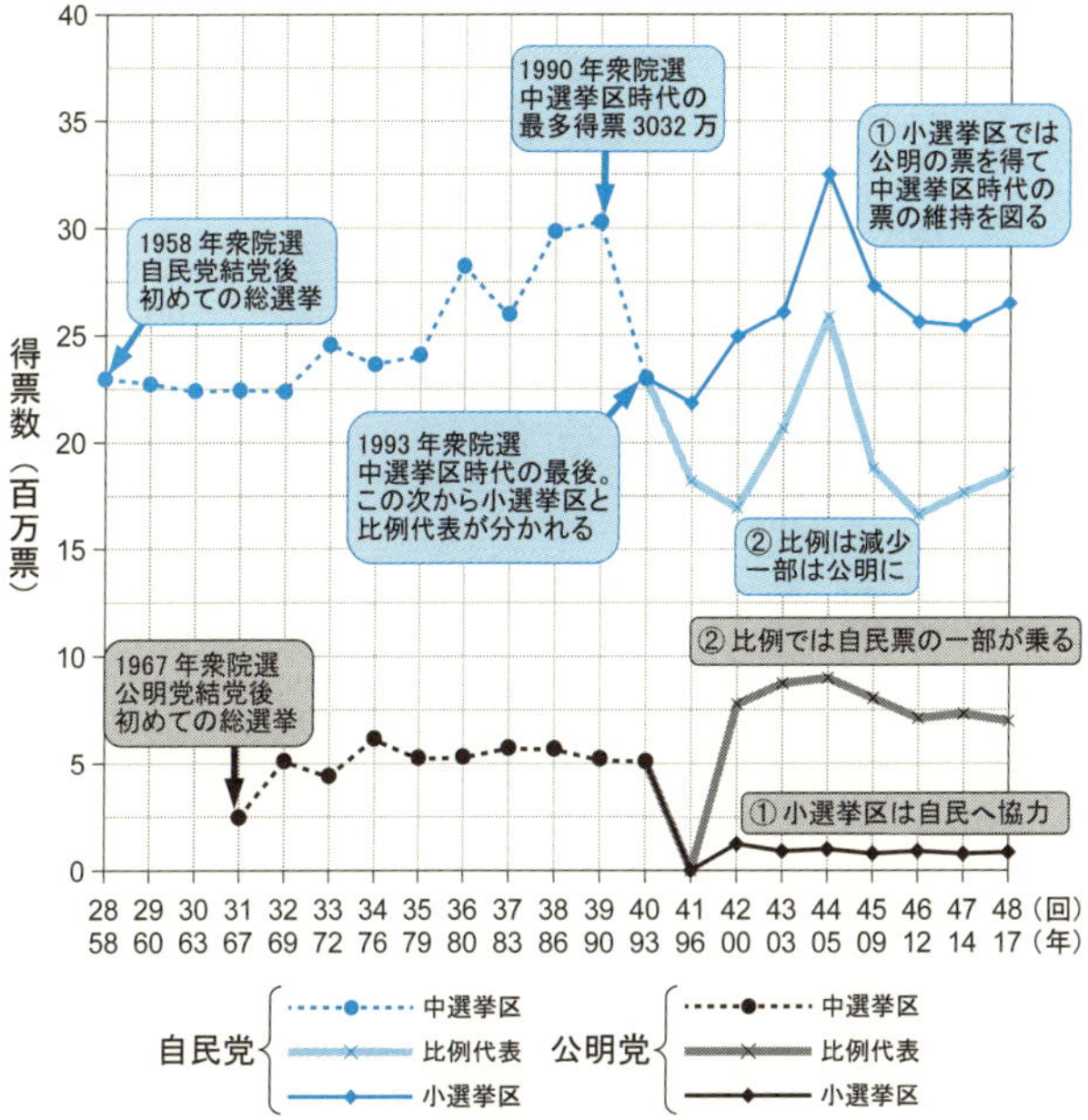

図 3-7　衆院選 得票数の推移（自民・公明）

制を使いこなせるのか」という議論が必要です。

与党が強すぎることは、国会で十分な審議がなされないまま採決が行われたり、その際に国民に対して十分な説明がされなかったりと、与党の支持層にも不利益をもたらします。ぎりぎり選挙に勝っている時には支持を失うまいとして支持層の意見に耳を傾けても、圧勝を繰り返しているときはその声も届かなくなりがちです。ですから支持先を問わず、選挙制度への適応は有権者の共通の課題になるのではないでしょうか。

6　自民・公明の選挙協力

自民党と公明党は小選挙区比例代表並立制をどのように利用しているのでしょうか。図3－7はこの2党について、結党から48回衆院選までの得票数の変化を表示したものです。点線で表した40回衆院選（1993年）までが中選挙区制の時期で、それ以降は小選挙区比例代表並立制に移行したため、小選挙区と比例代表への分岐がおきています。

この分岐の大きさは自民、公明に特有のもので、小選挙区と比例代表の得票数にこれほど差がある政党はこの2党の他には見られません。中選挙区時代、公明党はおおむね500万票強の票を得てきました。それが並立制になってからは小選挙区で100万票未満まで票を減らす一方、比例代表は700万～900万票まで伸びています。対する自民党は変動があるものの、公明党とは反対に小選挙区の票は常に比例代表よりも多くなっています。

このことは、公明党が小選挙区で自民党に票を回し、その見返りとして比例代表で自民党から票を得るという、選挙協力の結果です。小選挙区と比例代表に1票ずつ投じる時、小選挙区は自民党に、比例代表は公明党にというように投票先を振り分ける支持者がいることで、自民党は公明党から得た票で小選挙区で優位に立ち、公明党は自民党から得た票で比例代表の議席を確保するわけです。

もちろん他の政党の支持層にも、比例代表は支持政党に入れ、小選挙区は自公以外の最有力に入れるといった投票の仕方をする人たちがいます。しかし組織的にそのような振り分けが行えるわけではないので、こうした形での制度の利用は今のところ自公の特権となっています。

小選挙区で圧勝している自民党ですが、それは決して不動のものではないことを示唆するデータもまたあります。図3－8（202頁）に、衆院選における自民党の絶対得票率と議席率を示しました。

自民党の絶対得票率とは、すなわち全有権者のなかで自民党が獲得した票の割合です。これは結党後の28回衆院選（1958年）当時44％ありましたが、その後ゆるやかに低下していき、投票率の崩壊が起こる前の39回衆院選（1990年）まで30％台で推移してきました。小選挙区と比例代表に分岐してからは、比例代表は公明党に票を流しているとはいえ10％台に陥没し、小選挙区も公明票が乗って25％前後となっています。

48回衆院選では小選挙区で4・0人あたり一人、比例代表で5・7人あたり一人の票を得て、衆議院の多数を獲得した計算で、これまでの政権ではまずいと感じて一定数の人た

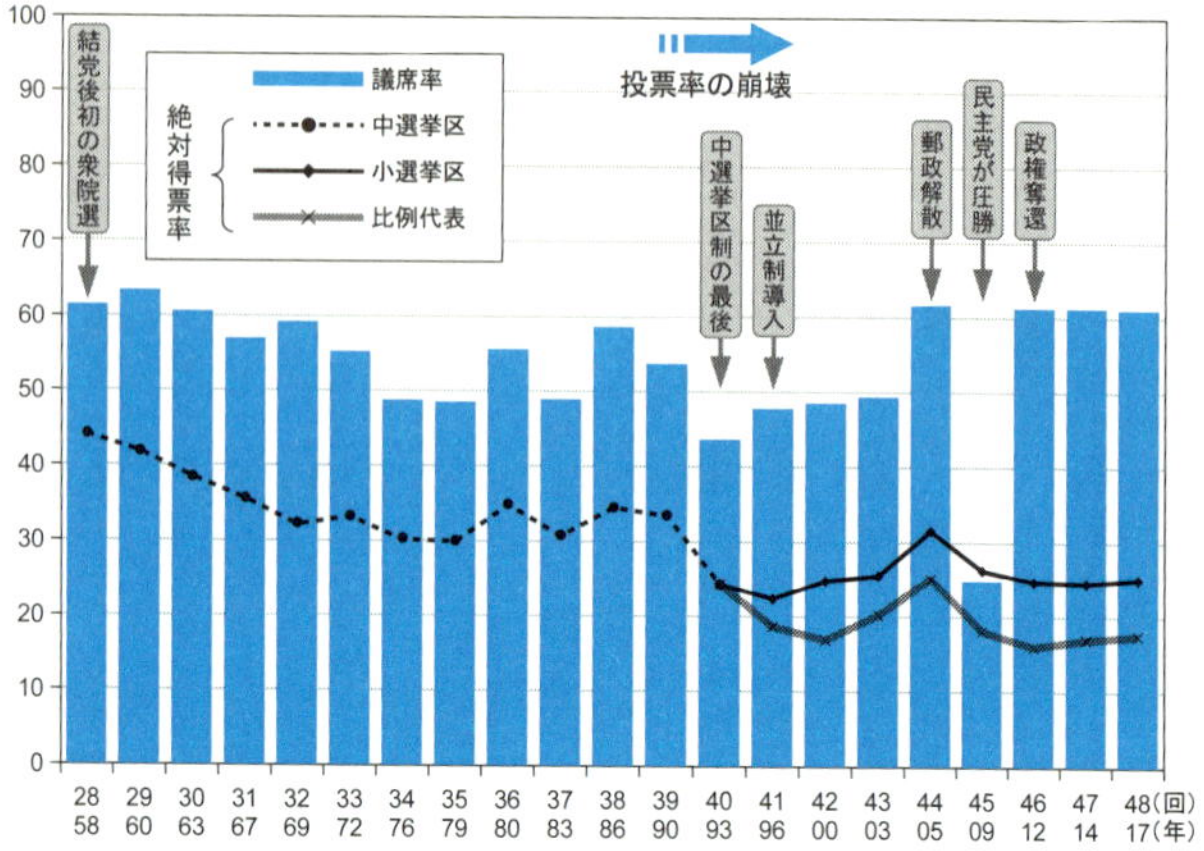

図 3-8　自民党の絶対得票率と議席率（%）

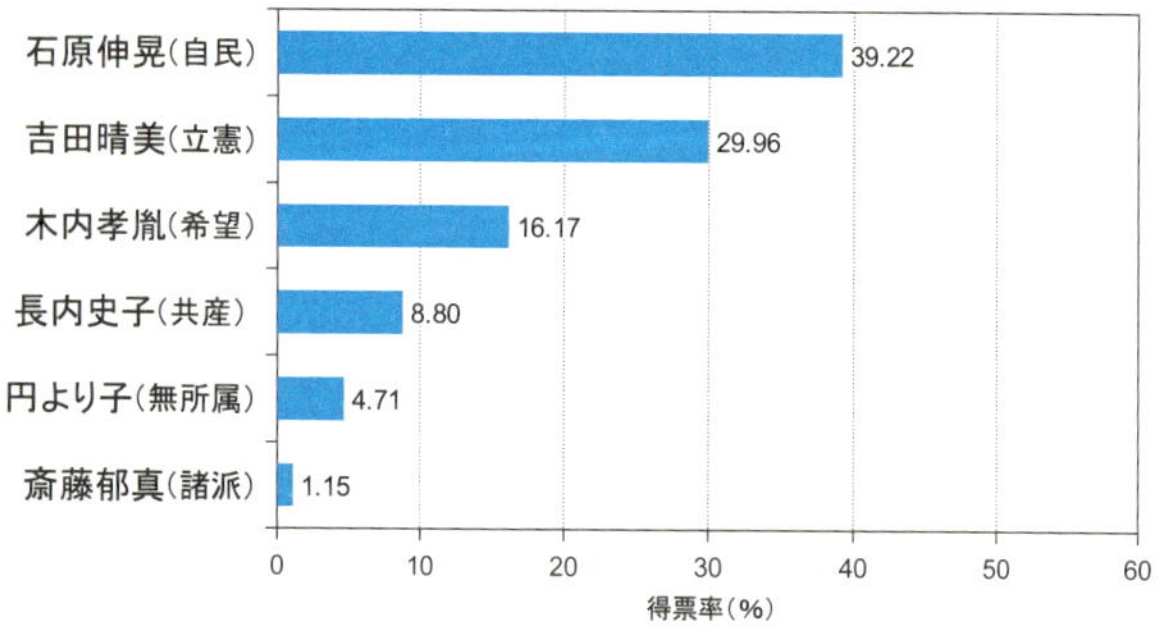

図 3-9　第48回衆院選 東京8区候補者の得票率

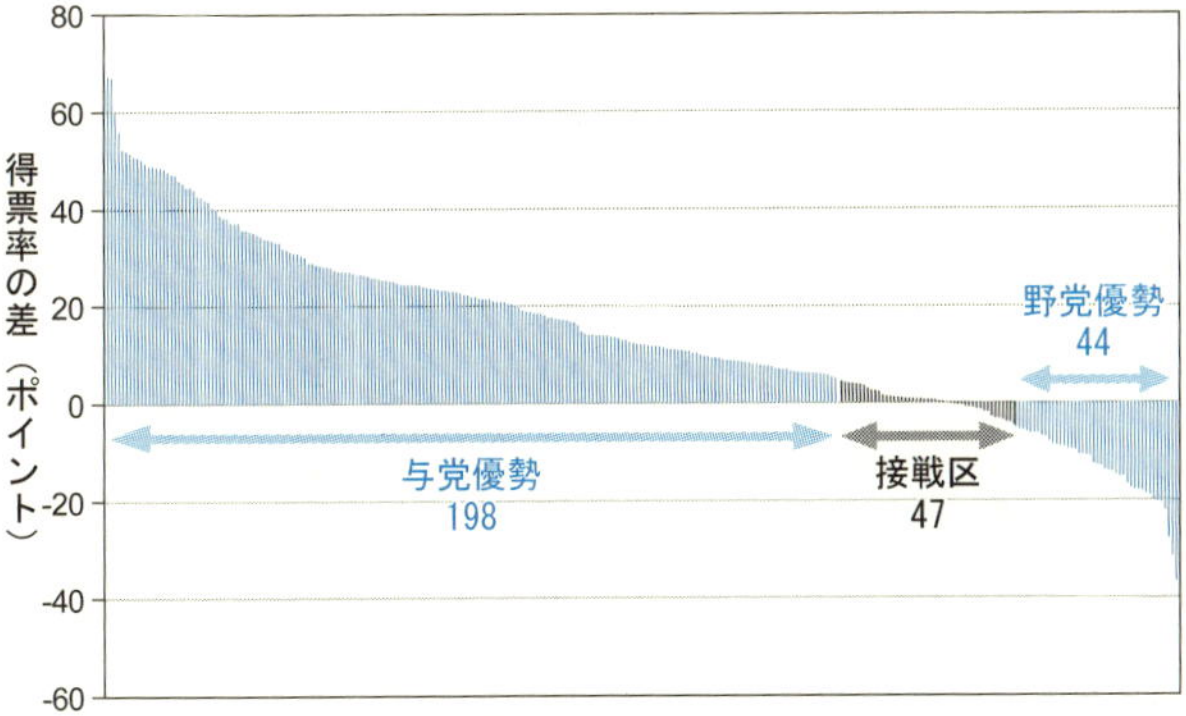

図 3-10　第48回衆院選 小選挙区の与党候補のリード
——実際の選挙結果

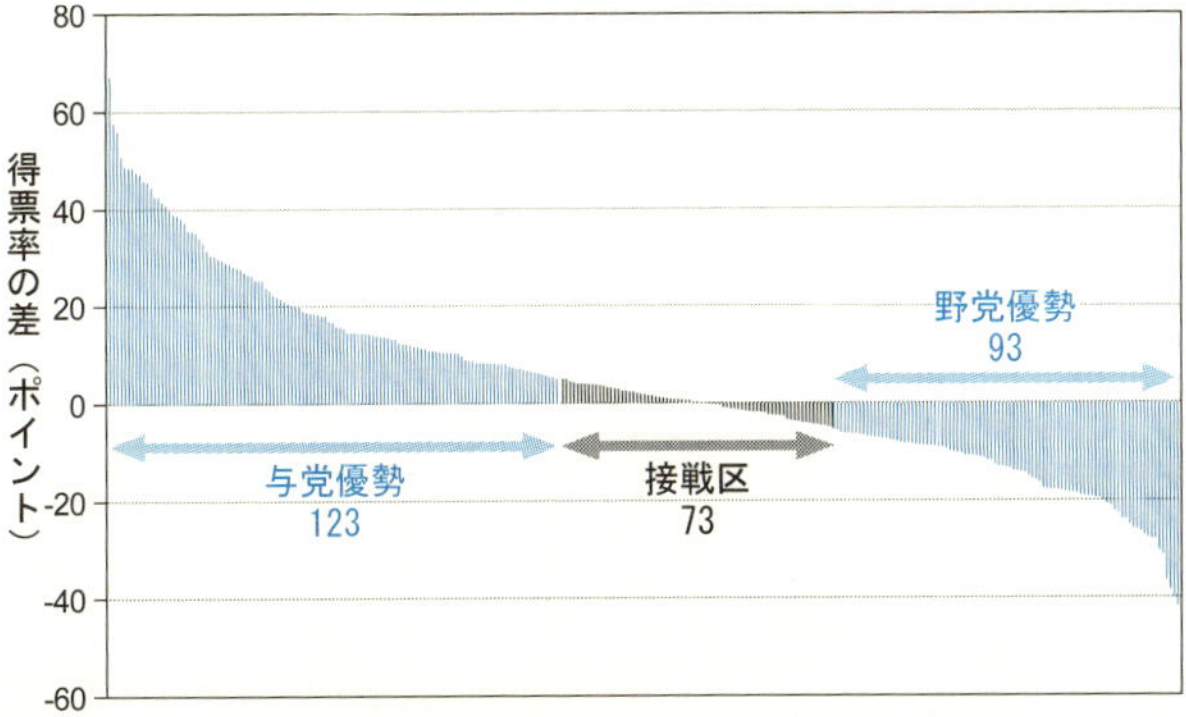

図 3-11　第48回衆院選 小選挙区の与党候補のリード
——野党の票を合算

ちが動けば、自民党の政権は決して盤石ではないといえるでしょう。

7 野党共闘の可能性

なぜ野党は小選挙区で合わせて5割の得票率がありながら、2割の議席率しか得られないのでしょうか（図3－4）。それは、与党が選挙協力を行い一つの小選挙区に一人の候補者しか立てないのに対して、野党は複数の候補者を立てているからです。

その一例を図3－9に見ることができます。これは48回衆院選の東京8区ですが、与党の候補者は石原伸晃《のぶてる》氏（自民）のみなのに対し、野党と無所属の候補者は5人に割れています。そしてこの東京8区の場合、それぞれの野党が自民党に批判的な勢力であったとしても、候補者が割れたことで得票率39・2％の石原氏の当選をもたらし、自民党に議席を許す結果となったのです。

確かにそれぞれの候補者が切磋琢磨することで各党が鍛えられるという考え方もあるかもしれません。しかし選挙区ごとに一人しか当選しない小選挙区は、事実上、候補者の乱立を許さないものとして設計されています。野党各党がそれぞれ独自の候補者を立てるのか、それとも一本化して与党と闘うのかという問題の大きさを端的に見るため、次のような実験的な集計をしました。

まず図３－10に示したのが48回衆院選小選挙区の実際の選挙結果です。一方、自民党系の無所属や維新、幸福実現党を除いた上で、自公以外の候補者の票を合算し、完全に一本化された場合の試算を図３－11に示しました。いずれも与党のリードが大きい順に各選挙区を左から並べ、得票率の差が５ポイント以内の選挙区を「接戦区」としています。

図３－10では、与党が優勢な選挙区が198もある一方、野党が優勢な選挙区は44にとどまります。また、接戦区が47と少ないのが特徴で、多くの小選挙区で複数の野党の候補者が擁立された場合、野党の劣勢が確定されてしまい、選挙戦でそれを覆す余地があまりないことが読み取れます。それに対して図３－11のように野党が候補者を一本化した場合、与党が優勢な選挙区は123まで後退し、野党側は93とかなり拮抗を見せます。接戦区は73に拡大しており、与野党の競り合いのなかで衆院の多数が決まっていくわけです。

48回衆院選小選挙区の結果で塗り分けた日本地図を、図３－12と図３－13に示しました（206頁）。この地図では与党の候補がリードする小選挙区を灰色で、野党の候補がリードする小選挙区を青色で塗り分けていますが、実際の選挙結果の図３－12と比べ、野党の票を合算した図３－13では東日本に多くの逆転が起きていることが読み取れます。また、関東の拡大図が図３－14と図３－15ですが、ここでは候補者の一本化の影響が鮮明です。

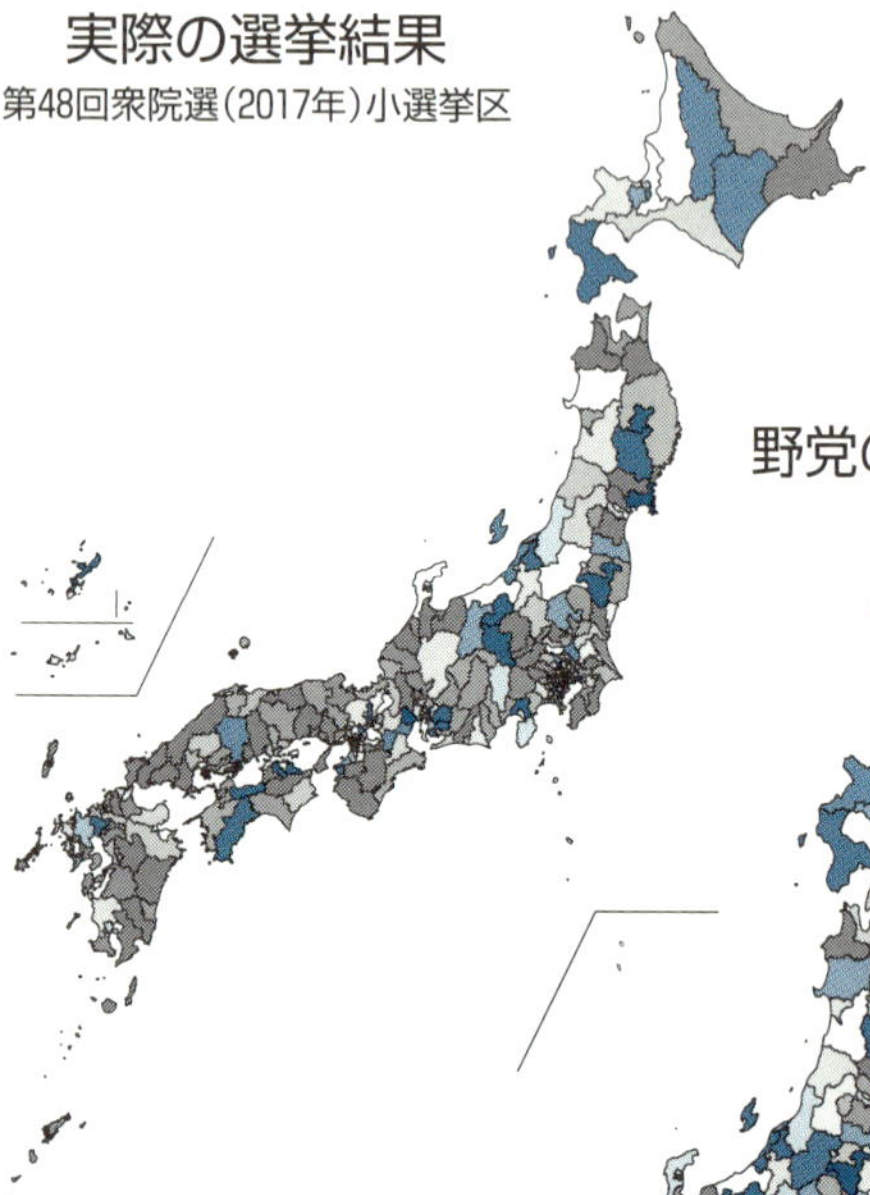

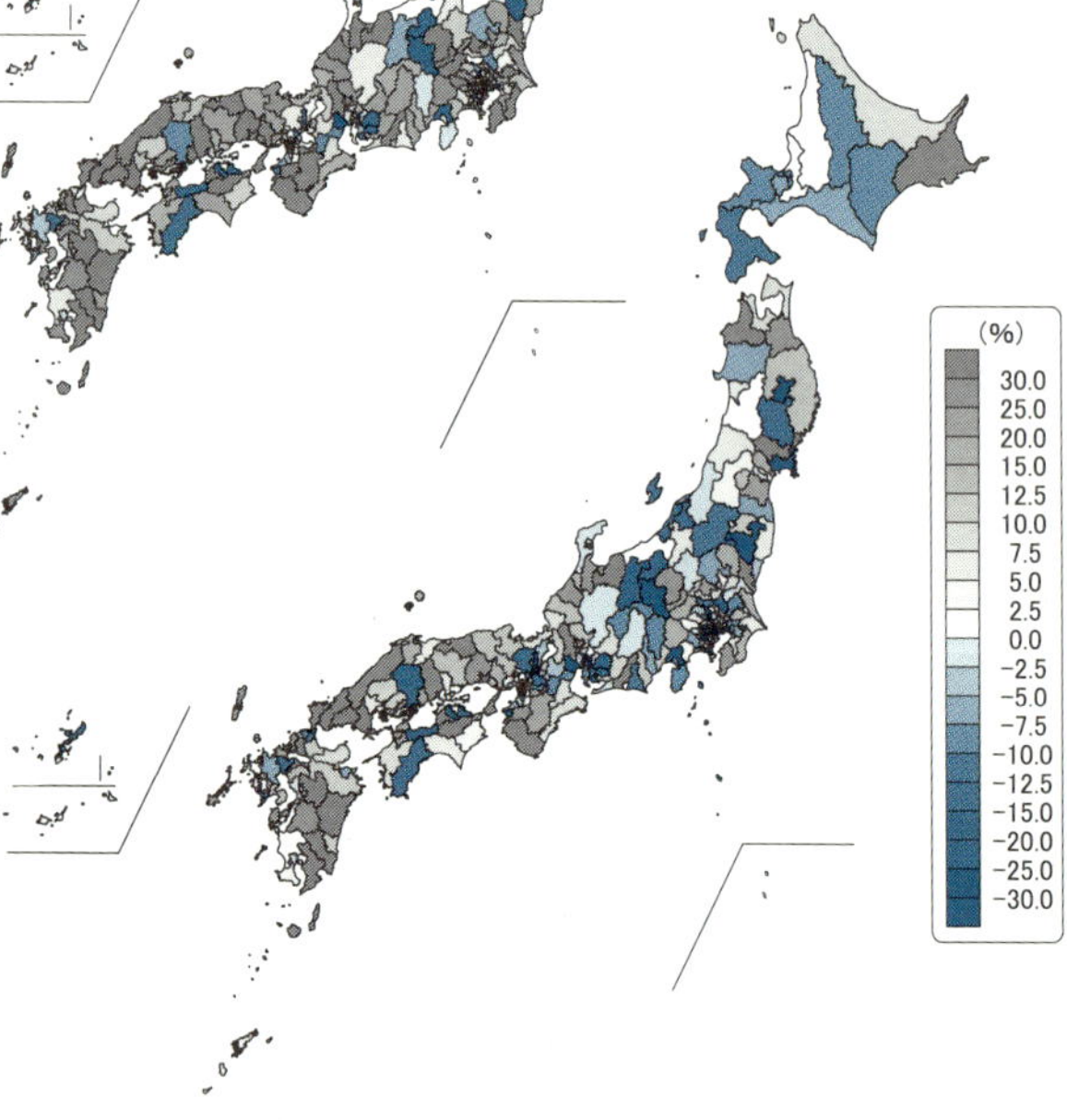

上／図 3-12　与党候補の得票率ー野党候補の得票率
下／図 3-13　与党候補の得票率ー野党候補を合算した得票率

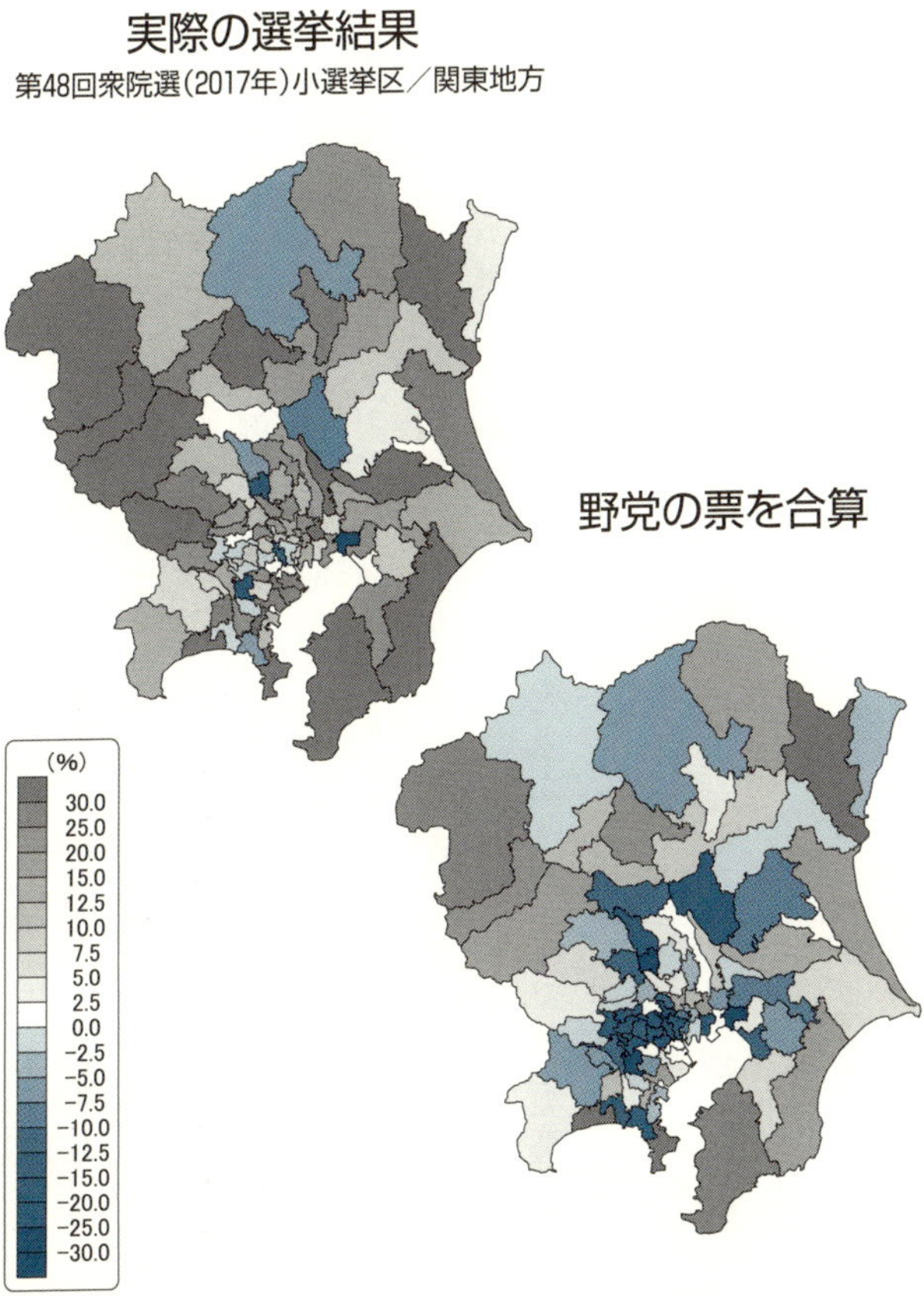

上／図 3-14　与党候補の得票率ー野党候補の得票率
下／図 3-15　与党候補の得票率ー野党候補を合算した得票率

並立制の下では第Ⅱ部で触れた連動効果が働き、小選挙区に候補者を立てなければ比例票の喪失がおこることが指摘されていますから、候補者の一本化にはメリットとデメリットが共存するはずです。こうしたことを考えると、逆転や競り合いが見込める小選挙区で一本化を目指すことが意味を持つ一方、自公があまりに強く野党が拮抗しえない地域では、別々に候補者を立てて比例票の拡大を目指すこともありえるのかもしれません。

アメリカには、大統領選挙の勝敗が揺れ動く州のことを指す「スイングステート」という言い方があります。民主党と共和党にそれぞれの地盤があるなかで、毎回同じ政党が勝っているところではなく、勢力が拮抗していて選挙のたびに結果の変わる州こそが大統領を選出する際の鍵になるわけです。

こうしたことは日本の選挙でも同様です。すでに第Ⅱ部で与党列島と野党列島や、各政党の固有の地盤を検討してきました。それに図3-12から図3-15も合わせて、揺れ動く地域を見つけ、結果が変わりうる小選挙区に注力することは意味を持つはずです。

なお、単純な票の合算によって、候補者が一本化された場合の情勢が想定できるのかということには議論の余地があるかもしれません。しかしこうした簡単な想定によっても、小選挙区で野党間の協力がいかに重要かということは推察することができるでしょう。中選挙区や大選挙区、比例代表であれば各党はいくらでも独自の候補を立てて闘うことができるものの、小選挙区では支持層が細切れにされてしまうため、小選挙区内で他の野党と協力しなければ与党と勝負にならないことが多いのです。

とはいえ立候補するというのは被選挙権を持つ人が自由に行使できる権利ですから、候補者を統一するときは適切な方法でなされなければなりません。立候補を取りやめるように圧力がかけられたり、同調を強いられたりするようなことがあったら問題です。また、立候補の当事者が合意したとしても合意形成の過程をきちんと説明しなければ支持者に禍根が残りかねず、票がまとまらないという結果も招きかねません。

様々な野党があり、様々な候補者がいるのは政治的なスタンスが異なるからこそです。しかし、小選挙区では基本的に与党と一対一のたたかいが要求されるということが、苦悩になるわけです。野党の協力は様々に模索されていますが、うまくいくとも限りません。実際、48回衆院選でも野党共闘が求められていましたが、実現した小選挙区は一部でした。

候補者が一本化できなければ野党の票は各候補に分裂することになります。しかしこのとき最後の手段として、有権者が　情勢を読み、もっとも威力のある投票行動をとることで、議席に影響を与えるという手があることを次の章で見ていきます。この切り札は**戦略投票**と呼ばれ、実は選挙の際に行われる世論調査と密接な関係を持っています。

第九章　情勢報道の読み方

1　世論調査の結果としての情勢報道

　私たち有権者は、テレビや新聞の情勢報道から選挙の情勢を知ります。実は、そうした情勢報道も、各社が実施した世論調査がもとになっています。この世論調査は第I部で扱った定例世論調査とは異なる、重要な選挙の時にだけ実施されるもので、各候補者の支持率や選挙の争点などが主な質問とされ、情勢調査と呼ばれることもあります。しかしこうした選挙時の世論調査は報道される際、選挙に対する影響を考慮して一部の情報が伏せられることが少なくありません。特に報道各社は各候補者の支持率をそのまま公表することには慎重で、得られた数字はほとんどの場合、「優勢」「ややリード」「伸び悩み」などの言葉に置き換えるのが一般的となっています。

　これは、公職選挙法で「何人も、選挙に関し、公職に就くべき者を予想する人気投票の経過又は結果を公表してはならない（138条の3）」と定められていることが一因なのですが、この条文は一概に世論調査の公表を禁止しているというわけではありません。

この条文が作られた経緯については亀ヶ谷雅彦氏の「選挙におけるアナウンスメント効果の実証分析」Ⅱ－3にある説明が詳しいので、一部を抜粋して示しましょう。

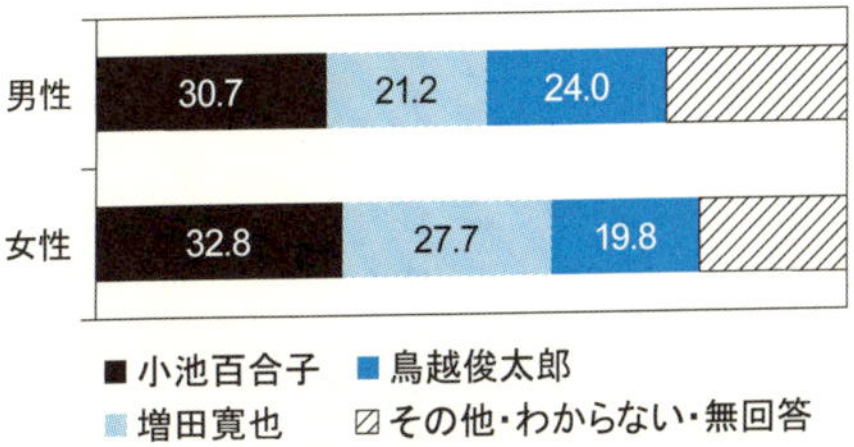

図3-16　東京都知事選　共同通信情勢

「日刊スポーツ」が報じた共同通信の調査。男女の有権者の比率を調べれば、有権者全体の結果を推定することができる（「日刊スポーツ」2016年7月25日朝刊）

「発議者は新聞取材に対して「世論調査そのものを禁止するのではなく、世論調査の結果の数字そのものの発表を禁止する主旨であり、調査の結果に基づいて各候補者の強弱などを報道評論することは自由である。また世論調査の結果の数字であっても、特定の候補者について禁止するのであって、政党については禁止しない」（朝日新聞1955年7月14日）と弁明したものの、20日になって日本新聞協会から「公職選挙法改正案の世論調査公表禁止に関する条文は自由なるべき新聞の報道に重大な制約を加えるべきであり、これを削除するよう要望する」との要請書が各党と同委員会に申し入れられると（朝日新聞1955年7月21日）、翌21日に同委員会は法案を委員長提出とする際に、原案にあった「人気投票および世論調査の経過または結果を公表してはならない」の下りから「世論調査」の文字を外すことで合意した（朝日新聞1955年7月19日、21日）」（亀ヶ谷、1998年、原文ママ）

つまりここで発議者は世論調査について、政党支持率の公表はかまわないけれども、候補者の支持率の公表は禁じるものと説明しています。しかし日本新聞協会からの要請を受けて、地方行政委員会（引用部の「同委員会」）は世論調査そのものを対象から外すという判断に至ったというわけです。

また、情勢報道に関する判例でも「新聞紙及び雑誌が選挙期間中に各立候補者の人物、行動、選挙基盤、予想得票数、当落予想等を報道評論することは、虚偽、歪曲その他表現の自由を濫用して選挙の公正を害しない限り、何ら違法でない（東京高裁平成3年2月8日）」とされており、例えば世論調査というきちんとした根拠を用いて予想得票数を示すというような報道も認められうると解釈できそうです。

こうしたことから、あくまで世論調査で得られた候補者の支持率を伏せて情勢を言葉で表現するというのは報道各社の慣例に近いものがあります。ただしそれは統一的なものではなく、地方新聞では数字をそのまま表に出すものがありますし、2016年の都知事選で日刊スポーツが報じた共同通信の調査結果（図3－16）のように、これまた有権者全体における候補者の支持率がほとんど推定できてしまうような記事も見られ、報道各社の判断には曖昧さが残ります。

図3－16の数字を日刊スポーツが報じたのは2016年7月25日で、タイトルは「小池氏優勢、増田氏追い鳥越氏伸びず」でした。私たちが普段つかっている言葉で「追う」というと、増田氏もそこそこ勝負になっているような印象があるかもしれませんが、31日の投開票を前にしてこれだけ元の数字で離れていると逆転は難しく、情勢報道において「追う」というのはかなり望み薄なことを示す表現だと考えられます。こうしたことをあらかじめ知っておけば、選挙そのものをより深く知ることができる上、政策、実績、人柄などに加えて「選挙情勢」を考慮した投票もできるかもしれません。

2　情勢表現を格付けする

「優勢」「ややリード」「伸び悩み」など、選挙情勢を表す鍵になる言葉をここでは**情勢表現**と呼ぶことにしましょう。情勢表現の意味については中選挙区時代に検討が加えられてきましたが、小選挙区が導入された後の研究としては、飯田良明氏の「新聞の選挙情勢報

図3-17　時事通信

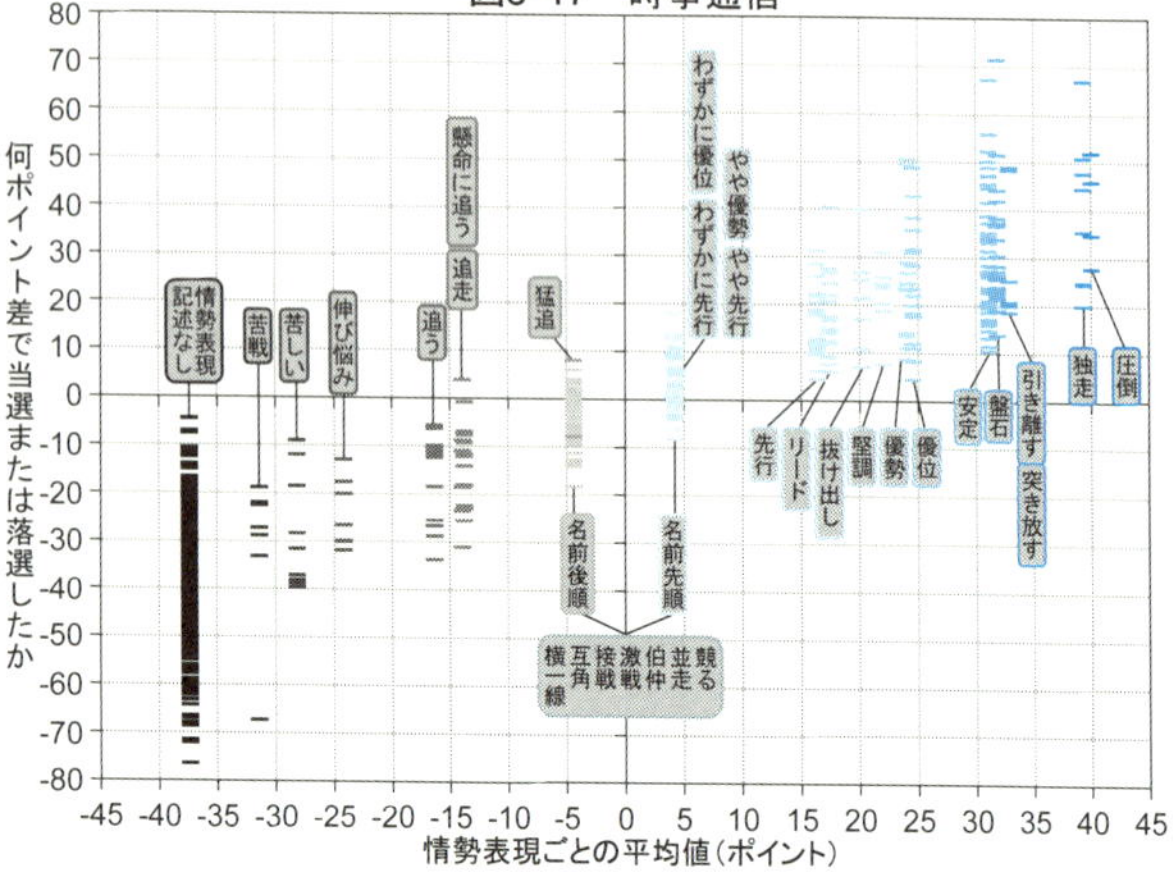

図3-18　読売新聞

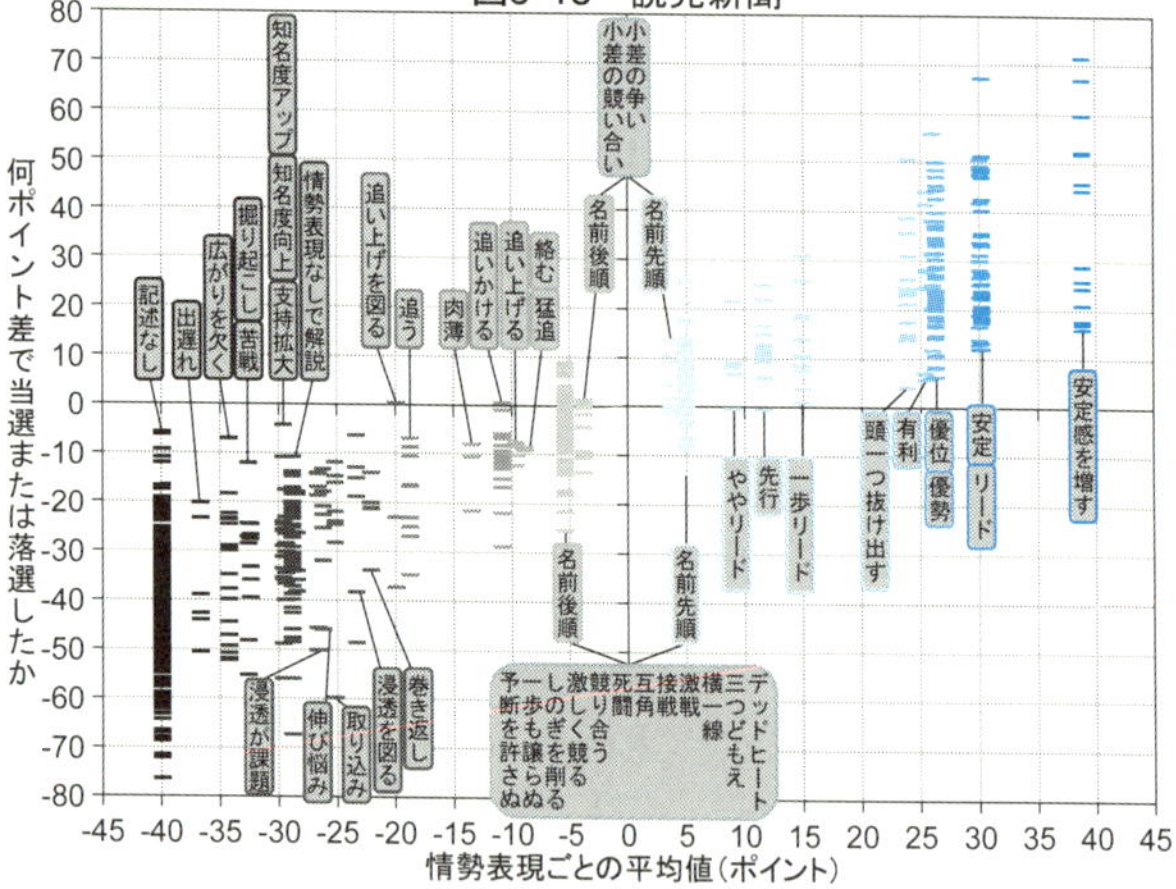

図3-19　朝日新聞

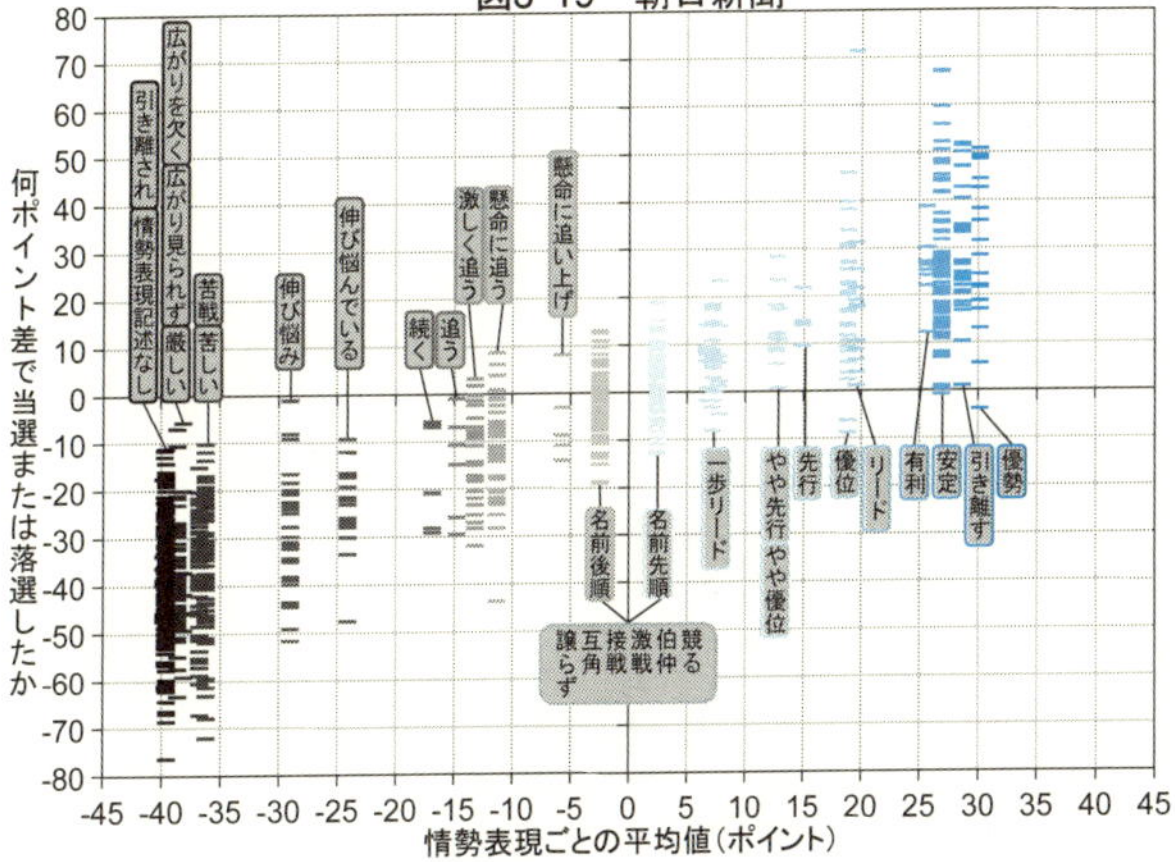

図3-20　毎日新聞

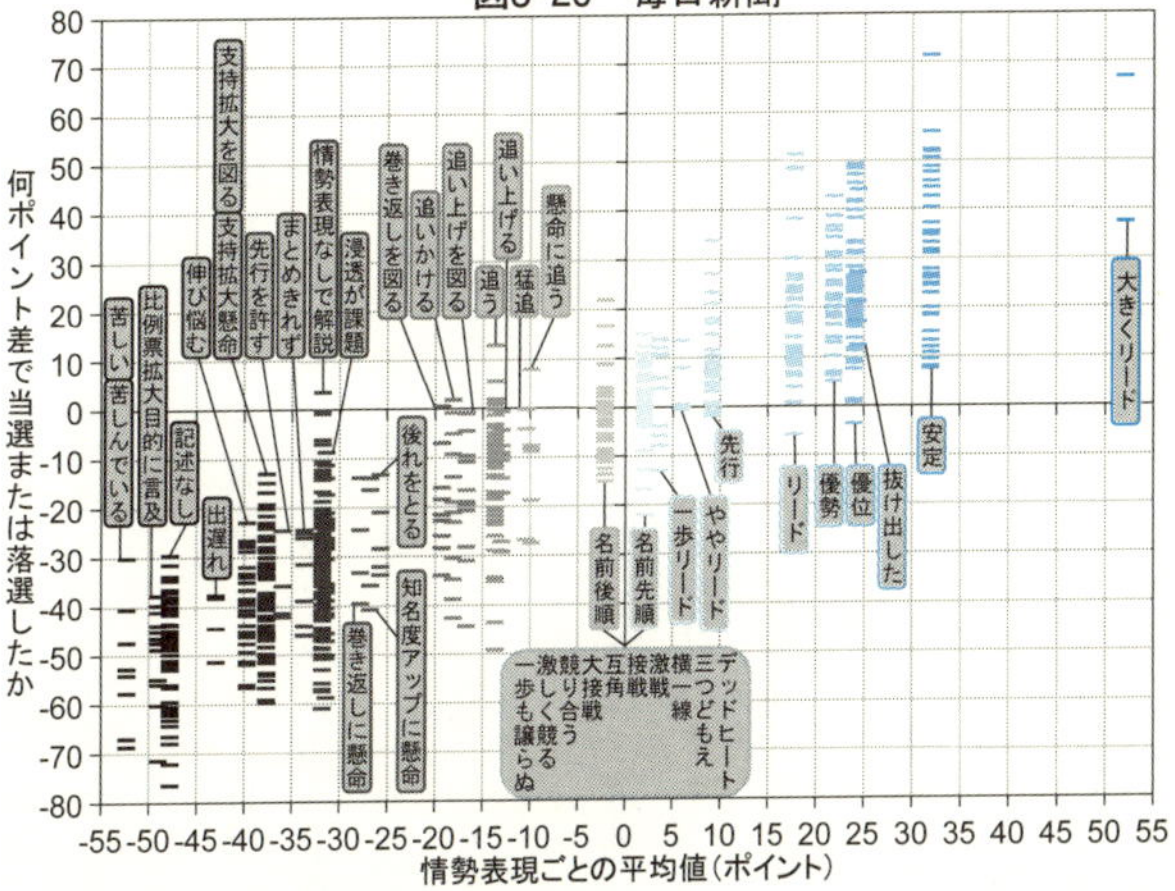

情勢報道の用語と選挙結果の関係

第 48 回衆院選小選挙区選挙結果による

道の分析」が挙げられます。この研究は44回衆院選について各新聞社が用いた情勢表現をあらかじめ五つのランクに分類し、選挙結果と比較することで当落予測の正確性を検討したものです。

論文より引用すると、五つのランクとは「ランクAは「当選確実」、ランクBはランクAほどではないが「ややリード」し当選しそう、ランクCは「横一線で並び当落予測をつけがたい」、そしてランクDになると追い上げてはいるが「当選は難しい」ニュアンス、ランクEは「当選困難」」とされており、例えばランクAには「優位」「優勢」「リード」などが含まれます（飯田、2007年）。

ここで本書ではこの分類に準拠しつつ、あらかじめ情勢表現を分類した後に選挙結果と比較するのではなく、選挙結果をもとにして情勢表現を分類することを試みます。つまり、それぞれの情勢表現で報じられた候補者の得票率をもとに、情勢表現の優劣を決定するわけです。

そこで48回衆院選の小選挙区について、各社が行った報道を図3-17から図3-20にまとめました。縦軸には分類した情勢表現で報じられた各候補者が何ポイント差で当選または落選したかという指標をとり、横軸には情勢表現ごとの平均をとっています。つまり、当選が有力な表現が右から順に並んでいて、それぞれの表現ごとに、上下の広がりが分布の幅を表します。縦軸の数値が正の領域に入っているのが当選した候補者、負の領域に入っているのが落選した候補者です。

図3－17から図3－20を検討するにあたっては、これらの図はあくまで情勢表現の格付けの参考にするためのものであり、図に採用した通信社や新聞社の情勢報道の精度を議論できるものではないことに留意してください。情勢表現には記事のタイトルと本文が異なっている場合や、複数の表現が並列されていたり、解釈が難しかったりする場合も少なくありません。曖昧さがあるなかで実験的に作ったものであるため、別の人が同じ図を作ろうとした場合、少し異なる結果を得ることもあるはずです。

また、様々な情勢表現がある中で、あまり複雑にならないよう、これらの図には頻繁に登場する用語だけを表示することにしました。何を消し、何を表示するのかによっても、得られる印象は違ってくるでしょう。

さらに、候補者の間にわずかな差が見られるとき、それを互角の範疇に含めるのか優劣をつけて書くのかということは各社の判断によりますが、優劣をつけて書けばそのぶん結果と食い違うことも増えるでしょう。各社とも互角に相当する表現のところは非常に多くの点が重なっていてわかりにくいですが、互角を表す表現を多用する社と微妙な優劣の判定に踏み込む社があります。

分類（1）	分類（2）	情勢表現
Ⅰ勝勢 有利を強調	S	別格・独走・独走状態・独走態勢・寄せ付けず圧倒・盤石・確実・トップ当選は固い・突き放す・水をあけ優位・大差・圧倒・大きくリード・大きく引き離す・安定感を増す・全域に浸透・圧倒的強み・最も安定・比例復活をも阻む構え
Ⅱ形勢有利 有利を明記	A＋	安定・安定感・安定した強み・引き離す・余裕を持った戦い
	A	優勢・優位・有利・有力 リード・堅調・頭一つ抜け出す・抜け出した・明るい情勢
	A－	先行
	B＋	一歩抜け出す・一歩先行・一歩リード
	B	やや先行・やや優位・やや優勢・やや有利・ややリード
	B－	わずかに先行・わずかに優位・わずかにリード
Ⅲ当落線上 優劣なし	C＋	（名前先順）
		互角・拮抗・接戦・激戦・横一線・並走・伯仲・競る・競り合う・激しく競り合う・デッドヒート・死闘・混戦・三つどもえ・しのぎを削る・譲らず・一歩も譲らぬ・当落線上・大接戦・全くの横一線・小差の争い・小差の競り合い・予断を許さぬ
	C－	（名前後順）
Ⅳ形勢不利 不利を明記	D＋＋	猛追・猛烈に追う
	D＋	急追・激しく追う・懸命に追い上げる・肉薄・僅差で追う・激しく追い上げる 懸命に追う・必死に追う・食い下がり追走・追撃 追い上げる・あと一歩・もう一息・徐々に差を詰め・絡む・わずかな差
	D	追う・追走・追随・追いかける・追い上げを目指す
	D－	挽回を目指す・挽回を期す・巻き返しを目指す 浸透を図る・浸透に活路・支持拡大懸命・支持拡大に躍起・知名度向上を急ぐ 浸透が課題・知名度アップが課題・切り崩しに懸命・埋没回避に全力
Ⅴ敗勢 否定的	E	支持が難航・後れをとる・まとめきれず 伸び悩み・広がりを欠く・引き離され・出遅れ・浸透せず・知名度不足・力不足 大きく水をあけられ・広がりが見られず・苦しい・苦戦・厳しい・独自の戦い・比例票拡大目的
	F	記述なし（名前そのものが載っていない場合）

表 3-6　情勢表現の格付け

これらの図3-17から図3-20に加え、他社の情勢報道や過去の選挙も考慮し、情勢表現の分類をしたのが表3-6です。「分類(1)」は、主に用語の使われ方によって大きく5段階に分けたもので、例えば「優勢」「リード」「先行」など、単に形勢が良いことが示されている場合は「II 形勢有利」に入りますが、「圧倒的強み」「大きく引き離す」など、強調した表現が見られる場合は「I 勝勢」に入れています。

その一方で、より細かい基準を「分類(2)」としました。分類(2)は「新聞の選挙情勢報道の分析」にある五つのランクに準拠しつつ、いくつか変更を加えました。

まず、SとFを新設しています。また、AからEまでのランクはおおむねそのままとして、得票率による分析から、優劣が見られるものを「+」「-」を使って分けています。例えば図3-17から図3-20によると、全てにおいて「安定」は「先行」を大きく上回っており、報道各社は「安定」と「先行」を優劣の程度において使い分けていることがうかがえるため、これらを区別するわけです。

「III 当落線上」の表現については、図3-17から図3-20をもとに重要な知見を得ることができます。それは「A氏とB氏が互角の戦い」などと優劣のつかない表現をされた場合でも、名前が先に書かれている候補のほうが全て図の中央より右にプロットされており、平均して5ポイント以内の差であるものの、より多くの得票率を得ていて当選の割合も高

1. 優劣が書かれている場合、情勢報道にあたる。
優劣が書かれていない場合、調査に基づくものであることが読み取れなければ情勢報道とみなすことができない。
2. 名前が先に書かれている候補者ほど形勢が良い。
「接戦」「互角」などの当落線上の表現でもこの規則は成立する。
3. 先頭から数えた人数が選挙区の当選者数に一致するところまでが当選圏内となる。

表3-7 情勢報道 読み方のポイント

かったことです。このことから名前が先順のものは「+」で、後順のものは「-」です。

すでに図3-16で見た日刊スポーツの情勢報道には、「小池氏優勢、増田氏追い鳥越氏伸びず」とありました。このように、情勢報道の候補者の名前は有力な順に並べられており、そのルールが当落線上の表現の場合でも通用するわけです。

3 読み方のポイント

ここまでの検討は衆院選の小選挙区をもとにしたものでしたが、選挙には参院選の複数人区など、複数名の当選者が出るものがあります。そうした場合を含めて、報道を受け取る側の視点に立って情勢の読み方をまとめました（表3-7）。

まず一つ目ですが、**検討する記事が情勢報道なのかどうか**という判断が最初に必要です。通常の選挙の報道は、告示日に候補者が立候補を届け出た「届け出順」で行われることが多く、情勢報道とそれ以外の報道を混同すると、名前順を誤って読んでしまう可能性があるためです。情勢報道でない典型的な例を二つとりあげます。

●2018年の沖縄県知事選　9月28日　共同通信

タイトル「沖縄県知事選、2氏の激戦続く」

本文「翁長雄志沖縄県知事の死去に伴う知事選は28日、最終盤を迎え、安倍政権が推す前宜野湾市長佐喜真淳氏（54）＝自民、公明、維新、希望推薦＝と、移設反対で野党が支援する玉城デニー氏（58）が激しく競り合う展開だ」

●2018年の新潟市長選　10月27日　新潟日報

タイトル「新潟市長選あす投票　新人4人が激しく競る」

本文「元官僚で前北区長の飯野晋氏（45）、野党5党が支援する小柳聡氏（31）、自民党系前市議の吉田孝志氏（56）、自民党が支持する中原八一氏（59）の無所属新人4人が激しく競り合っている」

二つの記事はタイトル・本文ともに「激戦」「激しく競る」などの情勢表現が含まれま

報道された日	報道機関	タイトルに含まれた情勢の記述
9月17日	琉球新報	玉城氏と佐喜真氏が接戦
9月17日	琉球放送	玉城氏がわずかに先行
9月23日	共同通信	玉城、佐喜真両氏が互角
9月23日	朝日新聞	玉城氏リード、佐喜真氏激しく追う
9月23日	沖縄タイムス	玉城氏リード、佐喜真氏が激しく追う
9月24日	読売新聞	玉城、佐喜真氏激しく競る
9月24日	琉球新報	玉城、佐喜真氏が互角
9月24日	琉球放送	玉城氏ややリード　佐喜真氏激しく追う
9月24日	琉球朝日放送	玉城氏リード　佐喜真氏追う
9月25日	JX通信	玉城氏と佐喜真氏が互角の戦い
9月25日	時事通信	玉城、佐喜真氏が接戦

表3-8　沖縄県知事選（2018年）の情勢報道

すが、優劣を示す表現はなく、調査に基づくことを示唆する記述もありません。実際、これらは情勢を知らせることを意図したものではなく、いずれも名前は届け出順で並べられただけに過ぎませんでした。

沖縄県知事選は玉城デニー氏が39万票台で勝利し、31万票台の佐喜真淳氏に差をつける結果でした。また、新潟市長選は上位3候補が9万票台で競り合うなか、飯野晋《いいのすすむ》氏が5万票弱と後れを取っています。これほどの差を世論調査が見逃すことはほとんどありません。

次に二つ目ですが、情勢報道であることがわかったなら、**情勢表現と名前順に注目**して見ていくことになります。参院選、衆院選や知事選、政令指定都市などの重要な市長選挙では複数のメディアで情勢報道が行われることが多く、複数をまとめて確認すると見通しが良くなります。例として、2018年の沖縄県知事選で行われた情勢報道を表３－８にまとめました。「接戦」「互角」などの表現もあるものの、全て玉城氏の名前が先順となっており、報道各社は一貫して玉城氏のほうが良い情勢だとみなしていたことが読み取れます。

最後の三つ目は**当選圏の判断**です。小選挙区や参院選の１人区、知事選や市町村長選挙の場合、当選者が一人しか出ないため先頭の候補者のみが当選圏内にいますが、複数の当選者が出る時はそれを考慮する必要があります。24回参院選の東京都選挙区を例に、朝日新聞と東京新聞の報道を見てみましょう。また、表３－10（224頁）には日経新聞と読売新聞も加え、情勢表現のみを抜粋して選挙結果との対応を示しました。

候補者名	得票数	得票率	当落
玉城デニー	396,632 票	55.07%	当
佐喜真淳	316,458 票	43.94%	
兼島俊	3,638 票	0.51%	
渡口初美	3,482 票	0.48%	

表 3-9　沖縄県知事選（2018 年）の選挙結果

●２０１６年７月８日　朝日新聞

タイトル「蓮舫氏・中川氏　引き離す」

本文「民進現職の蓮舫氏と自民現職の中川雅治氏が他候補を引き離している。（中略）２氏のほか、共産新顔の山添拓氏、公明現職の竹谷とし子氏、自民新顔の朝日健太郎氏も安定した戦いぶりをみせている。このほか民進現職の小川敏夫氏がやや優

候補者名	得票数（票）	得票率（%）	当落	朝日新聞（7/8）	東京新聞（7/6）	日経新聞（7/6）	読売新聞（7/6）
蓮舫	1,123,145	18.05	当	1. 引き離す	1. 優勢	1. 抜け出し	1. 独走
中川雅治	884,823	14.22	当	2. 引き離す	2. 優勢	2. 安定	2. 大混戦
竹谷とし子	770,535	12.38	当	4. 安定	3. 追う	4. 安定	3. 大混戦
山添拓	665,835	10.70	当	3. 安定	4. 続く	3. 安定	4. 大混戦
朝日健太郎	644,799	10.36	当	5. 安定	5. 続く	6. 競い合う	5. 大混戦
小川敏夫	508,131	8.16	当	6. やや優勢	7. 当落線上	5. 競い合う	6. 大混戦
田中康夫	469,314	7.54		7. 激しく追う	6. 当落線上	7. 競い合う	7. 大混戦
横粂勝仁	310,133	4.98		-. 記述なし	8. 懸命に追い上げ	8. 競い合う	-. 記述なし
三宅洋平	257,036	4.13		12. 厳しい	10. 懸命に追い上げ	-. 記述なし	-. 記述なし
鈴木麻理子	102,402	1.65		8. 厳しい	9. 懸命に追い上げ	-. 記述なし	-. 記述なし

表 3-10　24 回参院選東京都選挙区の選挙結果

勢で、おおさか維新の会元職の田中康夫氏が激しく追っている」

●2016年7月6日　東京新聞

タイトル「民進・蓮舫さん、自民・中川さんが優勢」

本文「民進現職の蓮舫さんと自民現職の中川雅治さんが優勢に立っている。この二人を公明現職の竹谷とし子さんが追い、共産新人の山添拓さんと自民新人の朝日健太郎さんが続く。おおさか維新元職の田中康夫さんと民進現職の小川敏夫さんは当落線上で争う」

24回参院選から東京都選挙区の当選者は6人となりました。複数の当選者が出るこのような選挙区は、先頭から数えた名前がその人数に一致するところまでが、情勢表現にかかわらず当選圏内です。例えば「この二人を公明現職の竹谷とし子さんが追い、共産新人の山添拓さんと自民新人の朝日健太郎さんが続く」という東京新聞の記事の場合、「追う」や「続く」は先頭の候補者から見て不利な形勢を示す表現ですが、名前順はそれぞれ3位、4位、5位のため当選圏内と読む必要があるわけです。

表3-10では得票数が多い順に候補者を並べましたが、こうやってみると、情勢報道の名前順がいかに重要かということが明瞭になります。中でも独特なのは読売新聞で、この時は1位の蓮舫氏だけを「独走」とし、続く6人は「大混戦」と報じました。しかし名前順を見ると一つも選挙結果と食い違っていません。

読売新聞について、飯田良明氏の「新聞の選挙情勢報道の分析」には次のような記述がされています。

「新聞各紙の当落予測表現を見ると次のような特徴がある。当選確実を予測するランクAが最も多いのは産経新聞の192、次が169の朝日新聞、以下、165の日本経済新聞、156の毎日新聞、最も少ないのが讀賣新聞の146である。つまり、「当選確実」の判定に最も積極的なのは産経新聞で、最も消極的なのが讀賣新聞である。いわば、産経新聞の当落予測は大胆で、讀賣新聞のそれは極めて控えめである」(飯田、2007年)

読売新聞が控えめであるという傾向は48回衆院選の情勢報道でも見られました。例えば図3－17から図3－20のなかで、「Ⅲ当落線上」にあたる表現が最も多かったのは読売です。これは逆にいえば、読売が優劣のある情勢表現を使う時は、他社よりもはっきりとした差が見られている場合ということです。情勢表現にはこうした新聞社ごとのニュアンスの違いがあるため、より厳密には、表3－6の情勢表現の格付けは各社ごとにややずれたものになるわけです。

4　情勢報道をさらに読み込む

特定の候補者の支持率は慣例として伏せられているものの、選挙区内の政党支持率はそのままの数字で報じられることがあります。それとあわせて「支持層の固めぐあい」が記載されている場合は情勢表現よりも詳しい情報を得ることができるので、一例を2018年沖縄県知事選のときの琉球新報に見てみましょう。

●2018年9月17日　琉球新報

本文「支持政党別に見ると、佐喜真氏を推す自民の支持層の7割以上が佐喜真氏に投票すると答えた。前回知事選では自主投票で、今回佐喜真氏を推薦した公明は7割以上、維新は6割以上が佐喜真氏を支持している。

一方、玉城氏は社民、共産、社大、自由、国民民主、立憲民主などの票を8〜9割近

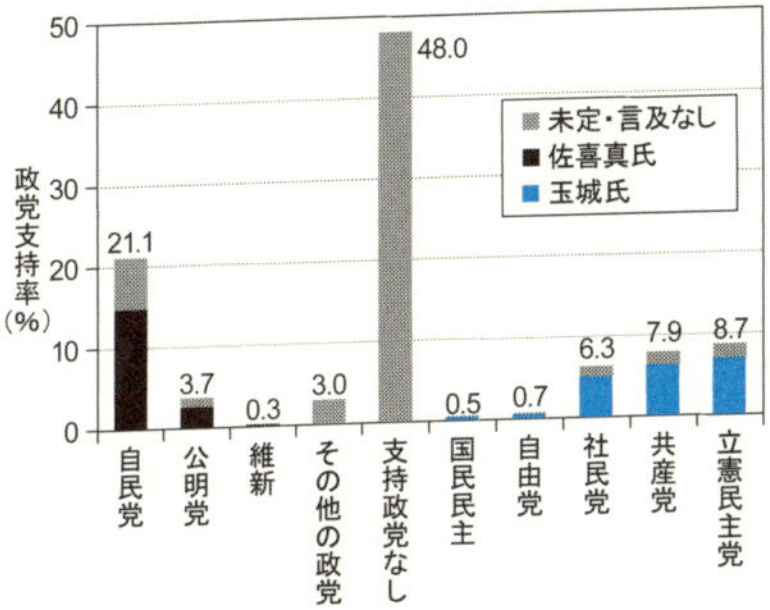

図 3-21　琉球新報が報じた沖縄県の政党支持率

琉球新報、沖縄テレビ放送、JX 通信世論調査 2018 年 9 月 14〜16 日

	自民党	公明党	維新
政党支持率	21.1	3.7	0.3
佐喜真 固めぐあい	0.7	0.7	0.6
佐喜真支持	14.77	2.59	0.18

佐喜真氏　14.77+2.59+0.18=17.54%

	国民民主	自由党	社民党	共産党	立憲民主
政党支持率	0.5	0.7	6.3	7.9	8.7
玉城 固めぐあい	0.8	0.8	0.8	0.8	0.8
玉城支持	0.4	0.56	5.04	6.32	6.96

玉城氏　0.4+0.56+5.04+6.32+6.96=19.28%

表 3-11　佐喜真氏と玉城氏の得票率予測

く固めた。無党派層では玉城氏が浸透し、佐喜真氏に勢いがある」

この固めぐあいの情報を政党支持率と合わせて表示したのが図3－21です。表記した数値が各政党の支持率で、棒グラフはそれぞれ玉城氏と佐喜真氏が固めた割合で分けて塗っています。なお記事では「7割以上」「8～9割近く」という曖昧な言い回しがされていますが、一例として切り捨てた数字を用いました。

このように政党支持率と各候補者の固めぐあいが明かされている場合、それらを掛けて足し合わせることで候補者の支持率を見積もることができます。また、投票率を推定し、有権者数を考慮すれば、得票数の予測までですることもできるでしょう。

切り捨てた数字で計算したところ、佐喜真氏の支持率は17・54％、玉城氏の支持率は19・28％となりました。ここで、最大の比率を占める無党派層が問題ですが、記事には「無党派層では玉城氏が浸透し、佐喜真氏に勢いがある」という微妙な表現がされており、内訳がわかりません。

無党派層の固めぐあいは、翌週の沖縄タイムスの記事に記載されていました。

●2018年9月23日　沖縄タイムス

本文「支持政党別では、玉城氏は立憲民主、共産、社民支持層の大半を固め、自民支持層の2割を取り込む。佐喜真氏は自民支持層の7割強をまとめ、公明、維新支持層の大方を固めつつある。無党派層では玉城氏が7割程度に浸透している」

調査社が異なっていますが、概算として先ほどの琉球新報の無党派層（支持政党なし）の比率に沖縄タイムスの「玉城氏が7割」を入れると、残りの3割すべてを佐喜真氏が取ったとしても、両候補の支持率は玉城氏52・88％、佐喜真氏31・94％と大差が見えてきます。実際は無党派層の中に政治的無関心層が含まれているため、この層が棄権することによって、選挙当日の出口調査では無党派層の比率はより小さくなり、政党支持層の比率が高まります。どれほど変わるかは過去の選挙で行われた情勢報道と出口調査を参考にしてもいいかもしれません。

沖縄タイムスもまた政党支持率と支持層の固めぐあいを掲載しているため、それを用いて図3－22（230頁）を作りました。こちらは「分からない」という選択肢があるのが特徴です。出口調査ではやはり政党支持層がより大きくなるため、過去の選挙の情勢報道と出口調査を併用して見ると安全ですが、玉城氏は自民党支持層に食い込んでいる上、沖縄社会大衆党（社大党）も記事で触れられていないだけでほぼ玉城氏に固まる政党ですか

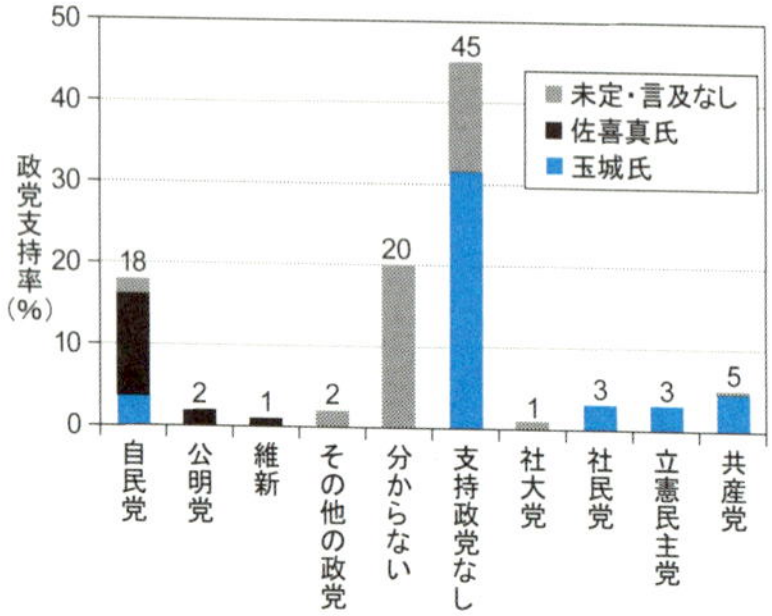

図 3-22　沖縄タイムスが報じた沖縄県の政党支持率

沖縄タイムス、琉球朝日放送、朝日新聞世論調査 2018 年 9 月 22 ～23 日

ら、玉城氏の優位はゆるぎません。

本章6節で触れますが、選挙では水面下で意図的に誤った情勢が流されることがあり、そうした非公開の情報に頼っていると思わぬところで足をとられる可能性があります。それに対して一般にむけて公開される情勢報道は、各社がそれぞれ自らの報道への信頼をかけて行っているものです。そこではいろいろな制約があるなかで、できるだけ正確に情勢を伝えようとする努力がされています。ですから報道を精読していけば、確実に真の情勢に迫ることができるでしょう。

5　アナウンスメント効果

情勢報道で候補者の優劣が伝えられることによって、有権者の投票行動はどのように変化するでしょうか。この「情勢報道が有権者の投票行動に与える影響」は日本では**アナウンスメント効果**と呼ばれ、情勢報道のあり方や規制の是非とともに議論されてきました。

アナウンスメント効果の一つである**バンドワゴン効果**が注目され始めたのは1940年頃のことです。これはある候補が優勢だと報じられることによって、その候補に投票しようとする有権者が増加する現象を指しています。バンドワゴンとはパレードの楽隊車のことなので、これはパレードの隊列に人が集まって膨れ上がっていくようなイメージです。

アナウンスメント効果を考える時に留意する必要があるのは、それがあくまで情勢報道による影響だけを意味するということです。例えば「優勢と報じられた候補が勢いを増して当選したから、これはバンドワゴン効果が働いたのだろう」という捉え方をしている記事を見ることがありますが、勢いを増したのは果たして本当に優勢と報じられたからなのでしょうか？　例えば同時期に世論を動かす政治的な出来事はなかったのでしょうか。あるいは相手候補の失言や不祥事が報じられたことはなかったのでしょうか。こうしたことに一定の見通しをつけなければ、バンドワゴン効果が働いたかどうかは判然としません。

話を戻しますが、アナウンスメント効果には他にも様々なものが含まれます。**アンダードッグ効果**は1950年代から70年代にかけて明らかにされてきた、ある候補が劣勢だと報じられることが追い風となる現象です。これはバンドワゴン効果とは逆のものにあたり、劣勢な側に世論が味方することもあるということを示しています。

また、優勢や劣勢と報じられることは必ずしもプラスにならないこともあります。優勢と報じられることで「それなら自分は投票に行かなくてもいい」と思う支持者がいるならば、優勢という報道はマイナスに働く可能性があります。また、劣勢と報じられることで「逆転の見込みはないだろう」と失望して棄権したり、他の候補者に投票先を切り替えたりする支持者がいるならばそれもまたマイナスです。こうしたことはそれぞれ**離脱効果**と**見放し効果**と呼ばれ、プラスの効果よりも後になって指摘されてきました。

アナウンスメント効果の影響を受けやすいのはどのような人なのでしょうか。バンドワゴン効果はよく「勝ち馬に乗る」として、有権者が強者や多数派に同調しているかのような説明がされます。また、アンダードッグ効果は「判官贔屓」とか、劣勢な候補への同情票だと言われることがあります。アナウンスメント効果は、感情的な人が報道に引きずられた結果なのでしょうか。

表3-12　アナウンスメント効果

優勢との報道	票が増える	→ バンドワゴン効果
	票が減る	→ 離脱効果
劣勢との報道	票が増える	→ アンダードッグ効果
	票が減る	→ 見放し効果

しかしながら、質問紙調査に基づく研究を行った亀ヶ谷雅彦氏の「選挙におけるアナウンスメント効果の実証分析」では、「同調性の高い人にはバンドワゴン効果や見放し効果

にあたる投票行動をとる人が多い」という仮説も、「同情心の深い人にはアンダードッグ効果や離脱効果にあたる投票行動をとる人が多い」という仮説もともに棄却され、結論に次のような記述がされています。

「アナウンスメント効果の影響を受けやすい人とは何か特定の社会階層に属している訳でもなく、また何も情にほだされやすかったり世論調査の操作を受けやすい人ではなくて、逆にあくまで投票意図の決定に際して戦術的に考えようとする意味で（皮肉な喩えではあるけれど）政治的に「賢い」人なのであろう」（亀ヶ谷、1998年）

ここで政治的に「賢い」人というのは、票をなるべく有効に使おうとして情勢報道を活用する人たちのことを指しており、このことはアナウンスメント効果に合理的な判断という側面があることを示唆しているようです。

6 陣営や組織に対する影響

情勢報道を受け取るのは、一般の有権者だけではありません。候補者の陣営や党員、選挙の結果で利害が左右される企業なども選挙情勢を注視しています。これら関係団体に対する情勢報道の影響は**間接的なアナウンスメント効果**と言われ、企業や団体からの支持や陣営の士気などに関わります。

企業や団体は報道される情勢だけでなく、生のデータ（候補者の支持率）や期日前投票の出口調査の結果をつかんでいる場合があり、そうした情報をもとに優劣を見極めて支持先を決めたり、支援の強さを変えたりすることが少なくありません。そこで「負けそうなら協力しない」とか「そこまで力を入れない」という判断が成り立つなら見放し効果が、「どちらの候補でもいいので優勢な方について恩を売る」と考えるならバンドワゴンの傾向がもたらされるでしょう。各陣営が選挙戦の序盤から期日前投票を呼びかけているのは、自らの陣営の票を確定させるとともに、こうした企業や団体の行動も見越しているためです。企業や団体の側にとっては、形勢が有利な方につくことで利益を確保するということもまた、情勢報道を利用した合理的な判断です。

陣営にしてみれば、優勢と報じられれば気が緩みかねないし、あまりに劣勢ならば気落ちしかねません。先に触れた亀ヶ谷氏の「選挙におけるアナウンスメント効果の実証分析」でも、接戦であるときにこそ士気が上がるということが明らかにされています。

2018年の沖縄県知事選では、すでに見てきたように全ての情勢報道が玉城氏の形勢有利を示唆するなか、9月28日に玉城氏を支援する立憲民主党の有田芳生氏が、「佐喜真陣営による「緊急連絡」」を入手したとして、「内部資料」と書かれた次のような文書をインターネットで公表していました。

「当初は、私たちの候補である、さきま淳は、相手候補に水をあけられていましたが、各位の懸命なる運動の成果によって、猛烈な勢いで追い上げてきております。直近の調査では、さきま淳は、相手候補にあと1・1ポイント差まで迫っております」（有田芳生ツイッター、2018年9月28日）

右下に「沖縄の未来をひらく県民の会　事務局長　島袋大」という署名がされたこの文書が伝えている情勢は、明らかに選挙結果との食い違いがあります。陣営の士気を考えると10ポイント以上の差を伝えることはマイナスに働きかねないため、これは意図的に接戦であることをアピールしようとしたものなのかもしれません。それに対して有田氏は、報道各社の世論調査で玉城氏が形勢有利とされているなか、あえて「1・1ポイント差」と伝える文書を示すことで、陣営や支持者に緊張感を与えようとしたのでしょう。

このように選挙戦で飛び交う情報のなかには情勢が実際と食い違うものもあるため、基本的には報道各社の情勢報道を読み込むのが確実です。情勢をどのように報道したところで、それはいずれ選挙結果によって検証されてしまうものですから、各社は自らの信頼を落とすようなおかしな真似はしません。しかし必死になっている選挙の当事者はそうとは限らないのです。

7 戦略投票をする

ここまでは情勢報道から真の情勢に迫る方法を分析してきました。これを踏まえて、いかにして1票を活かすかを考えてみましょう。

24回参院選（2016年）の東京都選挙区では、6月25日の朝日新聞の序盤情勢で、民進党の蓮舫氏が名前順1位で「引き離す」とされる一方、同じ民進党の小川氏は名前順7位で「懸命に追う」と報じられました。この情勢報道を受けて、民進党の支持者は蓮舫氏と小川氏のどちらに投票するのがいいでしょうか？

勝勢の候補に投票しても、敗勢の候補に投票しても、それは広義の死票となるだけで当落に影響を与えません。自分の1票をなるべく有効に使うためには、情勢報道で当落線付近にいる候補に投票先を切り替える「戦略投票」が重要になります。「懸命に追う」は形勢不利でも当落線に近いD＋の表現ですから、この場合は蓮舫氏から小川氏に切り替えることが有効です。

この時の選挙では、7月8日の朝日新聞の終盤情勢で、小川氏は名前順6位の「やや優勢」となり、最終的に当選を果たしました。序盤から終盤の間にこのような投票先の判断の切り替えが行われたのであれば、蓮舫氏の側では票が減る離脱効果が働き、小川氏の側では票が増えるアンダードッグ効果が働いたと推測する余地がありそうです。しかしそこには小川氏に同情票が集まったという解釈だけが成り立つのではなく、二人とも当選させるためにはどうしたらいいかという民進党支持者の合理的な判断の面もあったといえるのでしょう。

小選挙区で有力な与党の候補を落選させるため、最も良いと思える候補者でなくても、最有力の野党候補に投票するということもまた代表的な戦略投票です。

表3－13（238頁）には48回衆院選東京8区の情勢報道と選挙結果を示しました。朝日新聞、毎日新聞、時事通信では、自民党公認・公明党推薦の石原伸晃氏が形勢有利で、産経新聞では勝勢とされています（これらの情勢報道は選挙の終盤にかけて報じられたものですが、読売新聞と日経新聞は終盤情勢を調査していないので掲載していません）。

しかし選挙結果を見ると、当選した石原氏の得票率は39・22％にとどまります。立憲

候補者名	得票数	得票率	当落	朝日新聞（10/15）	毎日新聞（10/16）	時事通信（10/16）	産経新聞（10/18）
石原伸晃	99,863 票	39.22%	当	1. 優位	1. 先行	1. リード	1. 寄せ付けず圧倒
吉田晴美	76,283 票	29.96%		2. 激しく追う	2. 追いかける	2. 懸命に追う	2. 情勢表現なし
木内孝胤	41,175 票	16.17%		3. 広がり見られず	3. 追いかける	3. 懸命に追う	3. 情勢表現なし
長内史子	22,399 票	8.80%		4. 苦戦	4. 追いかける	-. 記述なし	-. 記述なし
円より子	11,997 票	4.71%		5. 苦戦	-. 記述なし	-. 記述なし	-. 記述なし
斎藤郁真	2,931 票	1.15%		6. 苦戦	-. 記述なし	-. 記述なし	-. 記述なし

表 3-13　東京 8 区（48回衆院選）

民主党の吉田晴美氏と共産党の長内史子《おさないふみこ》氏の票を合わせれば、得票率は38・76%となって横一線となるので、これは野党候補の分裂が与党を利した例と言わざるを得ません。木内孝胤《きうちたかたね》氏と円《まどか》より子氏も元は民主党に属していた候補者です。

候補者の調整がつかず、届け出が済んでしまったのであれば野党の分裂は仕方がありませんが、その後でも有権者は戦略投票を選ぶことができます。この場合だと、自民党の議席を減らしたいと考えるのであれば、最有力の対立候補である吉田晴美氏に投票先を切り替えることが有効です。

比例代表は様々な政党に議席獲得の余地があるのに対して、小選挙区はそれぞれ最有力の一人しか当選しないため、野党に投票する人にとっては「比例代表は好きな政党に入れるが、小選挙区では野党の最有力候補に投票する」という判断が意味を持つわけです。

もっとも、今の日本ではこのような投票行動をとる人は決して多くはなく、戦略投票が選挙結果を左右することは稀です。

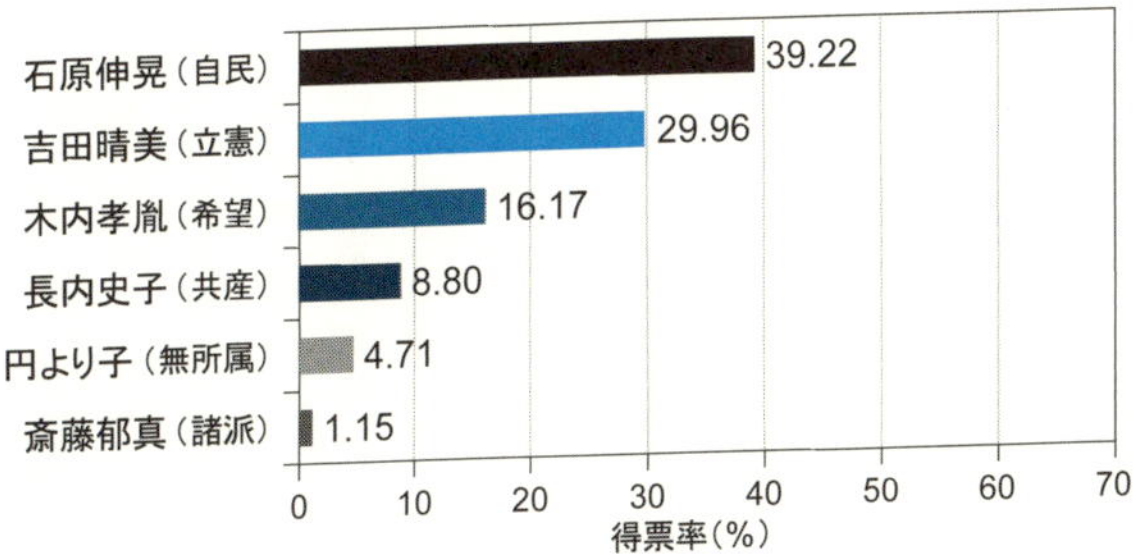

図 3-23　東京 8 区の選挙結果（第 48 回衆院選）

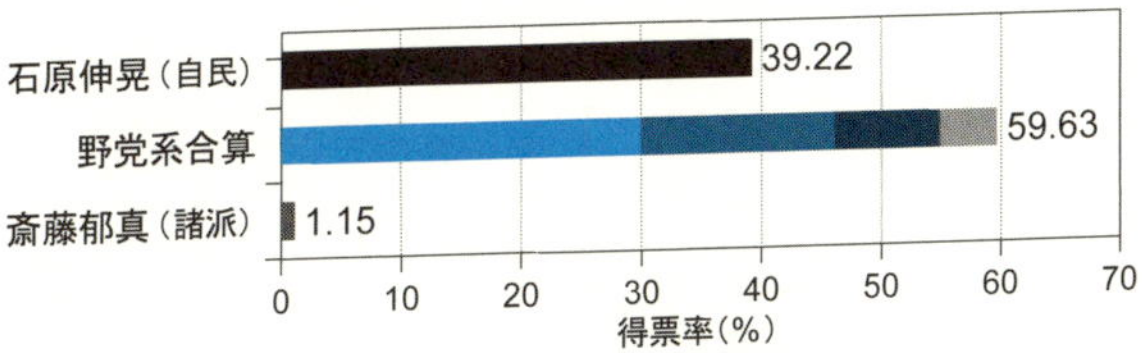

図 3-24　東京 8 区で野党票が合算された場合（第 48 回衆院選）

日本では有権者が選挙情勢の議論に触れる機会が少ないせいもあるのかもしれません。しかし、支持政党がなく比較的自由に投票先を切り替えられる無党派層に選挙情勢の読み方が浸透していけば、戦略投票の影響力は増していくでしょう。もしそうなれば、この東京8区では勝敗の逆転が起き、情勢報道をうけて木内氏以下には見放し効果が、吉田氏にはアンダードッグ効果が働いたように見えるかもしれません。

　有権者がこのような合理的な投票行動を選択しうるのは、慣例として情勢表現や各候補者の固めぐあいなどに限定されているとはいえ、情勢を報じる自由が保証されているからです。48回衆院選では、一部の小選挙区で時事通信が「(相手候補の)比例復活をも阻む構え」、産経新聞が「他の候補を寄せ付けず、独走」などと報じており、こうした情勢表現を見ているとやや書きすぎな印象も受けます。しかし、少なくとも接戦なのか優劣があるのかを報じることは今後も一貫して保障されなければなりません。

情勢報道が有権者の投票行動を変えうるということはたびたび否定的な文脈でとらえられ、報道の規制が検討されてきました。しかし情勢報道の規制は、有権者から投票先を判断するための情報を奪うことにつながります。

比例代表で全ての議席が決まるような制度なのであれば、有権者が思い思いの投票をしてもほとんどの票が有効となるでしょう。しかし各選挙区で一人ずつしか当選しない小選挙区で6割以上の議席が決められる現行の制度では、誰が当落線上にいるのかがわからなければ多くの有権者の票が死票となり、活かされないことを結果してしまうのです。

8 民主主義の危機によせて――2019年沖縄県民投票

第Ⅲ部では、選挙制度を「票を議席に転換するメカニズム」とみなし、主に選挙を通じて世論を政治に反映させることについて考えてきました。その中で選挙には歪みや不公正があるということにもところどころで触れてきました。しかし、ここにきて、政治家による投票そのものの妨害という重大な事態が生じてしまったことを最後に書いておかなければなりません。

政府与党が進めている沖縄県名護市辺野古の米軍基地建設について、建設のための埋め立ての賛否を問う県民投票が2019年2月24日に実施されました。結果は沖縄県全体で43万4273票（有効票の72・2%）を得た埋め立て「反対」が多数となり、埋め立て「賛成」の11万4933票（19・1%）、「どちらでもない」の5万2682票（8・8%）に大差をつけています。

また、埋め立て反対は県全体だけでなく、県内41の市町村すべてで多数を占め、出口調査でも全ての年齢層、全ての政党支持層で賛成を上回る結果でした。これによって埋め立てに反対する民意は明確になったといえるでしょう。

†「どちらでもない」という選択肢で棄損された投票

ところで、ここで気になるのが「どちらでもない」という投票先の存在です。世論調査に「どちらでもない」や「どちらとも言えない」といった選択肢があることは珍しくありませんが、賛否の意思表示をする投票にこのような選択肢を掲げたところで、それは棄権や白紙投票と何が違っているのでしょうか。もし仮に衆院選の小選挙区でA候補、B候補、C候補、「どちらでもない」、などという投票先があったら、少なからぬ人が首をかしげるに違いありません。実はこの選択肢は、投票を実施しようとした人たちと、投票の実施そのものを棄損しようとした人たちとのせめぎあいのなかで作られたものでした。

もともとこの県民投票は、「辺野古米軍基地建設のための埋め立ての賛否を問う県民投票条例の制定を求める」（署名簿表紙より）として署名が集められ、直接請求の手続きが行われたものです。

これを受けて社民・社大・結連合、会派おきなわ、共産党からなる県政与党は選択肢を賛否の2択とする条例案の提出をしました。他方、県政野党の自民党と中立会派の公明党は、「賛成」「反対」に「やむを得ない」「どちらとも言えない」を加えた4択案を提出しています。（なお、沖縄の県政を担当している政党は、国政を担当する政党とは異なっており、県政と国政で与野党の食い違いがあることには留意が必要です）

しかしこの自公が提出した4択案には、埋め立てに否定的な選択肢が「反対」の一つしかないのに対し、「賛成」と「やむを得ない」という二つの肯定的な選択肢が含まれます。「賛成」と「やむを得ない」の合計をもって埋め立て容認と解釈する余地があることから、賛否を問うものとしては公平性が欠けていると言わざるを得ません。
確かに本書の第Ⅰ部では、世論調査について「どのような聞き方をするかはコストをかけて調査を実施する側が決めることですから、それは一概に批判されるべきことではありません。聞き方が誘導的すぎて意味のある結果が得られなかったとしたら、それは調査をかけた側の自業自得でしょう」と書きました。これは質問文だけでなく選択肢についても言えることで、定例世論調査にもまた、稀に公平性の欠けた選択肢が見られることはあります。

図3-25　年齢別

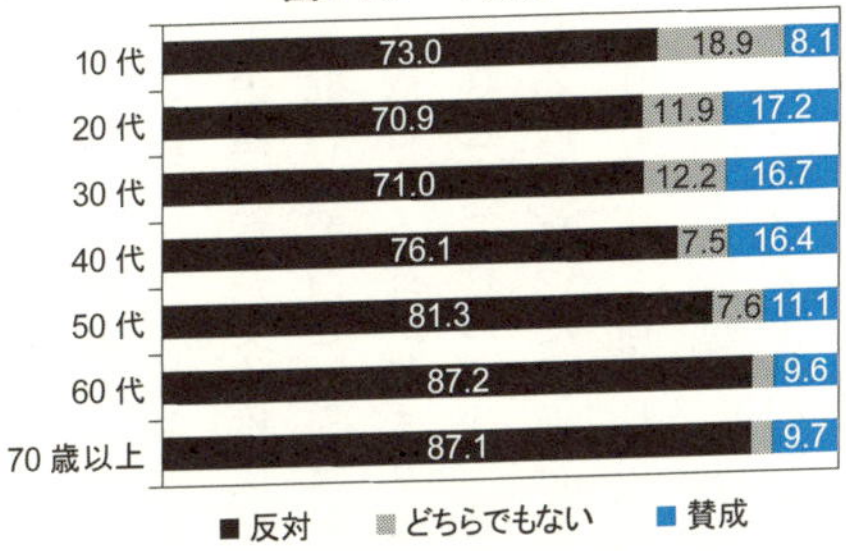

図3-26　支持政党別

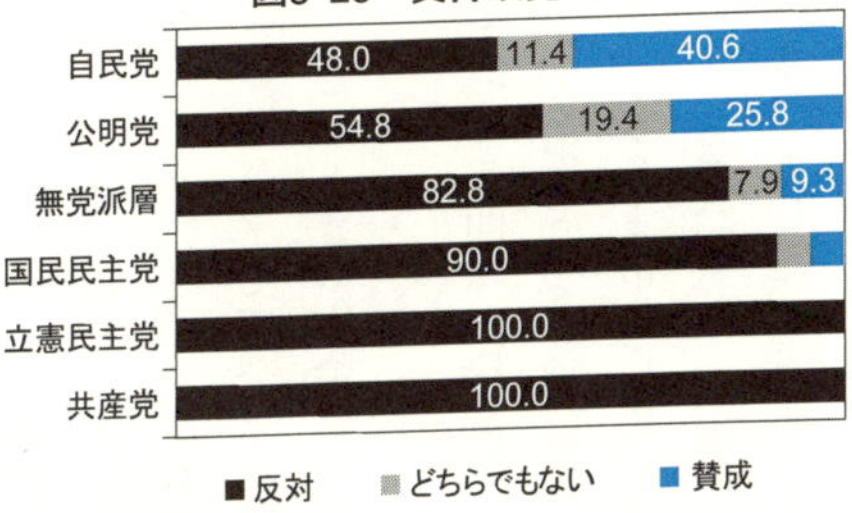

図 3-25,26　沖縄県民投票 出口調査
共同通信、琉球新報、沖縄タイムス調査 2019年2月24日

けれどもこうしたことはあくまで各社が自前の予算で行う世論調査に限ることで、「意味のある結果が得られなかったのは自業自

得」ということが、税金を投下した、有権者の意思表示としての意味を持つ公的な投票においても認められるわけがありません。また後から選択肢を変えることは、「賛否を問う」として署名した人たちの意思に背く行為にもなりかねない問題です。2018年10月26日の本会議で瀬長美佐雄氏が行った「不公平で不公正な設問が採用できないことは当然」という批判は至当というほかなく、このときの本会議で自公提出の4択案は否決され、賛否の2択とする案が決まりました。

けれどもこれによって選択肢をめぐる問題の決着とはならなかったのです。選択肢が賛否の2択となったことを受けて、「2択では多様な民意を反映できない」などとした沖縄市、宜野湾市、宮古島市、石垣市、うるま市の自民党系の5人の市長らが投票事務（投開票などに関わる作業）を行わないことを表明し、県内のおよそ3分の1にあたる36万人の有権者に投票する権利への危機が及びました。事前の世論調査で埋め立て反対が多数となる見込みだったことから、埋め立てに賛成する政治家らは不平等な4択案を画策をしたわけですが、それが叶わなくなり、今度は投票そのものの棄損を試みたのでしょう。

†投票事務の拒否は許されない

そもそも県民投票は県議会で正当な手続きを経ており、県で実施されるとなった以上、言うまでもなく県内の全ての有権者が投票する権利を持っています。それを一部の市が無視するというのは、どのような理由があるのであれ、市内にいる県民から投票する機会を奪うことを意味しており、市民全員に不参加を強要する行為にほかなりません。

県内の有権者を対象とした世論調査では、県民投票の実施そのものについて賛成が73・6%にのぼり、「どちらとも言えない」は7・5%、反対は18・8%にとどまる結果でした。5市の結果を図3－27に示しましたが、市長が投票事務を拒否したこれらの5市においても、投票の実施を望む有権者が圧倒的に多数だったのです（県民投票連絡会 2018年12月29日実施）。また別の調査では、「県民投票を全市町村で実施すべきか」ということについて、「実施すべきだ」が70・96%を占めています（琉球新報・沖縄テレビ放送・JX通信世論調査、2018年12月22～24日実施）。

投票事務の拒否は民意に反するだけでなく法にも抵触するとみられ、2019年1月9日、沖縄弁護士会は次のような会長声明を公にしました。

「辺野古県民投票条例は、有効署名数9万2848筆にのぼる県民の条例制定請求に基づき、県民の負託を受けた沖縄県議会において可決・成立した法令である。市町村首長の判断で同法令に基づく投票事務が行われないことは、このような民主的プロセスを経て制定

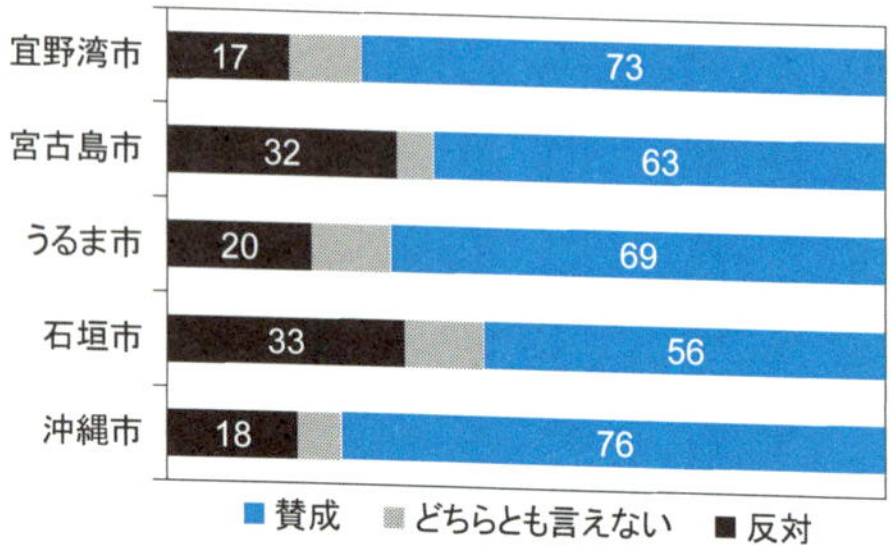

図3-27　県民投票実施の賛否 5市の結果

県民投票連絡会調査（2018年12月29日）より作成

された法令を市町村首長の判断で無力化し、その結果、一部の県民から県の意思形成に参加する機会を奪うものであって、決して許されるものではない。また、同じ投票資格者でありながら、たまたま居住している地域によって投票できる者とできない者が生じることは、法の下の平等の見地からも、極めて不合理というべきである」（『辺野古米軍基地建設のための埋立ての賛否を問う県民投票条例』に基づく県民投票が全県下で実施されることを強く求める会長声明」）

琉球新報の調査によると、このとき市町村の首長が投票事務を拒否することについて違法としたのは、同弁護士会に所属する弁護士のうち9割以上にのぼりました（『琉球新報』2019年1月23日）。

こうした状況のもとで、県政与党と玉城知事は当初、投票事務を行わないとした5市長らと対決し、賛否の2択を貫く方針としていました。しかし2月24日に予定されていた投票日が迫るなか、市長らに譲歩する形で「賛成」「反対」「どちらでもない」という3択案を提示し、全県での実施を模索します。これに対して自民党は「普天間飛行場移設のための辺野古埋め立てはやむを得ない」「同埋め立ては反対」「どちらとも言えない」という3択案を審議にかけますが否決され、1月29日の沖縄県議会で県政与党の3択案が決まりました。「どちらでもない」という選択肢の導入にはこのような経緯があったのです。

もともと、選挙や住民投票、県民投票という制度の枠内には様々な歪みが含まれます。しかし今回の沖縄の県民投票では、制度そのものまでがあからさまに歪められてしまいました。政治家が投票を実施しないことを公言し、参政権を侵害しようなどというのは言語道断の暴挙であり、民主主義に対する許しがたい挑戦にほかなりません。

†一人ひとりが尊重される、自由な未来へ

私たちがごく当たり前のように享受している権利は、歴史上の多くの人たちの犠牲の上に勝ち取られたものです。しかしそれは、守ろうとしなければ守れないかもしれない、権力とのせめぎあいの中におかれた不安定なものです。日本国憲法には次のような記述がされています。

「この憲法が国民に保障する自由及び権利は、国民の不断の努力によって、これを保持し

なければならない」

政治に関わることを本職とするのでない限り、私たちの多くにとって、政治について考えることは一日に1時間や2時間もないのかもしれません。他のことをしている残りの多くの時間があり、そうした生活の大きさがまた別にあるはずです。しかし民主主義が後退し、様々な権利が押しつぶされていけば、その生活は壊されていきます。

過去の歴史を振り返れば、政治が生活に対して牙をむいたことは何回もありました。だからこそ、私たちはそれぞれが社会と触れ合う実感の中から、語ることや行動することによって、民主主義を守り、権利を守り、生活を守っていかなければなりません。

第Ⅲ部のはじめで述べたように、私たちの政治参加は様々です。

文章を書き、詩をよみ、歌をつくり、音を奏で、悩み、決断し、話し、投票し——そうした全ての表現を放つことで、社会を少しずつ動かせるはずなのです。

一人ひとりが尊重される、自由な未来へ。

あとがき

あなたは子供の頃にどんな世界と触れ合っていたのか、どんな未来を予感していたのか、おぼえていますか？

生まれてきた子供は、目を開き、手を伸ばして、その生まれてきた世界がどんな姿をしているのかを探るでしょう。

しかしながら、この世界は決して明るく柔らかなものではありません。

たとえば――農業生産は全人口をまかなえるほどあるのにもかかわらず、富が一部の国や人たちに偏っているせいで多くの人たちが飢餓にさらされています。紛争のなかで故郷を失ったり、汚染された地域で生きざるを得ない人たちがいます。

こうしたことは遠い国の出来事ではなく、日本でもまた、多くの人が不自由や不健康、理不尽なことを強いられて生きています。この社会の中で富を持てないということは、贅沢ができないという意味に限りません。生活に不安を抱えることをはじめ、自由な時間を持てないことや、自分の意思が軽んじられるような場面にあうこともあります。だからこそ現代を生きる全ての人は富をめぐる競争を行います。しかしその中で誰もが歪められ、孤独になっていきます。

これは子供たちも例外ではありません。言葉の習得が早いのか、遅いのかといったようなことについて、母親たちの見栄の張り合いや嫉妬や落胆を幼少期から受感することにはじまり、子供たちはやがて勉強をめぐる競争に巻き込まれていきます。そのなかで子供は力を合わせることよりも、同世代の仲間を蹴落とすことや、争うことを多く学んでしまうのです。

そうして一人ひとりはばらばらになり、深い溝が刻まれます。歳をとるほど本心を語れる仲間が失われていくのは、多かれ少なかれ誰もが感じることであるはずです。

今の社会は多くの問題を抱えているのに、一人ひとりは分断され、力を合わせて解決をはかることが困難な状態です。

こうしたことは、この社会が根本的には人と人が協力することによってではなく、人と人が競争することによって動かされていることに起因するのでしょう。大人たちは少なからず、そのおかしさを容認し、あきらめを抱いて生きています。

なぜ今の社会はこうなのでしょうか？　それはこのままでいいのでしょうか？　本当にこうでしかありえないのでしょうか？

今、私たちが千年前の時代を想像することがあるように、これから千年たった後、その千年後の社会に生きる人たちが私たちの時代を振り返ることがあるはずです。その千年後の人たちにとっては、現代の政治や経済の議論はまるで天動説のように見えるでしょう。私たちが抱える社会問題も、飢餓も、戦争も、差別も、何もかもがその天動説のなかにある問題です。

社会の姿をとらえようとするのは、傍観することではありません。時代を生きる当事者として、天動説のなかで生きていくのか、それを乗り越えようとして生きていくのかが問われることだと思います。

社会の歪みはやむを得ないものでは決してありません。それが現代の社会のあり方に起因しており、誰にとっても共通に突きつけられる問題だからこそ、普遍的なものとして理解しあい、解決していける可能性を秘めています。

しかし、それでもなお、山積みの問題にたいして、具体的にこうしたら良いという希望が示せません。

それを探す必要があります。目を凝らして探す必要があります。

そして、容易にはびくともしないこの社会を動かせるよう、力を合わせる必要があります。この社会が歪んでいる以上、社会の中でうまく生きていけないような人たちや、社会に対して違和感や疎外感、絶望感をもつ人たちの表現が鍵となっています。

既存の政治勢力がつくりあげてきたのが今のこの社会である以上、支持政党を持たない無党派層の人たちや、政治や選挙に失望している人たちのさまざまな政治参加が鍵となっています。

歪みにとらわれた社会のありかたを、歪みにとらわれた私たちが変えていく試みです。それは大変なことかもしれません。けれどまだ何も手遅れになってしまってはいません。私も、あなたも、今を生きるすべての人たちが、未来をひらくために生まれてきた世代なのですから。

2019年4月11日

三春充希

本書に掲載した地図はすべて「地理情報分析支援システムMANDARA10」によって作成いたしました。特に第Ⅱ部はこのソフトに出会わなければ成立しなかったといえるほどで、開発された谷謙二氏に感謝の意を表します。そして今回、執筆を勧めていただき、企画の段階から完成まで導いてくださった筑摩書房の藤岡美玲氏に厚くお礼を申し上げます。

参考文献

■書籍
ＮＨＫ放送文化研究所・編『現代の県民気質――全国県民意識調査』ＮＨＫ出版、１９９７年
網野善彦『東と西の語る日本の歴史』講談社学術文庫、１９９８年
岩崎美紀子『選挙と議会の比較政治学』岩波現代全書、２０１６年
岩本裕『世論調査とは何だろうか』岩波新書、２０１５年
蒲島郁夫『政治参加（現代政治学叢書６）』現代政治学叢書、１９８８年
鬼頭宏『人口から読む日本の歴史』講談社学術文庫、２０００年
堀江湛（編）『政治学・行政学の基礎知識　第２版』一藝社、２００７年
吉田貴文『世論調査と政治――数字はどこまで信用できるのか』講談社＋α新書、２００８年

■論文
新井久爾夫「マスメディアの選挙情勢予測報道をめぐって――第42回衆議院選挙の分析」２００１年
荒牧央・小林利行「世論調査でみる日本人の「戦後」――「戦後70年に関する意識調査」の結果から」２０１５年
飯田良明「新聞の選挙情勢報道の分析――第44回総選挙を事例として」２００７年
井田正道「１９９０年代における有権者の変質」２００２年
市村充章「若者の政治参加と投票行動――なぜ若者は投票に行かないのか」２０１２年
茨木瞬「単記非移譲式投票制の下で候補者擁立戦略」２０１３年
今村仁美「若者の自民党びいき――20代の政党別支持率を歴史的分析からの考察」２０１７年
亀ヶ谷雅彦「選挙におけるアナウンスメント効果の実証分析――制度・社会・政治・心理の各要因がもたらす影響の検討」１９９８年

亀ヶ谷雅彦「選挙予測のアナウンスメント効果に関する先行研究の概観――アナウンスメント効果の下位効果の拡張に向けて」2001年
河野啓「2度の政権交代をもたらした有権者の政治意識」2015年
坂元慶行「日本人の国民性50年の軌跡――「日本人の国民性調査」から」2005年
スティーブン・R・リード「並立制における小選挙区候補者の比例代表得票率への影響」2003年
高橋幸市、荒牧央「NHK日本人の意識・40年の軌跡――第9回「日本人の意識」調査から」2014年
田中愛治「選挙・世論の数量分析――無党派層の計量分析」1998年
田中愛治「無党派層のこれまでと現在」2012年
成田洋平「政党支持を失う要因――日本における無党派層増大の謎」2009年
西平重喜「日本の世論調査」1992年
早川昌範、吉崎輝美「「無党派」層の政治的態度と投票行動」1997年
福元健太郎、水吉麻美「小泉内閣の支持率とメディアの両義性」2007年
舟木基通、辻光宏「投票行動の計量的地域分析の試行と評価」2002年
細貝亮「メディアが内閣支持に与える影響力とその時間的変化――新聞社説の内容分析を媒介にして」2010年
松本正生「無党派時代の終焉――政党支持の変容過程」2006年
峰久和哲「新聞の世論調査手法の変遷」2010年
三船毅「投票参加の低落傾向――1990年代の投票率低下の説明」2002年
三船毅・中村隆「衆議院選挙投票率の分析――1969年から2005年における年齢・時代・世代の影響」2010年

ちくま新書
1414

武器《ぶき》としての世論調査《せろんちょうさ》
——社会《しゃかい》をとらえ、未来《みらい》を変《か》える

二〇一九年六月一〇日　第一刷発行

著者　三春充希（みはる・みつき）

発行者　喜入冬子

発行所　株式会社 筑摩書房
東京都台東区蔵前二-五-三　郵便番号一一一-八七五五
電話番号〇三-五六八七-二六〇一（代表）

装幀者　間村俊一

印刷・製本　株式会社 精興社

ISBN978-4-480-07221-4 C0236